# 해리포터 팬이라면 꼭 알아야 할
# 해리포터 마법학교 대백과

THE UNOFFICIAL HARRY POTTER HOGWARTS HANDBOOK
Copyright 2022 Topix Media Lab
All rights reserved.

Korean translation copyright ©2025 by SOMSSI COMPANY INC.
Korean translation rights arranged with Topix Media Lab LLC.
through EYA Co.,Ltd

이 책의 한국어판 저작권은 EYA Co.,Ltd를 통해
Topix Media Lab LLC와 독점 계약한 ㈜솜씨컴퍼니가 소유합니다.
저작권법에 의하여 한국 내에서 보호를 받는 저작물이므로
무단 전재 및 복제를 금합니다.

해리포터 팬이라면 꼭 알아야 할

# 해리포터 마법학교 대백과

머글넷 지음
공민희 옮김

Folder

# 세계에서 가장 유명한 마법 학교를 안내하며

해리는 어둠의 마법사 볼드모트를 물리치기까지 여러 뛰어난 인물들의 도움을 받았지만, 해리의 인생에서 조용한 희망의 등불로서 단단히 자리 잡아 동지애를 선사하고 존재 자체로 소속감을 느끼게 해 준 존재는 따로 있다(비록 이 책에 등장하기는 하지만, 헤드위그는 아니다). 바로 호그와트 마법 학교다.

스코틀랜드 하일랜드의 외딴 장소에 자리한 이 유서 깊은 마법 학교는 어린 시절 내내 마법을 싫어하는 이모와 이모부, 사촌의 집에 갇혀 산 '살아남은 아이'가 처음으로 진정한 집이라고 느낀 곳이다. 해리가 친구를 사귀고, 부모님에 대해서 더 많이 알게 되고, 궁극적으로 마법 세계에서 자신의 위치를 깨달을 수 있게 해 준 장소이기도 하다. 해리는 이곳에서 기숙사 배정 모자, 무뚝뚝한 가고일 석상, 산 자와 어울리는 유령들, 괴성을 지르며 사람을 미치게 하는 맨드레이크, 의심 많은 날, 폭주하며 날아다니는 포드 앵글리아, 유니콘의 피를 마시려 하는 저주받은 생명체와 만났으며, 마법사들이 자신들을 위해 지은 마을을 방문하는 등 여러 일들을 겪었다. 해리의 인생과 깊이 연결된 이 학교와 주변을 제대로 살피고 즐기려면 어느 정도까지 알아야 하는지 감이 오지 않을 것이다. 그런 고민을 해결하기 위해 이 책이 탄생했다.

집요정이 어떻게 호그와트 주방에 취직했는지, 움직이는 계단을 잘 지나가려면 어떻게 해야 하는지(간단하다. 언제 뛰어야 하는지 잘 살피면 된다!), 슬리데린 학생들이 집이라고 부르는 지하 공간은 어떤 모습인지, 또는 방문 허가서를 받지 않고 몰래 호그스미드로 놀러 갈 수 있는 방법은 무엇인지 궁금했다면 이 책을 통해 대답을 얻을 수 있다. 올빼미를 두는 기숙사 밖 장소라든가 영국에서 가장 유명한 마법 학교가 어째서 격에 맞는 장엄한 이름을 가지고 있지 않은지, 곱스톤 게임에 참가하는 방법(물론 농담이다. 절대 하고 싶지 않을 테니까), 계속 여기저기 나타나는 쇠사슬을 감은 불길한 피투성이 유령이나 투명한 회색 여성의 사연이 궁금하다면 책 속에서 바로 확인할 수 있다.

목이 달랑달랑한 닉의 고개가 돌아갈 정도로 다양한 역사와 전설을 수록한 이 안내서는 호그와트에 대해 알아야 하는 모든 정보를 소개한다. 교실부터 비밀의 방, 호그와트에서 얼마 떨어지지 않은 곳에 둥지를 튼 동물 공동체, 역대 교장들, 교수들의 연구실, 각종 비밀 통로, 흥미로운 예술 작품, 교칙 등도 담았다. 입학 통지서를 들고 이 책을 읽어 나가면서 오늘날의 해리를 만든 이 학교에서 무엇과 마주하게 될지 기대해 보자.

# 목차

- ◆ 세계에서 가장 유명한 마법 학교를 안내하며 ········· 4
- ◆ 머글넷으로부터 온 편지 ········· 6

◆ 제1장
역사와 전통 ········· 9

◆ 제2장
호그와트성 ········· 51

◆ 제3장
학교 대지와 주변 ········· 117

◆ 제4장
학교생활 ········· 147

◆ 제5장
호그와트성에 사는 이들 ········· 189

# 머글넷으로부터 온 편지

머글넷은 1999년부터 20년이 넘는 세월 동안 마법 세계에서 으뜸가는 웹사이트로서, 해리 포터 세계에 대해 알아 두어야 할 모든 정보를 알려 주고 있다. 특히 전 세계적으로 큰 인기를 끈 J.K. 롤링의 소설이 블록버스터 영화 시리즈, 세계적인 수준의 테마파크를 비롯해 여러 분야로 범위를 넓혀 가고 있는 시점에서 더욱 유용하다. 놀라운 사실은 이 모든 세계가 어떤 점에서는 하나의 마법 학교를 중심으로 돌아간다는 점이다.

해리의 인생에 호그와트라는 등대가 없었다면 지금과 같은 모습은 상상도 할 수 없을 것이다. 단지 기숙사 배정 모자가 그를 그리핀도르로 보낸 것만을 이야기하는 것이 아니다. 사실 해리는 호그와트가 없었다면 아예 태어나지 않았을 수도 있다. 호그와트라는 학교가 아니었다면 해리의 부모님이 만나 젊고 멋진 마법사 커플이 될 일도 없었을 테니까 말이다. 크게 흥행한 연극 「해리 포터와 저주받은 아이」를 본 사람이라면 '살아남은 아이'가 없는 세상은 볼드모트 경의 손아귀에서 꼭두각시처럼 움직이는 으스스한 세계라는 점을 잘 알고 있을 것이다.

이 유서 깊은 학교에서 해리는 이마에 번개 모양 흉터가 있다는 이유만으로 자신을 적으로 여기는 부류와 아닌 부류를 구별할 수 있게 되었다. 어쩌면 해리가 마법 세계에서 자신의 운명이 무엇인지 이해하게 되었다는 점이 가장 중요한 수확일지도 모른다. 바로 자신이 가장 존경하는 교장 곁에서 강력한 마법사에게 맞서는 일 말이다. 하지만 볼드모트를 없애기 전에 해리는 빗자루를 타는 법부터 배워야 했다. 운 좋게도 해리는 빗자루를 잘 탔고, 스네이프 교수의 마법약 수업을 헤쳐 나갔으며, 4층 복도에서 목숨을 잃을 위기를 피했고, 가장 큰 욕망을 알려 주는 거울 속에 비치는 부모님의 모습에서 눈을 못 떼기도 했다. 놀랍게도 이 모든 일이 해리가 호그와트에 입학하고서 1년 안에 벌어졌다. 이 책에는 보다 풍부하고 흥미진진한 내용이 들어 있다. 호그와트 대강당, 교실, 운동장과 그 너머에서 벌어지는 해리의 모험과 여러 가지 위협들,

폴터가이스트부터 머리가 셋 달린 개, 늑대인간, 볼드모트의 추종자 무리가 호그와트 성으로 쳐들어와 벌어지는 최후의 대전투에 이르기까지 모든 것을 알아볼 수 있다.

　이 종합 안내서에는 해리 포터 주요 문헌 속에 나오는 호그와트에 대한 모든 지식이 담겨 있다. 각 장을 통해서 제멋대로 움직이는 계단들, 학사 일정, 수많은 교직원, 학교의 역사, 호그와트성과 운동장 및 주변부, 교과목과 특별 활동, 학교에 사는 인물들까지 자세히 알아 볼 수 있다. 책을 쓴 우리만큼이나 독자 여러분도 호그와트의 비밀을 즐겁게 감상해 주기를 바란다.

## 제1장

# 역사와 전통

설립자 네 사람이 가장 높게 추구하는 가치를 반영해
세워진 호그와트는 천 년이 넘는 역사 동안
세대를 거쳐 전통을 이어 가고 있다.

# 호그와트의 설립자들

## 고드릭 그리핀도르 (Godric Gryffindor)

고드릭 그리핀도르의 정확한 출생 연도는 알려지지 않았으나 그리핀도르 기숙사를 설립한 이 인물이 영국 남서부의 작은 마을에 정착한 지는 1,000년이 넘었다. 현대의 마법사들은 이 마을을 고드릭 골짜기라고 부른다.

한때 고드릭 그리핀도르의 소유물이었던 기숙사 배정 모자는 그를 용감하고 대담한 사람이라고 설명한다. 그리핀도르는 가장 용맹하고 고결한 학생을 자신의 기숙사로 데려왔다. 설립자 동료인 살라자르 슬리데린과 달리 그리핀도르는 혈통과 상관없이 마법사라면 누구든 호그와트에서 사랑받아야 한다고 믿으며 슬리데린의 과도한 순혈우선주의에 반발했다. 이후 두 마법사는 심하게 다투었고, 결국 슬리데린은 호그와트를 영원히 떠났다.

그리핀도르는 학교 외에도 또 하나의 중요한 유산을 남겼다. 바로 고블린이 만들어준 매우 정교한 검이다. 국제 마법 비밀 유지 법령이 생겨나기 전까지 마법사들은 자유롭게 마법을 쓸 수 있었으나 그리핀도르를 포함해 많은 이들은 마법으로 머글과 싸우는 행위는 '정정당당하지 못하다'고 생각했고, 따라서 이 검은 그가 어디를 가든 늘 함께했다. 그리핀도르가 죽은 뒤 이 검은 해리 포터를 비롯한 호그와트의 그리핀도르 기숙사 학생들이 위험에 처했을 때 마법처럼 기숙사 배정 모자 안에서 스르륵 나타난다.

### 그리핀도르의 검

"달걀만 한" 루비들이 손잡이에 박혀 있는 이 은색 검의 칼자루 바로 아래에는 그리핀도르의 이름이 새겨져 있다. 전설에 의하면 진정한 그리핀도르만이 기숙사 배정 모자에서 이 검을 꺼낼 수 있다고 한다. 해리는 호그와트 2학년 때 이 검을 꺼내 비밀의 방에 있던 바실리스크를 죽임으로써 자신이 진정한 그리핀도르임을 증명해 냈다. 이후 덤블도어의 교장실에 보관돼 있던 이 검은 스네이프가 교장직에 오르면서 옮겨졌다. 덤블도어의 군대가 빼앗아 가지 못하도록 그린고츠에 있는 레스트레인지의 지하 금고에 보관했다는 것이 표면적인 이유였다. 그러나 사실 지하 금고에 넣어 둔 칼은 잘 만든 가짜였고 진짜는 스네이프가 금지된 숲에 가져다 두었다. 이후 스네이프의 암사슴 패트로누스가 해리를 안내해 바실리스크의 독을 머금은 이 검으로 호크룩스를 파괴할 수 있도록 도왔다. 이때 해리는 운 나쁘게도 슬리데린의 저주받은 로켓 호크룩스를 차고 있었다. 곧 닥칠 죽음을 감지한 이 마법 도구가 해리의 목을 조여 숨을 못 쉬게 만들었는데, 그리핀도르의 검을 손에 넣은 론이 해리를 풀어 준 후 호크룩스를 파괴했다.

이후 (그린고츠 마법 은행에서 일하던 고블린) 그립훅은 이 고대의 검을 만든 이가 고블린의 왕 라그눅 1세라는 사실을 해리에게 알려 준다. 고블린들은 그리핀도르가 라그눅의 검을 훔쳐 갔다고 믿고 있었으나 사실은 완전히 달랐다. 그리핀도르가 검을 만들어 달라고 주문했으나 자기가 만든 물건이 탐이 난 라그눅이 그리핀도르가 검을 훔쳐 갔다고 거짓말을 한 것이다. 그리핀도르는 검을 가져가려는 고블린의 공격을 막은 후 화가 나 고블린들에게 다시 훔치려 든다면 이 검으로 그들을 베어 버리겠다고 위협했고, 이후 다시는 그런 일이 일어나지 않았다. 그립훅은 다른 고블린들과 마찬가지로 마법 용품은 만든 사람의 소유라고 생각했다. 즉 고블린은 자신이 만든 물건을 마법사들이 사더라도, 살아 있는 동안만 그 물건을 빌려 준 것으로 여긴다. 그래서 그립훅은 레스트레인지의 지하 금고로 들어갈 수 있게 도와주는 대신 해리에게 검을 돌려 달라고 요구했고, 그린고츠에 잠입했을 때는 혼란을 틈타 검을 들고 도망쳤다.

그러나 덕분에 그리핀도르가 검에 강한 마법을 걸어 놓았다는 사실이 밝혀진다. 호그와트 전투 때는 네빌 롱보텀이 기숙사 배정 모자에서 이 검을 뽑아 볼드모트의 마지막 호크룩스인 뱀 내기니의 목을 자른다. 이 검은 (기숙사 배정 모자를 제외하고) 호그와트 설립자들과 관련이 있다고 알려진 마법 도구들 중 유일하게 호크룩스로 변하지 않았으며 세 호크룩스, 즉 곤트 가문의 반지와 슬리데린의 로켓과 내기니를 파괴하는 데 사용되었다.

# 헬가 후플푸프 (Helga Hufflepuff)

기숙사 배정 모자가 (남웨일스 계곡 일대를 지칭하는 것으로 여겨지는) "넓은 계곡" 출신이라고 모호하게 설명한 헬가 후플푸프는 호그와트 설립자 네 사람 중에서 가장 현실적인 일상 속 유산을 남겼다. 음식과 관계된 마법에 능숙했던 후플푸프는 지금까지 호그와트의 식탁에 오르는 수많은 음식의 요리법을 만든 주인공이다.

근면함을 높이 산다고 알려진 그녀는 다른 설립자들과 달리 학생을 특별한 자질에 따라 골라야 한다고 생각하지 않았고, 다른 설립자들이 선택을 끝내고 남은 학생은 누구든지 가르치겠다고 맹세했다. 맛있는 음식을 만드는 능력 말고도 호그와트 주방에서 집요정들이 일할 수 있게 해 준 사람으로도 유명하다.

## 후플푸프의 잔

후플푸프와 관련 있는 유일한 유물인 작은 황금 잔에는 근사한 손잡이가 두 개가 달려 있고 후플푸프 기숙사의 마스코트이자 상징인 오소리가 새겨져 있다.

해리는 덤블도어의 펜시브를 통해 집요정 호키의 기억을 살피면서 처음으로 잔에 대해 알게 되었다. 덤블도어의 기억 속에서 강력한 어둠의 마법 용품을 파는 보긴 앤 버크의 보조 점원으로 일하던 젊은 톰 리들은 호키의 주인이자 나이가 많고 부유한 마녀였던 헬가 후플푸프의 먼 후손 헵시바 스미스를 찾아간다. 헵시바는 잘생기고 매력적인 젊은이에게 좋은 인상을 심어 주고자 집안의 가보를 보여 주면서, 잔에 마법 능력이 있지만 자신은 한 번도 실험해 본 적이 없어서 어떤 능력인지는 모른다고 솔직하게 밝힌다.

이처럼 대단한 물건을 손에 넣을 수 있다는 점을 눈치챈 리들은 이틀 뒤에 스미스를 죽이고 그녀의 집요정에게 죄를 뒤집어씌운 후 잔을 훔쳐 달아났다. 추적당할까 봐 보긴 앤 버크의 일도 그만둔 리들은 볼드모트 경으로 이름을 바꾸고, 스미스의 죽음을 기회로 삼아 후플푸프의 잔을 호크룩스로 만들었다. 사연이 있는 이 잔은 머글 아버지와 그의 훈육을 거부하고 마법 역사상 위대한 물건과 연결되고 싶어 하는 리들의 욕망에 완벽하게 들어맞았다. 리들은 특히 자신의 힘을 일깨워 주고 스스로 집이라고 여겼던 호그와트를 세운 설립자들과 관련 있는 물품에 집착했다.

볼드모트는 이 잔을 충실한 하인인 벨라트릭스 레스트레인지에게 맡겨 그린고츠

은행의 레스트레인지 가족 금고에 안전하게 보관했고, 그렇게 이 유물은 다른 고대 마법 혈통과 연결되었다. 『해리 포터와 죽음의 성물』에서 셸 코티지로 몸을 피한 해리, 론, 헤르미온느는 그립훅과 합심해 레스트레인지의 금고를 털러 갔는데, 금고 속 모든 보물과 마찬가지로 이 잔에도 손을 대면 복제되는 마법 주문인 제미니오와 화상 저주가 걸려 있었다. 그런데도 세 친구는 잔을 손에 넣었고, 은행을 터는 데 성공한 최초의 인물이란 기록을 세운다. 다만 이 강도 행각과 아수라장이 된 탈출 과정에서 세 친구가 호크룩스를 찾으러 왔다는 사실이 볼드모트의 귀에 들어간다.

해리 일행은 금고에 잠입하는 과정에서 그리핀도르의 검을 분실한다. 다른 친구들이 바쁘게 호그와트 전투 준비를 하는 동안 헤르미온느와 론은 비밀의 방으로 가서 호크룩스를 파괴할 대체 무기로 바실리스크의 송곳니를 찾아왔고, 헤르미온느가 이 송곳니로 잔을 찌르자 잔은 단순한 금속으로 변해 버렸다. 헤르미온느가 파괴한 유일한 호크룩스이자 곤트의 반지와 더불어 해리가 파괴하는 과정을 보지 못한 호크룩스다.

# 로위너 래번클로 (Rowena Ravenclaw)

"당대 가장 뛰어난 마녀"로 널리 알려진 로위너 래번클로의 모습은 기숙사 휴게실에 아름답고 위풍당당한 동상으로 남아 있다. 평생 배움에 엄청난 열정을 보인 로위너는 지혜와 지성을 갖춘 학생이라면 누구든 환영했다. 그녀는 또한 학교의 이름을 지은 사람으로도 알려져 있다. 사마귀(와트)가 난 돼지(호그)가 절벽으로 이끈 곳에서 호수가 한편에 자리한 넓은 공터를 꿈꾼 후, 학교의 이름을 '호그와트'라고 지었다고 한다. 현실에서도 그러한 장소를 찾은 설립자들은 그곳에 새로운 학교를 짓기로 결정했다.

대외적으로는 유명세를 누렸으나 가정생활, 특히 딸인 헬레나와의 관계는 아무리 포장해도 좋은 관계였다고 얘기할 수 없다. 로위너의 지성을 질투한 딸은 어머니의 명민함을 얻으려고 로위너가 소중히 여기는 보관을 훔쳐 알바니아로 달아났다.

얼마 지나지 않아 치명적으로 쇠약해진 로위너는 죽음의 문턱에서 헬레나에게 반한 남작에게 딸과 화해할 수 있도록 찾아 달라고 부탁했다. 남작은 알바니아의 숲에서 헬레나를 찾아 자신의 마음을 고백하고 고향으로 돌아가자고 청했지만 헬레나는 거절했고, 분노한 남작은 헬레나를 죽이고 스스로 목숨을 끊었다. 로위너는 결국 딸의 배신을 둘러싼 사건들을 극복하지 못한 채 숨을 거두었다. 상심해서 죽었다는 소문도 있었다. 로위너는 다른 설립자들에게 보관이 어떻게 되었는지 절대로 알리지 않았다.

## 래번클로의 보관

로위너 래번클로의 소유물로 알려진 유일한 마법 도구는 그녀의 보관이다. 래번클로가 가장 아끼던 물건으로, 직접 만들었다고 한다. 보관에는 래번클로 기숙사의 좌우명이기도 한 "헤아릴 수 없는 재치는 인간의 가장 위대한 보물이다"가 각인돼 있다. 쓰는 사람의 지혜를 높여 주는 마법이 걸려 있는 이 보관은 로위너가 사망했을 즈음 사라졌다고 전해진다.

어머니의 보관을 가지고 도망친 헬레나는 알바니아의 숲에서 홈이 파인 나무 안에 이 보관을 숨겼는데, 수백 년이 넘게 그곳이 어디인지 알려지지 않았다. 1944년경, 톰 리들이라는 호그와트 학생이 헬레나의 유령(일명 회색 숙녀)에게 보관의 위치를 물은 후 알바니아로 향해 보관을 찾아 호크룩스로 변신시켰다. 호그와트로 돌아온 리들은 저주받은 물건을 필요의 방에 숨겼다. 수십 년 뒤 해리가 6학년 때 혼혈 왕자의 『고급 마법약 제조』 책을 숨길 장소를 찾다가 이 방으로 들어갔고, 단순히 "색이 바랜 낡은 왕관"이라고만 생각하며 이 전설 속 보관을 책이 있는 장소를 표시하는 도구로 썼다.

호그와트 전투 중에 볼드모트의 마음을 엿본 해리는 보관이 호그와트에 있다는 사실을 알아차리고서 론과 헤르미온느와 함께 찾아 나서고(물론 정확한 위치에 대한 확신은 없었다), 그러던 중에 회색 숙녀와 만난다. 그녀는 톰 리들에게 보관을 숨긴 장소를 말하면서 자신의 정체도 알려 주고, 이 정보를 조합해 필요의 방으로 달려간 해리가 호크룩스를 찾으려는 찰나 드레이코 말포이와 그레고리 고일, 빈센트 크래브가 도착해 싸움이 벌어진다. 크래브가 악마의 불 마법을 사용하자 방 안이 순식간에 불길로 휩싸였고, 그 과정에서 호크룩스가 파괴되었다.

## 재미있는 사실

배정 모자의 말을 빌리자면 로위너는 "좁은 골짜기(glen)" 출신이다. '글렌(glen)'은 스코틀랜드와 아일랜드의 고대 언어인 게일어에서 유래한 말로, 로위너가 네스호가 있는 그레이트글렌처럼 좁고 깊은 골짜기들이 있는 스코틀랜드에서 태어났을 가능성을 암시한다.

## 알고 있나요?

제노필리우스 러브굿은 랙스퍼트 용액, 빌리위그의 회전하는 날개, 비행 자두를 사용해 래번클로의 보관을 재현해 보려고 했으나 성공하지 못했다.

# 살라자르 슬리데린 (Salazar Slytherin)

살라자르 슬리데린은 역사에 처음 기록된 파셀마우스 중 한 사람으로, 현재까지도 뱀과 대화할 수 있는 능력은 슬리데린 혈통을 구별해 주는 특징이다. 기량이 뛰어난 레질리먼스였던 그는 기숙사 배정 모자를 만드는 일에 힘을 더하면서 자신이 원하는 학생의 자질인 뛰어난 계략과 야망을 감지하는 능력도 심었다. 슬리데린의 외모는 불길한 느낌을 풍기는 원숭이 같은 얼굴에 "길고 듬성듬성한 턱수염이 …… 로브 밑자락에 닿을 듯 늘어져" 있었다고 전해진다.

슬리데린은 태생, 결혼, 또는 어떠한 관계로든 머글과 관련이 있는 학생은 호그와트에 입학시켜서는 안 된다고 생각했으나 다른 설립자들은 그의 주장을 받아들이지 않았다. 그리핀도르가 거북해하면서 그의 의견을 반박하고 누구도 자신의 편을 들지 않자 슬리데린은 학교를 떠났다.

하지만 슬리데린은 학교를 영원히 떠나기 전에 자신의 믿음이 호그와트에서 이어지도록 비밀의 방을 만들고, 그 안에 치명적인 바실리스크를 남겨 두었다. 슬리데린 자신이나 그의 후예가 뱀의 말로 비밀의 방을 열고 이 괴물을 풀어, 머글 출신 무리를 모조리 없애 버리려는 계획이었다.

슬리데린의 마지막 자손인 톰 리들은 훗날 볼드모트 경이라는 이름을 쓰면서 역대 가장 강력한 어둠의 마법사가 되었다.

## 슬리데린의 로켓

슬리데린 가문에 전해 내려오는 금 로켓은 에메랄드로 만든 구불구불한 S자가 장식돼 있다. 이 로켓은 대를 이어 전해지다가 메로페 곤트의 소유가 되었는데, 그녀는 이것을 10갈레온에 보긴 앤 버크에 팔 수밖에 없었다. 이후 로켓은 헵시바 스미스에게 팔렸으며, 훗날 메로페의 유일한 자식인 톰 리들이 헵시바를 죽이고 로켓을 챙겨 달아났다. 볼드모트 경으로 이름을 바꾼 리들은 로켓을 호크룩스로 만들어 바닷가 동굴에 놓은 후 블랙 가문의 집요정 크리처를 이용해 방어 능력을 시험해 보았다. 리들은 크리처가 동굴에서 죽어 가도록 버려두고 떠났지만, 이 집요정은 탈출해 자신의 주인인 레귤러스 블랙에게 자초지종을 알렸다. 볼드모트의 의도를 수상쩍게 여기고 있던 레귤러스는 비슷한 로켓을 가지고 크리처와 함께 동굴로 가서 진짜와 바꿔치기했지만, 이때 동굴에 숨어 있던 인페리우스들에게 붙잡히고 말았다. 그는 크리처에게 로켓을 없애라고 명령했지만 집요정의 힘으로는 그 명령을 수행할 수 없었다.

해리가 5학년이 되기 전 여름 방학에 그리몰드가의 저택 거실에서 로켓이 발견되었으나 크리처만이 그 물건이 얼마나 중요한지 알뿐, 아무도 신경 쓰지 않았다. 1996년 해리와 덤블도어가 로켓을 찾으려고 동굴로 갔으나 가짜만 남아 있었다. 1997년 해리가 호크룩스를 찾아다닐 때, 크리처가 불사조 기사단이 그리몰드가를 떠난 이후 먼덩거스 플레처가 로켓을 훔쳐 갔다고 알려 주었다. 먼덩거스는 다이애건 앨리에서 이 마법 용품을 팔려다가 붙잡혔고 덜로리스 엄브리지가 이를 압수했다. 이후에 해리, 론, 헤르미온느가 마법 정부로 몰래 들어가 엄브리지로부터 로켓을 훔쳤지만, 파괴하는 방법을 몰랐던 세 사람은 안전을 위해 돌아가며 목에 걸면서 몇 달간 가지고 있었다. 결국 론이 그리핀도르의 검을 사용해 이 호크룩스를 파괴했다.

## 일버르모니와의 고리

슬리데린의 먼 후손인 이솔트 세이어는 북아메리카에 일버르모니 마법 학교를 세웠다. 본래 슬리데린의 물건이었던 사악한 이모 곰레이스 곤트의 지팡이를 이솔트가 훔쳐 가자, 곰레이스는 복수할 날만을 손꼽으며 파셀마우스로서의 능력을 사용해 이솔트를 추격했고, 지팡이가 잠이 들어 기능하지 못하도록 명령을 내렸다. 이솔트는 파셀마우스가 아니었기에 마법 지팡이를 깨울 수 없었다. 곰레이스를 처치한 다음 이솔트는 지팡이를 학교 운동장에 묻었는데, 1년이 채 되지 않아 지팡이가 싹을 틔워 강한 약효를 가진 나무로 자라났다.

## 강력한 마법

로켓은 파셀마우스만이 열 수 있다. 호크룩스가 된 이 저주받은 물건은 차는 사람에게 영향을 미치는데, 일기장 호크룩스가 지니 위즐리에게 여러 방식으로 영향을 주었던 것과 비슷하다. 예를 들어 손을 대면 델 것 같다고 느낀다거나 목걸이를 찬 사람이 가장 두려워하는 대상을 환영으로 보여 주기도 하며, 해리는 목걸이가 목을 조여 질식할 뻔하기도 했다.

# 호그와트의 문장

호그와트 마법 학교의 문장은 기숙사별로 각각의 색상에 맞춰 상징이 묘사돼 있는 방패꼴 문양이다.

왼쪽 위부터 시계 방향으로 그리핀도르의 사자가 진홍색과 금색, 슬리데린의 뱀이 녹색과 은색, 래번클로의 독수리가 청색과 구리색, 후플푸프의 오소리가 노란색과 검은색을 바탕으로 자리 잡고 있으며, 각각의 기숙사 상징이 알파벳 'H'를 둘러싸고 있다. 방패 아래로는 '잠자는 용을 절대 간지럽히지 마라'라는 뜻의 호그와트의 좌우명 "드라코 도르미엔스 눔쾀 티틸란두스(Draco Dormiens Numquam Titillandus)"가 라틴어로 적혀 있다.

기숙사마다 학교 문장에서 따온 개별 문장을 가지고 있다. 각 문장은 각기 다른 모양새를 취하지만, 모두 기숙사의 상징과 색을 포함한다.

각 문장의 상징에는 호그와트 기숙사가 추구하는 가치가 담겨 있다. 그리핀도르의 선명한 진홍색과 금색은 용맹함, 대담함, 용기, 기사도 정신을 뜻한다. 이 자질은 상징 동물인 사자의 특성과도 같다. 그리핀도르는 또한 불이라는 요소와도 연결된다.

최대 라이벌인 슬리데린의 경우 야망, 리더십, 자기 보호, 영리함, 지략을 최고의 가치로 여긴다. 이 특성은 기숙사의 상징 동물인 뱀과 관련이 깊다. 슬리데린의 녹색과 은색은 물이라는 요소와도 연결된다.

래번클로가 그 어느 기숙사보다 높이 평가하는 지성, 지식, 호기심, 창의력, 지혜라는 자질들은 상징 동물인 독수리에도 투영된다. 래번클로의 청색과 구릿빛은 공기라는 요소와 연관된다.

마지막으로 후플푸프는 근면함, 헌신, 인내, 충실함, 정정당당함을 최고의 가치로 생각한다. 이 자질들은 기숙사의 상징 동물인 오소리를 연상시킨다. 후플푸프를 대표하는 노랑과 검정은 흙 요소와도 관련된다.

## 호그와트의 좌우명

각 의미는 다음과 같다.
드라코= 용
도르미엔스= 잠자는
눔쾀= 절대 ……하면 안 된다
티틸란두스= 간지럽히다
많은 영국 머글 학교들이 영감을 주는 근사한 좌우명을 쓰지만, 호그와트의 좌우명은 매우 실용적인 조언을 준다.

## 호그와트의 교가

호그와트 교가는 정해진 멜로디가 없는 노래다. 학생들은 노래를 부를 때 음, 박자, 길이를 스스로 정한다. 가장 최근에 교가를 불렀다고 알려진 때는 1991년 9월 1일로, 해리가 입학했을 때의 신입생 환영회에서였다. 위기를 겪는 시기에는 교가 제창은 생략한 것으로 보인다.

# 호그와트의 기숙사들

## 그리핀도르

그리핀도르 기숙사는 신입생들이 호그와트 마법 학교에 들어와서 배정받는 네 기숙사 중 하나다. 기숙사의 설립자인 고드릭 그리핀도르는 기숙사 배정 모자에게 용기, 대담함, 용맹, 기사도 정신을 가지거나 가장 높게 생각하는 학생을 고르라고 지시했다. 이런 점에서 그리핀도르 기숙사는 간혹 무모함과 충동과도 관련된다. 불사조 기사단과 덤블도어의 군대와 같은 조직 출신들을 포함해, 수많은 유명 마법사를 배출했다.

### 퀴디치

그리핀도르 퀴디치 팀은 1993년~1994년, 1995년~1996년, 1996년~1997년 시즌 퀴디치컵에서 우승했다. 그 전까지는 1990년 이후로 우승한 적이 없었다. 팀 선수들은 경기할 때 진홍색 가운을 걸친다.

### 기숙사 이모저모

- 그리핀도르를 대표하는 동물은 사자이고, 상징 색은 진홍색과 금색이다.
- 기숙사 점수를 매기는 모래시계에서 그리핀도르의 성적은 루비로 표시된다.
- 그리핀도르 기숙사에 사는 유령은 니컬러스 드 밈시 포핑턴 경으로 '목이 달랑달랑한 닉'이라고도 불린다.

## 그리핀도르 출신 유명 마법사들

• 시리우스 블랙
불사조 기사단의 원년 멤버로, 대학살 용의자이자
아무 도움 없이 아즈카반을 탈옥한 최초의 인물

• 헤르미온느 그레인저
호그와트 전투 참전, 볼드모트의 호크룩스 하나를 파괴, 마법 정부 총리

• 리 조던
전쟁 때 방어군 라디오 방송을 운영

• 해리 포터
볼드모트를 물리침, 오러 본부 수장

• 제임스 포터와 릴리 포터
불사조 기사단 원년 멤버, 볼드모트에게 세 차례 격렬히 대항,
아들을 위해 목숨을 바침

• 셀레스티나 워벡
세계적으로 유명한 가수

• 프레드 위즐리와 조지 위즐리
위즐리 형제의 위대하고 위험한 장난감 가게 설립,
전쟁 때 방어군 라디오 방송을 운영

• 지니 위즐리
호그와트 전투 참전, 홀리헤드 하피스 팀에서 선수로 활약
『예언자일보』 퀴디치 섹션 선임 기자

• 론 위즐리
볼드모트의 호크룩스 하나를 파괴, 오러, 위즐리 형제의
위대하고 위험한 장난감 가게 운영

# 후플푸프

후플푸프 기숙사의 설립자인 헬가 후플푸프는 기숙사 배정 모자에게 근면함, 헌신, 인내, 충실함, 정정당당한 기질을 가지거나 높이 생각하는 학생을 선택하라고 일렀다. 적성과 상관없이 어떤 학생이든 받아 주는 후플푸프의 정책으로 인해 가끔 이 기숙사가 다른 기숙사들에 비해 재능이 뛰어나지 못한 마법사들을 배출한다는 소리를 듣기도 하지만, 절대로 사실이 아니다. 포모나 스프라우트, 뉴트 스캐맨더, 님파도라 통스 등 마법 세계에서 성공한 수많은 유명인들이 후플푸프 출신이다. 마법 역사상 어둠의 마법사를 가장 적게 배출한 기숙사이기도 하다.

## 퀴디치

정말 대단하게도 후플푸프 퀴디치 팀은 1993년~1994년 시즌 경기에서 무려 100점 차로 그리핀도르와의 시합을 승리로 이끌었다. 1991년~1992년 시즌과 1996년~1997년 시즌에서는 비록 여러 차례 시합에서 승리했지만 퀴디치컵을 따내지는 못했다. 선수들은 노란색 가운을 입는다.

## 기숙사 이모저모

- 후플푸프를 상징하는 동물은 오소리이고, 상징 색상은 노랑과 검정이다.
- 기숙사 점수를 매기는 모래시계에서 후플푸프는 다이아몬드로 표시된다.
- 후플푸프 기숙사에 사는 유령은 뚱보 수도사다.

### 후플푸프 출신 유명 마법사들

• 해너 애벗
호그와트 전투 참전, 리키 콜드런의 주인

• 세드릭 디고리
트라이위저드 대회 호그와트 대표

• 아르테미시아 러프킨
1798년~1811년까지 최초의 마법 정부 여성 총리

• 에글랜틴 퍼펫
스스로 비누칠하는 행주 발명가

• 뉴트 스캐맨더
저명한 마법동물학자, 『신비한 동물 사전』의 저자

• 그로건 스텀프
1811년~1819년 마법 정부 총리

• 님파도라 통스
불사조 기사단 소속, 오러, 메타모프마구스

• 브리짓 웬럭
13세기 숫자 점술가, 숫자 7에 대한 이론으로 유명

• 우드크로프트의 헹기스트
호그스미드 설립자

# 래번클로

영민하기로 유명한 마법사 로위너 래번클로가 세운 기숙사로, 기숙사 배정 모자에게 지성, 지혜, 학습 능력, 창의력이 뛰어나거나 중요하게 여기는 학생을 고르도록 지시했다. 그러나 다른 기숙사와 마찬가지로 래번클로 기숙사도 엄청난 승부욕이나 별난 행동 등 부정적인 자질과 관련되기도 한다.

## 퀴디치

1996년~1997년 시즌 결승전에서 래번클로 퀴디치 팀은 310점 차로 그리핀도르에게 퀴디치컵을 내줬다. 1991년~1992년 시즌과 1996년~1997년 시즌에서는 경기에서 몇 차례 승리했지만 컵을 따내지는 못했다. 선수들은 청색과 구릿빛 경기복을 입는다.

## 기숙사 이모저모

- 래번클로를 상징하는 동물은 독수리이고, 대표 색상은 청색과 구리색이다.
- 기숙사 점수를 내는 모래시계에서 래번클로는 파란 사파이어로 표시된다.
- 래번클로 기숙사에 사는 유령은 '회색 숙녀'라고 불리는 헬레나 래번클로로, 설립자 로위너 래번클로의 딸이다.

## 래번클로 출신 유명 마법사들

- 밀리선트 배그널드
  1980년~1990년까지 마법 정부 총리
- 퍼페츄아 팬코트
  루나스코프 발명가
- 루나 러브굿
  호그와트 전투 참가, 마법 세계의 동식물 연구가
- 제노필리우스 러브굿
  『이러쿵저러쿵』 편집자
- 로컨 맥러드
  1923년~1925년까지 마법 정부 총리
- 라베른 드 몽모랑시
  사랑의 마법약 발명가
- 괴짜 어릭
  괴이한 행동으로 유명했던 중세 시대 마법사
- 게릭 올리밴더
  영국에서 가장 유명한 지팡이 제작자
- 이그나샤 와일드스미스
  플루 가루 발명가

# 슬리데린

살라자르 슬리데린은 배정 모자에게 교활함, 지략, 리더십, 야망이 있거나 이를 높이 꼽는 학생을 고르라고 일렀다. 호그와트의 다른 기숙사처럼 이런 자질 역시 단점이 있는데, 슬리데린의 경우 이기심에 가까운 자기 보호와 과정보다는 결과를 중요시하는 기질을 들 수 있다.

순수 혈통에 집착한 살라자르 슬리데린은 부모가 모두 마법사인, 순수하게 마법 가문 출신인 아이만을 학생으로 입학시켜야 한다고 주장했다. 혈통에 따른 지위를 고수하는 그의 원칙은 여전히 기숙사에 영향을 미쳐서 머글 출신 슬리데린 학생이란 들어 본 적이 없으며, 있다고 해도 매우 드물다. 호그와트에서 어둠의 마법사를 가장 많이 배출한 기숙사로, 대표적으로 순혈주의를 무엇보다 중요하게 여긴 볼드모트 경이 이곳 출신이다.

## 퀴디치

슬리데린 퀴디치 팀은 반칙과 스포츠맨십을 어기는 행동으로 악명이 높다(자업자득이라고 말하는 사람도 있다). 원통하게도 슬리데린 퀴디치 팀은 1993년에서 1997년까지 퀴디치컵에서 우승한 적이 없다. 선수들은 시합 때 녹색 경기복을 입는다.

## 기숙사 이모저모

- 슬리데린을 대표하는 동물은 뱀이고, 상징 색은 녹색과 은색이다.
- 모래시계에서 슬리데린은 에메랄드로 표시된다.
- 기숙사 유령은 피투성이 남작이다.

## 슬리데린 출신 유명 마법사들

- **레귤러스 블랙**
죽음을 먹는 자였으나 벗어남,
볼드모트의 호크룩스 중 하나를 파괴하려고 함
- **벨라트릭스 레스트레인지**
악명 높은 죽음을 먹는 자, 아즈카반을 탈옥함
- **드레이코 말포이**
딱총나무 지팡이 소유자, 하급 죽음을 먹는 자
- **나르시사 말포이**
볼드모트에게 거짓말을 해 호그와트 전투 결과에 영향을 줌
- **스코피어스 말포이**
볼드모트의 딸 델피니에게서 마법 세계를 지켜 냄
- **멀린**
아서왕의 궁정 마법사, 멀린 훈장의 시초, 마법 주문 권위자
- **알버스 세베루스 포터**
볼드모트의 딸 델피니에게서 마법 세계를 지켜 냄
- **톰 리들**
슬리데린 가문의 상속자, 추종자들로 군대를 만들어 마법 정부와 호그와트를 점령, 일곱 개의 호크룩스를 만듦
- **로돌푸스 레스트레인지**
악명 높은 죽음을 먹는 자, 아즈카반을 탈옥함

# 기숙사 배정 모자

호그와트의 네 기숙사에는 한 가지 공통점이 있다. 그들이 직접 학생을 고르지 못한다는 점이다. 그 일은 기숙사 배정 모자가 담당한다. 이 모자는 긴 시간 동안 호그와트의 모든 학생을 적합한 기숙사로 분류("배정")하는 일을 맡아 왔다. 원래는 학교의 네 설립자가 각 기숙사의 학생을 선발했으나(10쪽 참조), 자신들이 죽은 이후에는 이 전통을 어떻게 이어 갈지 고민한 설립자들은 고드릭 그리핀도르가 가지고 있던 뾰족한 마법사 모자에 마법을 걸어 학생을 뽑도록 했다.

이후로 매년 신입생 환영회가 열리는 9월에 1학년 학생들은 대연회장에 모인 재학생과 교수진들 앞에서 알파벳순으로 이 모자를 쓴 후 기숙사를 배정 받는다. 모자에게는 레질리먼시 능력이 있어서 쓴 사람의 마음을 들여다보고 학생의 사고방식에 가장 잘 어울리는 기숙사를 선택한다. 이 과정에서 학생은 모자가 학생의 개별 특성을 알아차리고 즐거워하는 소리를 머릿속으로 들을 수 있다. 기숙사 배정 모자는 결정을 내리면 챙 부분을 입처럼 벌려서 어느 기숙사로 가게 되는지 소리쳐서 알려 준다.

해리가 슬리데린으로 가고 싶어 하지 않는 점은 재빨리 알아차렸지만, 배정 모자는 가끔 제대로 결정하기까지 시간을 좀 끌기도 한다. (맥고나걸 교수와 피터 페티그루 때처럼) 5분 이상 지체되는 경우, 그 학생을 '모자걸이'라고 부른다. 물론 이런 일은 흔치 않아 50년에 한 번 정도 일어난다.

해리는 호그와트에 도착한 직후 오래되고 역사 깊은 뾰족한 마법사 모자를 처음 보고서는 "여기저기 기우고 해진 데다 엄청 더러"웠다고 소감을 밝혔다. 2학년 때 덤블도어의 교장실에 간 해리는 배정식을 하지 않을 때 모자를 그곳에 보관한다는 사실을 알게 되었다. 자신이 사실은 슬리데린에 속할까 두려워하며 해리는 모자에게 다시 물었지만, 실망스럽게도 이 고집 센 모자는 해리가 슬리데린에 가서도 잘했을 것이라는 입장을 유지했다(배정 모자는 한 번도 선택을 바꾼 적이 없다).

해리는 비밀의 방에서 바실리스크를 만났을 때 모자에서 그리핀도르의 검을 꺼내며 자신이 진정한 그리핀도르라는 점을 증명했고, 그 검으로 괴물을 죽였다. 몇 년 뒤 후플푸프로 배정될 뻔했던 네빌이 호그와트 전투 때 해리와 마찬가지로 모자에서 검을 꺼내 내기니의 목을 잘랐다.

## 기숙사 배정 모자의 노래

기숙사 배정 모자는 매년 학기가 시작되는 환영식에서 기숙사 배정식이 어떻게 진행되는지와 학교의 기원, 각 기숙사의 특성이 담긴 노래를 부른다. 놀라운 점은 매년 새로운 노래를 부른다는 사실이다. 호그와트로 돌아오는 과정에서 여러 사고가 많았던 해리는 1학년, 4학년, 5학년 때만 노래를 들을 수 있었다. 해리가 마지막으로 들은 노래에서 모자는 곧 다가올 힘든 시기에 맞서기 위해서 학생들이 하나로 뭉쳐야 한다고 경고했다.

## 유명한 모자걸이들

해리가 학교에 다니던 시절 그리핀도르 기숙사 담임(이었고 재학 시절에는 7학년 때 여학생 회장)을 맡았던 미네르바 맥고나걸은 래번클로로 배정될 뻔했다. 배정 모자는 5분 30초 동안 고민했고 (확실히) 그리핀도르가 적합하다고 판단했다.

피터 페티그루는 슬리데린으로 갈 뻔했지만 오랜 고민 끝에 모자는 그리핀도르가 적합하다고 선언했다. 페티그루는 훗날 어둠의 제왕에게 충성하기 위해 친구들을 팔아넘겼다.

헤르미온느와 네빌은 엄밀히 말해서 모자걸이는 아니지만 배정 모자가 시간을 좀 들인 경우다. 헤르미온느의 경우, 모자는 그리핀도르와 래번클로를 두고 거의 4분 가까이 고민했다.

네빌은 그리핀도르가 무모한 행동으로 유명하다는 데 겁을 먹고 모자를 쓰고 있는 내내 후플푸프로 가게 해 달라고 빌었다. 그런 네빌이 볼드모트를 쓰러뜨리는 데 큰 역할을 했다는 점에서 다시금 모자의 선택이 옳았음이 증명된 셈이다.

# 반장

매년 호그와트에서는 교장이 직접 5학년 학생 중 뛰어난 여덟 명을 기숙사에서 추려 반장으로 뽑는다. 반장이 되면 다른 학생들을 통솔하는 역할을 맡는다. 반장은 신입생에게 기숙사를 안내하고, 복도에서 교칙을 위반하는 학생이 없는지 감시하고, 쉬는 시간에 어린 학생들을 살피며, 방과 후 징계를 주기도 한다. 그 밖의 특전으로는 호그와트 급행열차 맨 앞쪽 전용 객실(46쪽 참조)과 5층에 있는 호화로운 반장용 욕실(81쪽 참조)이 있다. 반장으로 뽑힌 학생은 호그와트를 졸업할 때까지 자리를 유지하므로 학교에는 항상 스물네 명의 반장이 있다(5학년 여덟 명, 6학년 여덟 명, 7학년 여덟 명). 새로 뽑힌 반장은 학기가 시작되기 전 여름 방학 때 교재 목록과 더불어 반장 통지서를 받는다. 또한 반장(prefect)의 머리글자 'P'가 새겨진 배지를 받아 교복에 달 수 있다. 론의 배지가 'P' 뒤편에 사자 문양이 있는 빨간색과 금색 배지로 묘사된 것으로 보아, 반장 배지를 통해 소속 기숙사를 알 수 있는 듯하다.

## 이름이 알려진 반장들

| | | |
|---|---|---|
| 해너 애벗 | 로버트 힐리어드 | 파드마 파틸 |
| 페넬러피 클리어워터 | 리머스 루핀 | 톰 리들 |
| 세드릭 디고리 | 테디 루핀 | 게이브리얼 트루먼 |
| 알버스 덤블도어 | 어니 맥밀런 | 빌 위즐리 |
| 릴리 에번스 | 드레이코 말포이 | 찰리 위즐리 |
| 젬마 팔리 | 루시우스 말포이 | 퍼시 위즐리 |
| 앤서니 골드스틴 | 미네르바 맥고나걸 | 론 위즐리 |
| 헤르미온느 그레인저 | 팬지 파킨슨 | |

# 학생회장

호그와트 7학년들이 자신의 뛰어남을 가장 잘 증명할 수 있는 방법은(톰 리들이 5학년 때 머글 출신 학생을 공격한 범인을 "잡아서" 공로상을 받았던 일을 제외한다면) 교장이 뽑은 학생회장이 되는 것이다.

많은 학생회장이 반장 출신(예를 들어 퍼시 위즐리)이지만, 항상 그렇지는 않다. 해리의 부모님은 호그와트 마지막 학년에 각각 남학생, 여학생 회장이었으나 해리의 아버지는 시리우스 블랙의 말에 따르면 방과 후 징계를 너무 많이 받아서 반장으로 뽑히지는 못했다고 한다. 학생회장이 되면 반장에게 할 일을 정해 주고 학생들을 이끈다. 해리가 3학년 때 호그와트 교수들이 탈옥한 시리우스 블랙을 찾아 성을 뒤질 때, 학생회장들은 교직원들의 역할을 대신해 모든 학생을 대연회장에 모아 두고 안전하게 지키는 책임을 맡았다. 반장처럼 학생회장도 자신의 위치를 나타내는 배지를 교복에 달고 있다. 퍼시 위즐리의 경우 배지를 아주 자랑스럽게 여겨서(살짝 집착한 듯하기도 하다) 자주 닦아서 광을 내고 학교 방학 때도 늘 달고 다녔다.

남학생 회장을 지냈던 인물들의 목록(해리와 론과 헤르미온느는 우연히 그 목록에서 톰 리들의 이름을 발견했다)이 트로피 전시실에 있으니 여학생 대표 목록도 있을 것으로 추정된다.

## 이름이 알려진 학생회장들

알버스 덤블도어 1898년~1899년(추정)
톰 리들 1944년~1945년
미네르바 맥고나걸 1953년~1954년
제임스 포터 1977년~1978년
릴리 에번스 1977년~1978년
빌 위즐리 1989년~1990년(추정)
퍼시 위즐리 1993년~1994년
테디 루핀 2015년~2016년

# 기숙사 우승컵

학기 말이 되면 모범적인 행동으로 가장 점수를 많이 받은 기숙사가 기숙사 우승컵을 차지한다. 학년 내내 학생들은 행동에 따라 점수를 얻기도 하고 잃기도 한다. 수업을 아주 잘 따라가거나 용기 있는 행동을 보여 주어서 점수를 딸 수도 있고, 잘못을 저지르거나 교칙을 어겨 점수를 깎이기도 한다. 그리고 퀴디치 팀이 시합에서 승리하면 해당 기숙사 점수가 올라간다. 학교 입구에 놓여 있는 마법 모래시계는 각 기숙사를 나타내는 보석으로 가득 차 있으며, 이 시계가 점수를 계산한다. 학기 말 축제 때 대연회장은 우승한 기숙사의 색으로 장식된다. 해리가 학교에 들어가고서 첫 3년 이후로는 어떤 기숙사가 우승컵을 땄는지 알려지지 않았다.

선생님과 반장은 점수를 주거나 깎을 수 있다. 해리가 5학년 때는 엄브리지가 뽑은 장학관 직속 선도부도 이 권한을 받았다. 원래 반장끼리는 점수를 깎을 수 없으나 선도부원들은 그럴 수 있었고, 이로 인해 그리핀도르는 1년 내내 잘 쌓은 점수를 모조리 깎아 먹었다. 그러나 맥고나걸 교수가 마법 정부에서 싸운 학생들에게 각각 50점을 주고 엄브리지가 고용한 슬리데린에게 악의적으로 감점당한 래번클로도 루나 러브굿이 싸움에 참가한 공으로 50점을 얻음으로써 잃은 점수를 만회할 수 있었다. 말포이는 선도부원으로서의 지위를 마구 이용해 점수를 깎았지만, 전반적으로 점수 제도 자체에 편파와 왜곡으로 인한 몇 가지 결점이 있기는 하다. 스네이프 교수는 사소한 위반을 들어 그리핀도르 기숙사의 점수를 재빨리 깎았으면서도 자기 기숙사 학생들이 대놓고 다른 학생들을 괴롭히고 다니는 부분은 무시했다. 반면 맥고나걸 교수는 자신의 기숙사 학생들에게도 가차 없이 굴었다. 덤블도어 교수는 적어도 한 번 이상 학기 종료 직전에 그리핀도르 기숙사가 딱 우승을 할 수 있을 정도로만 점수를 준 적이 있다.

1992년 슬리데린이 7년 연속 기숙사 우승컵을 따려던 찰나, 덤블도어는 막판에 그리핀도르에 점수를 주어 그들의 순위를 꼴찌에서 일등으로 올렸다. 마법사 체스에서 보여 준 론의 놀라운 실력에 50점, 해리가 마법사의 돌을 얻을 수 있도록 마법약의 수수께끼를 풀어낸 헤르미온느의 논리력에 50점, 볼드모트에서 마법사의 돌을 구한 해리의 용기에 60점을 주고 친구들을 위해 용기를 보여 준 네빌에게 10점을 준 것이다. 이 점수 덕에 그리핀도르는 아슬아슬한 차이로 슬리데린 기숙사를 물리치고 우승컵을 가져갔다.

1993년에 그리핀도르는 해리와 론이 비밀의 방에서 지니를 구한 공로로 각각 200점을 받아 다시 우승컵을 차지했다. 1993년에는 그리핀도르가 퀴디치컵을 따낸 점이 엄청나게 유리하게 작용해 3연속 우승을 할 수 있었다.

## 그 밖의 기숙사 득점 요소

- 트롤 물리치기
- 수업 시간에 정답 맞히기
- 수업 시간에 보가트에게 맞서기
- 물뿌리개 건네기(『이러쿵저러쿵』 인터뷰를 인정한다는 의미로)
- 필요의 방에서 도망치는 해리를 잡기
- 볼드모트가 돌아왔다는 사실을 마법 세상에 알리기

## 기숙사 감점 요소

- 수업 시간에 다른 학생을 돕지 않음
- 무례하게 굴기
- 싸우기
- 수업 시간에 다른 학생을 도움
- 밤 12시에 침대 밖으로 나가기
- 도서관 책을 학교 건물 밖으로 가지고 나가기
- 혼자 트롤에게 덤비기
- 지각
- 참을 수 없는 잘난 척
- 다른 학생에게 악어 심장 던지기
- 퀴디치 시합에서 그리핀도르 수색꾼을 방해하려고 디멘터로 분장하기
- 크리스마스 무도회에서 장미 덤불 안에서 애정 행각을 벌임(추정)
- 수업 중 잡담하기
- 수업 시간에 책상 아래로 몰래 잡지 읽기
- 수업 방해
- 선생님에게 말대꾸
- 대연회장에서 소리 지르기
- 『이러쿵저러쿵』과 인터뷰하기
- 새 교장을 모욕함°
- 선도부에 대항함°
- 셔츠를 넣어 입지 않아서°
- "마음에 안 드니까"°
- 머글 출신이라서°
- 머글 복장이라서

° 드레이코 말포이가 선도부 소속일 때 준 벌점

# 호그와트의 식사 시간

호그와트에서는 학생들과 선생님이 대연회장(56쪽 참조)에서 하루 세 번 식사를 같이 한다. 대연회장은 일반 식사를 하는 장소이자 특별한 연회가 열리는 곳이기도 하다. 새 학년의 시작을 알리는 연회, 학년 말을 축하하는 연회, 그리고 핼러윈과 크리스마스 연회가 각각 열린다. 연회의 규모는 상당하며, 호그와트에서 날마다 먹는 식사도 엄청난 양의 음식이 푸짐하게 차려지기에 아주 놀라운 경험이다.

대연회장에는 기숙사별로 학생들이 앉는 긴 테이블 네 개가 있으며, 연회장 끝부분에 호그와트 직원들을 위한 테이블이 놓인다. 이 테이블 중앙에는 학교의 수장인 교장이 앉는 특별한 왕좌 같은 의자가 놓여 있다. 공중에는 초가 떠 있고, 천장은 그날의 날씨를 포함해 하늘과 똑같이 보이도록 마법이 걸려 있다.

아침, 점심, 저녁 식사가 시작되면 집요정들이 호그와트 주방(70쪽 참조)에서 열심히 만든 신선하고 맛있는 음식이 마법을 통해 테이블 위로 쫙 깔린다. 주방에서 일하는 집요정들은 호그와트에서 난 식재료를 사용해 식욕을 돋우는 여러 가지 음식을 조리한다. 고기류, 각종 채소, 파이, 감자 요리, 호박 주스, 차를 비롯해 스테이크앤키드니 파이, 요크셔푸딩, 당밀 타르트 같은 영국 전통 음식들도 제공된다. 모든 요리가 마법을 통해 주방 천장을 지나 테이블로 올라간다. 특별한 날이나 계절 또는 주제가 있는 경우에는 칠면조 요리, 부야베스, 에그노그, 크리스마스 푸딩 등이 근사한 연회에 맞춰 준비돼 나온다. 학생과 직원들은 식사 시간 동안 원하는 만큼 먹을 수 있으며, 식사가 끝나면 접시는 마법으로 말끔하게 사라진다.

## 호그와트에서 기념하는 연회들

재학생들은 호그와트의 마법과 경이로움에 조금씩 둔감해질지도 모르지만, 대연회장에서 열리는 호화로운 연회들은 계속해서 놀라움과 경외심을 일깨워 준다.

### 학기 초 연회

9월 1일, 호그와트는 학기 시작을 기념하는 연회를 연다. 연회가 시작되면 1학년 신입생들이 선생님을 따라 대연회장으로 들어와서 기숙사 배정식(28쪽 참조)을 하기 위해 기숙사 테이블과 교수용 테이블 사이에 선다. 연회에서는 새로운 식구를 소개하고 학교의 전달 사항을 알려 주는데, 매년 이때 교장은 학생들에게 금지된 숲(130쪽 참조)에 들어가서는 안 된다고 일깨운다. 해리가 다니던 시절에는 관리인인 필치 씨의 금지 목록을 공유하는 시간도 있었다.

### 핼러윈

10월 31일, 호그와트는 대연회장에서 성대한 핼러윈 파티를 연다. 살아 있는 박쥐 수천 마리와 초를 밝힌 커다란 호박으로 근사하게 장식하며, 줄무늬 사탕을 비롯한 군것질거리들이 쏟아진다. 대개 호그와트 유령이 중심이 되는, 학생을 놀라게 하는 몇 가지 여흥들도 펼쳐진다.

### 크리스마스

크리스마스 연회는 크리스마스 연휴를 호그와트에서 보내는 모든 학생과 교수가 즐길 수 있는 즐거운 휴가 파티다. 대연회장은 서리가 내린 커다란 크리스마스트리, 호랑가시나무와 겨우살이로 장식되고, 천장에서는 눈이 떨어지며, 마법사 크래커도 있다(크리스마스 크래커와 비슷한 장난감으로, 한층 시끄럽게 터지고 더 근사한 선물이 들어 있다).

### 학기 말 연회

학기를 잘 끝냈다는 점을 축하하기 위해 호그와트는 학년 마지막 날 밤에 축제를 열어, 꼴찌부터 시작해 기숙사 우승컵 수상자까지 역순으로 발표한다. 우승한 기숙사가 발표되면 대연회장은 마법을 통해 우승 기숙사의 색으로 아름답게 치장된다. 학기 말 연회는 학생들이 여름 방학을 보내려고 집으로 돌아가거나, 7학년의 경우 호그와트를 졸업하고 마법사로서 새로운 인생의 단계로 도약하는 시간이기에 더욱 특별하고 행복한 시간으로 기억된다.

# 학교 축제

대부분의 학교들과 마찬가지로 호그와트도 학기 중에 교사와 학생 모두가 특별한 날들을 제대로 즐길 수 있도록 직원 모두가 정성스럽게 축제를 준비한다. 대연회장에서는 연회가 열리고 호그와트성과 정원 전체가 근사하게 장식되며, 가볍게 모여서 즐기는 행사부터 대규모 테마 이벤트까지 다양하게 진행된다. 해리는 호그와트에 다니는 동안 (마치 모두 살아남은 소년과 관련된 것만 같은) 여러 축제들을 겪었고, 덕분에 연도와 상관없이 기억에 오래 남을 추억을 쌓았다.

### 핼러윈

역사가 깊은 마법 학교인 호그와트는 폴터가이스트를 포함한 유령들, 낯설고 두렵고 인상적인 생물들과 함께 호그와트성과 부지, 그 너머를 함께 쓰고 있다. 그러나 핼러윈의 본질과 어떤 관련이 있어 이 존재들이 10월 31일에 대대적으로 의상과 분장을 하고 나타나는지는 짐작만 할 뿐이고, 학교에서 준비하는 성대한 연회(35쪽 참조)에 참여하는 이유도 정확히 알 수 없다.

해리가 호그와트에서 처음 맞는 핼러윈을 즐기고 있을 때, 퀴럴 교수가 지하 감옥에 트롤이 나타났다고 알리며 연회가 중단됐다. 학생들은 서둘러 기숙사로 돌아갔고, 해리와 론은 헤르미온느가 여학생 화장실에서 울고 있다는 이야기를 듣고 찾으러 갔다. 비록 의도치 않게 헤르미온느가 트롤과 한 공간에 갇히는데 일조했지만, 론은 윙가르디움 레비오사 주문을 외워 곤봉을 트롤 머리로 떨어뜨려 기절시켰다.

계절과 상관없이 암울한 학교 지하 감옥은 다음 해 핼러윈 때 목이 달랑달랑한 닉의 사망일 파티 장소로 쓰였다. 처형당한 지 500년이 된 날을 기념하기 위해 닉은 해리와 론, 헤르미온느에게 참석해 달라고 부탁한다. 해리는 또한 닉의 요청으로 파티장에서 처음 닉을 봤을 때 얼마나 무서웠는지를 패트릭 덜레이니 포드모어 경에게 설명하면서, 닉이 머리 없는 사냥회에 가입할 수 있도록 힘을 실어 주어야 했다. 닉은 처형 때 머리가 완전히 잘려 나가지 않고 몸에 약간 붙어 있었기 때문에 엄밀히 말하자면 머리가 없는 것이 아니어서 머리 없는 사냥회에 가입할 수 없었다. 그의 파티에는 영국 전역에서 유령들이 참석했다. 멀리 켄트에서 통곡하는 과부가 찾아왔고 호그와트에 사는 다른 유령들도 참석했는데, 우리가 이름을 알 만한 유령들로는 피브스(정확히 따지자면 유령이 아니라 폴터가이스트지만)와 울보 머틀이 있다.

닉의 파티에서는 묘비처럼 생긴 케이크를 포함해 유령들이 맛을 느낄 수 있게 톡 쏘는 곰팡이가 잔뜩 핀 상한 음식이 올라왔고, 톱으로 연주하는 오케스트라가 분위기를 돋웠다. 해리는 닉이 상당히 무시무시한 유령이라고 패트릭 경을 확신시키려 했으나 실패했고, 닉이 생일 소감을 말하려고 할 때 머리 없는 사냥회가 머리 하키를 시작했다. 해리는 파티 자리를 뜨는 길에 "찢어발겨 죽여" 버리겠다고 위협하는 목소리를 들었고, 뒤이어 돌로 굳어 버린 노리스 부인과 더불어 벽에 비밀의 방이 열렸다고 쓰인 불길한 메시지를 보았다.

3학년 때 해리와 친구들이 대연회장으로 핼러윈 연회를 즐기러 간 사이, 최근 아즈카반을 탈옥한 시리우스 블랙이 그리핀도르 탑으로 들어오려고 하는 일이 발생한다. 하지만 블랙은 암호를 대지 못했고, 뚱뚱한 귀부인이 들여보내 주지 않자 블랙은 귀부인의 초상화를 찢어 버렸다. 덤블도어는 학생들이 대연회장에서 밤을 보낼 수 있도록 마법을 사용해 침낭을 보냈고, 직원들은 잡히지 않은 도망자를 찾아 성을 수색했다.

해리가 4학년 때는 호그와트에서 트라이위저드 대회가 열리면서 핼러윈 연회가 각 학교 대표를 선정하는 불의 잔 행사와 우연히 겹쳤다. 불꽃에서 해리의 이름이 떠오르며 네 번째 대표로 호명되자 자연스럽게 주변이 웅성거리면서 큰 반향이 일어났다. 트라이위저드 대회가 얼마나 위험한지 다들 잘 알고 있었기 때문이다.

## 크리스마스

머글들이 다니는 기숙 학교와 마찬가지로 호그와트 학생들도 크리스마스 연휴에 집으로 돌아갈지 학교에 남아 있을지 결정할 수 있다. 직원들은 겨우살이와 호랑가시나무를 엮어 장식하고, 엄청 큰 전나무 열두 그루에 고드름과 초를 달아서 대연회장을 예쁘게 꾸민다. 천장에 걸린 주문은 마치 실내에 눈이 내리는 듯한 모습을 연출하고, 갑옷들은 캐럴을 부르며 성을 돌아다닌다. 호그와트에 머무는 모든 이들은 그레이비와 크랜베리 소스를 곁들인 완두콩과 감자를 넣은 커다란 전통 칠면조 요리를 맛보고, 디저트로 불꽃이 활활 타오르는 크리스마스 푸딩을 즐긴다.

크리스마스 아침, 학생들의 침대 발치에는 선물이 놓이고 대연회장에서는 행사가 열린다. 1학년 때 해리는 더즐리 가족 집에 있지 않아서 너무 기뻤고, 침대 밑에서 선물을 발견하고 나서는 더욱 기뻐했다. 2학년 때는 해리, 론, 헤르미온느가 함께 대연회장에서 크리스마스 연회를 즐겼으며, 연휴 동안 폴리주스 마법약을 만들어 마시는 등 아주 색다른 크리스마스를 보냈다. 3학년 때는 호그와트에 남은 학생이 별로 없어서 학생과 선생님 모두 한 테이블에 앉아 연회를 즐겼고, 4학년 때는 트라이위저드 대회 전통인 무도회가 크리스마스이브 밤에 열리는 관계로 해리를 비롯한 많은 학생이 호그와트에 남았다.

6학년 크리스마스 방학 전 마지막 수업에서 슬러그혼 교수는 초청받은 사람만 올 수 있는 특별한 크리스마스 파티를 열었다. 파티는 알록달록한 장식품으로 꾸며지고 진짜 요정들이 불을 밝힌 슬러그혼의 연구실(73쪽 참조)에서 열렸다. 파티에는 민달팽이 클럽 멤버들이 초대받았으며 친구를 데려올 수 있었다. 파티에 참석한 사람 중에는 호그와트 학생과 직원뿐 아니라 민달팽이 클럽의 전 멤버인 작가 엘드리드 워플과 뱀파이어인 상귀니도 있었다. 필치 씨는 필요의 방에서 사라지는 캐비닛을 사용하려던 드레이코 말포이를 붙잡았는데, 드레이코는 초대받지 않은 파티에 참석하려고 했다는 핑계를 댔다. 슬러그혼 교수는 드레이코가 파티에 머물 수 있게 해 주었지만, 말포이의 기숙사 담임인 스네이프는 그를 데리고 파티장을 나섰다.

## 밸런타인데이

마법사들도 밸런타인데이를 기념하고 머글과 마찬가지로 한층 들뜨기도, 무시해 버리기도 하지만 호그와트에서는 다른 큰 행사처럼 이날을 기리지는 않는다. 해리는 이날이 특히나 민망하다고 생각했다.

2학년 때 어둠의 마법 방어법 교수 길더로이 록하트는 밸런타인 분위기를 내기 위해 대연회장을 분홍색 꽃으로 장식하고 천장에서 하트 모양 색종이가 떨어지도록 마법을 부려 놓았는데, 동료 교사들은 질색했다. 록하트는 또한 드워프들에게 큐피드 옷을 입히고 하루 종일 학생들에게 밸런타인 고백 노래를 전달하도록 했다. 지니가 해리에게 메시지를 보내자, 드워프는 복도에서 해리를 붙잡아 앉히고 발목 위에 눌러 앉아 메시지를 전달해 해리가 민망함에 몸서리치게 만들었다. 록하트는 특히 고백을 많이 받았다.

호그스미드(135쪽 참조)를 방문할 수 있는 학생들은 이날 한층 개인적인(해리의 말을 따르자면 "비좁은") 푸디풋 부인의 찻집을 즐겨 방문한다. 천사, 활, 주름 장식을 이용해 벽 전체를 낭만적으로 꾸민 카페는 연인들을 만족시키기에 충분하다. 5학년 때 해리는 호감이 있는 상대인 초 챙과 이 비공식 전통에 참가했지만, 데이트 중에 눈치 없이 해리가 헤르미온느를 보러 가야 한다고 말해서 초는 질투가 나 자리를 박차고 나가 버렸다.

# 트라이위저드 대회

호그와트가 세워지고부터 300년 뒤, 유럽에서 가장 우수한 마법 학교 세 곳인 호그와트와 보바통과 덤스트랭은 학생들의 마법 기량을 점검하고 대륙 간 마법 공동체의 협력과 우정을 기르기 위해 트라이위저드 대회를 열기 시작했다. 대회는 1년에 걸쳐 펼쳐지며, 각 학교에서 대표를 뽑아 세 가지 마법 도전 과제를 통해 우승컵을 따내 승리하기 위해 최선을 다해야 한다. 전통적으로 5년에 한 번씩 열리며, 각 학교가 돌아가며 행사를 주최한다.

대회는 단순히 교과서에서 배운 내용을 평가하는 데 그치지 않는다. 트라이위저드 대회는 소심한 사람을 대상으로 하지 않으며, 구경하러 가는 데조차 용기가 필요하다. 1792년에는 코카트리스를 풀었는데, 헤르미온느의 말을 따르자면 이 흉악한 동물이 "미쳐 날뛰어" 세 마법 학교의 교장들이 다치기도 했다. 500년 동안 10대 학생을 아주 위험하고 치명적인 동물과 싸우도록 보낸 탓에 사망률이 어느 때보다 높아지자 대회가 중단되었고, 이후로 마법 가문의 자손들은 이 우화 같은 이야기를 듣고 자랐으나 결코 대회가 부활하리라고는 예상치 못했다.

그러나 1994년 마법 정부와 세 마법 학교가 합심해 노력한 끝에 트라이위저드 대회가 다시 시작되었고, 호그와트가 주최 학교가 되었다. 처음에는 행사가 계획대로 진행되었다. 보바통과 덤스트랭 학생들이 도착하자 호그와트에서 열렬히 환영해 주었으며, 다들 기대감에 부풀었다. 대회는 예전 방식대로 불의 잔이라고 부르는 커다란 컵을 통해 각 학교의 대표를 뽑는 시간을 가졌다.

이 오래된 유물에는 춤추는 푸른 불꽃이 담겨 있고 새 대회가 시작될 때만 불꽃이 일어난다. 불의 잔은 안전을 위해 보석으로 장식된 나무 상자에 보관되어 있는데, 마법 지팡이로 상자 맨 위를 세 번 두드리면 열린다. 대회에 참가하고 싶은 학생이 양피지에 이름과 학교를 적어 잔에 넣으면 불의 잔이 가장 대회를 잘 치를 것으로 여겨지는 학생을 학교별로 한 명씩 골라 불꽃 너머로 그 이름이 적힌 종이를 내뱉는다. 주최 학교의 교장이 한 명씩 이름을 발표하는데, 1994년에는 덤블도어 교수가 진행했다.

잔이 선택을 마치면 대표들은 대회를 기권할 수 없도록 마법에 의해 자동적으로 계약이 맺어진다. 다시 말해 준비가 되든 안 되든 나가야 한다는 뜻이다. 지난 대회들처럼 유혈이 낭자한 사태가 일어나지 않도록 덤블도어는 나이 제한을 걸어서 17세 이

하는 잔에 이름을 넣을 수 없도록 규제했다. 불의 잔은 핼러윈에 각 대표들을 선정했다. 플뢰르 들라쿠르(보바통), 빅토르 크룸(덤스트랭), 세드릭 디고리(호그와트)가 각 학교 대표로 뽑혔고, 대회 역사상 처음으로 네 번째 대표(이자 두 번째 호그와트 학생으로 나이가 되지 않는) 해리가 뽑혔다. 알고 보니 매드아이 무디로 변장한 바티 크라우치 주니어가 잔에 마법을 걸어 네 학교가 경쟁하도록 착각하게 만들어 해리의 이름을 네 번째 학교 아래 집어넣었던 것이다. 잔에서 이름이 나왔다는 것은 구속력이 있는 계약이 체결되었음을 의미하기에 해리는 어쩔 수 없이 대회에 나가야 했다.

본격적으로 첫 번째 과제가 시작되기 전에 각 대표들은 마법 지팡이를 검사 받는다. 작은 교실에서 각 대표의 지팡이를 세밀하게 살피며 제대로 작동하는지 확인하는 의식으로, 1994년 대회 때는 유명 지팡이 제작자 개릭 올리밴더가 이를 담당했다.

트라이위저드 대회는 세 가지 과제로 치러지며, 학교별 대표가 마법 능력과 용맹함과 추론 능력을 발휘해 압박감 속에서 품위를 잃지 않고 과제를 해결하는지를 살핀다. 반칙도 대회의 일부라는 점을 알아 두는 편이 좋다. 대표들은 자기 학교 교장이나 대회 심판의 도움을 받기도 한다.

1994년 대회의 첫 번째 과제는 각 학교 대표들이 용이 지키고 있는 황금 알을 훔쳐 내는 것이었다. 대표들이 알을 찾으면 그 속에는 두 번째 과제에 대한 단서가 들어 있다. 1995년 2월 24일에 열린 두 번째 과제에서 학생들은 호수로 가서 인어에게 납치당한 자신이 아끼는 사람을 구해야 했다. 플뢰르는 과제를 완수하지 못한 유일한 대표로, 호수의 흐린 물 속을 헤엄치다가 그린딜로에게 공격을 받았다.

마지막 과제는 학교 대표들이 마법 동물과 각종 마법을 비롯한 위험한 장애물로 가득한 미로로 들어가 중앙에 놓인 트라이위저드 우승컵을 찾는 일이었다. 해리와 세드릭은 동시에 도착해 함께 컵을 들어 올려 공동으로 승리했지만, 둘이 컵에 손을 대자마자 컵이 포트키로 작동해 무덤으로 순간이동되었다. 그곳에서 피터 페티그루가 세드릭을 죽였고, 해리는 볼드모트가 부활하는 모습을 겁에 질린 채 지켜보았다. 볼드모트는 해리를 고문한 뒤 결투를 벌였는데, 둘이 서로를 향해 주문을 외치자 쌍둥이인 지팡이 심지가 역추적 마법을 통해 연결되어 볼드모트에게 목숨을 잃은 영혼들이 나타나 해리가 컵을 다시 잡을 수 있도록 시간을 벌어 주었고, 해리는 컵을 통해 호그와트로 돌아올 수 있었다. 이 끔찍한 사건 이후로 트라이위저드 대회는 다시금 폐지되었다.

## 트라이위저드 크리스마스 무도회

각 학교 대표들은 과제 수행 외에도 또 하나의 행사에 반드시 참석해야만 한다. 도전하는 과제만큼이나 어렵게 느껴지는 이 행사는 바로 크리스마스 저녁에 열리는 호화로운 무도회다. 트라이위저드 대회의 학교 대표들은 파트너와 함께 무도회에 반드시 참석해야 한다. 전통적으로 대표들이 그 파트너와 함께 춤을 추며 행사의 문을 열기 때문이다. 격식을 갖춘 드레스 코드가 있어 참석자 모두가 파티복을 입어야 한다.

1994년 행사는 오후 8시, 학교 대표들과 파트너들이 우레와 같은 박수를 받으며 대연회장(56쪽 참조)으로 들어오면서 시작됐다. 파티장 내부는 겨우살이 화환들로 장식되었고, 반짝이는 은색 서리가 벽을 덮었으며, 기다란 기숙사 테이블은 황금색 접시와 잔들이 놓인 작은 테이블들로 바뀌었다. 저녁 식사가 나오면 대표들과 파트너가 춤을 시작하고, 뒤이어 유흥이 벌어진다(해리가 참석한 해에는 유명 마법사 밴드인 운명의 세 여신이 공연을 했다). 무도회는 자정에 끝나지만 많은 학생들은 파티를 계속하기를 바랐다.

# 호그와트 전투

1998년 5월 1일과 2일 밤, 해리와 반 친구들을 비롯해 선생님들과 불사조 기사단원들은 볼드모트와 죽음을 먹는 자들에게서 호그와트 마법 학교를 지키기 위해 싸웠다. 이 사건은 제2차 마법 전쟁에서 어둠과 빛의 세력이 벌인 마지막 결전이었다.

본격적으로 전투가 시작되기 전에 미네르바 맥고나걸 교수가 교장인 세베루스 스네이프와 결투를 벌이고, 스네이프가 호그와트성을 빠져나간다.

맥고나걸 교수가 피에르토툼 로코모토르 주문을 외워 갑옷 군단들을 일으켜 학교를 지키라고 명령한다.

해리가 회색 숙녀에게 래번클로의 보관이 어디 있는지 추궁한다.

해리, 헤르미온느, 론이 보관을 찾아 파괴하기 위해 필요의 방으로 향한다. 드레이코 말포이, 빈센트 크래브, 그레고리 고일이 세 사람을 찾아내 그들 사이에 싸움이 벌어진다. 크래브가 악마의 불 주문으로 스스로와 방 전체를 화염으로 휘감고, 그사이 다른 이들은 도망친다. 그 과정에서 보관이 파괴된다.

볼드모트가 해리에게, 지금 항복한다면 이 이상 아무도 다치지 않게 하겠다고 약속하며 항복하기를 권고한다. 17세 이상인 직원과 학생은 남아서 싸우는 것이 허락되고, 나이가 되지 않는 학생들은 필요의 방과 호그스 헤드 사이의 터널을 통해 대피한다. 래번클로 학생 중 일부와 후플푸프 몇몇은 남기로 하고, 그리핀도르 기숙사생은 절반이 남아서 싸우기로 결정한다. 저학년 학생들은 대피하였다. 불사조 기사단, 졸업생들, 재학생들의 가족과 볼드모트의 지지자들이 이 시기에 호그스 헤드 터널을 통해 호그와트로 들어왔다.

해리와 론이 호크룩스 중 하나인 후플푸프의 잔을 없앤다.

성의 방어선이 뚫린다. 마법사들은 물론이고 켄타우로스, 애크로맨툴라, 거인, 디멘터, 마지막으로 집요정들까지 싸움에 휘말린다.

이 전투에서는 콜린 크리비, 리머스 루핀, 님파도라 통스, 프레드 위즐리, 세베루스 스네이프를 비롯한 여러 사망자가 발생했다. 스네이프의 경우 악쓰는 오두막에서 딱총나무 지팡이를 챙기기 위해 무모하게 움직이다가 볼드모트의 지시를 받은 내기니에게 물려 목숨을 잃었다.

금지된 숲으로 돌아온 해리는 나르시사 말포이가 자신이 아직 살아 있는지 확인하러 오는 소리를 듣는다. 나르시사는 비밀리에 드레이코가 살아 있는지 해리에게 묻고, 해리가 긍정적으로 대답하자 해리가 죽었다고 발표한다. 볼드모트는 포로로 붙잡힌 해그리드에게 해리의 시신을 성으로 가져가라고 지시한다.

해리는 아기 때 그랬던 것처럼 다시금 살해 저주에서 기적적으로 목숨을 건진다. 해리는 대연회장에서 볼드모트와 대결하면서 딱총나무 지팡이가 어째서 볼드모트가 아닌 자신에게 충성하는지 알려 준다.

몰리 위즐리가 결투를 통해 벨라트릭스 레스트레인지를 죽인다.

휴전. 해리는 투명 망토를 걸치고 볼드모트를 만나러 금지된 숲으로 들어간다. 가는 동안 부활의 돌을 꽉 쥐고 있었고, 부모님과 시리우스와 루핀의 영혼이 해리에게 용기를 불어넣어 준다.

싸움이 다시 시작된다.

볼드모트가 아바다 케다브라를 외워 해리를 킹스크로스역과 닮은 일종의 삶과 죽음의 중간 지대로 보낸다. 이곳에서 해리는 덤블도어와 이야기를 나누고, 스승은 해리에게 삶으로 돌아가서 볼드모트의 상처받은 영혼의 변형된 형태를 살피라고 알려 준다. 알고 보니 해리 스스로가 볼드모트의 호크룩스 중 하나였다.

볼드모트가 승리를 선언하고 적들에게 자신에게 복종하라고 통보한다. 네빌 롱보텀이 거절하자 볼드모트는 네빌의 머리에 기숙사 배정 모자를 씌우고 불을 붙인다. 다행히 네빌이 모자에서 그리핀도르의 검을 뽑아 볼드모트의 마지막 호크룩스인 내기니를 죽인다.

볼드모트가 아바다 케다브라를 외치고 거의 동시에 해리가 무장 해제 마법을 사용하면서 두 주문이 충돌해, 볼드모트가 자신이 외친 살해 저주로 인해 목숨을 잃는다.

# 학교 입학 준비하기

호그와트에는 다양한 학생들이 재학하지만, 입학 허가를 받고 학교로 가는 과정은 모두 똑같다. 아니, 거의 똑같다.

### 입학서

호그와트 마법 학교의 빗장이 걸린 작은 탑 속에는 설립자 네 사람이 거기에 둔 이후로 누구의 손길도 닿지 않은, 검은 용의 가죽으로 표지를 싼 아주 오래된 책 한 권이 보관돼 있다. 책 옆에는 작은 은색 잉크병과 함께 기다란 흰색 깃펜이 놓여 있는데, 영국 아이에게서 처음 마법의 징후가 나타나면 어거레이의 깃털로 만든 입학 승인 깃펜이 아이의 이름을 입학서에 적는다. 입학서와 깃펜이 모두 동의해야 최종 결정이 나며, 책에 이름이 적히지 않은 학생은 호그와트에 입학할 수 없다. 깃펜이 책보다 좀 더 관대한 편으로 마법 능력이 조금만 보여도 이름을 쓰려고 하지만, 책은 마법 능력이 제대로 증명되기 전까지 이름을 적지 않는다. 마법 가문에서 태어났으나 마법을 부리지 못하는 스큅은 가끔 마법의 기운을 가지고 태어나지만, 이는 차츰 사라지기에 책과 깃펜을 혼란에 빠지게 하지 않는다. 이들 마법 도구는 이제까지 한 번도 실수를 저지른 적이 없다.

### 입학 허가

입학서에 이름이 적힌 학생은 열한 번째 생일에 입학 통지서를 받는다. 호그와트의 교감이 녹색 잉크로 편지를 써 주는데, 이 편지에는 교과서를 비롯해 입학에 필요한 준비물이 적혀 있다. 머글 출신 학생의 경우 호그와트 교직원이 직접 편지를 전달한다. 해리는 특수한 경우였는데, 버넌 이모부가 입학 통지서를 자꾸 숨기는 바람에 더 많은 통지서가 더욱 정교한 마법을 통해 계속해서 배달됐다. 처음에는 일반 우편으로, 그다음에는 스물네 개의 달걀 안에 돌돌 말아 넣어서, 그런 다음에는 벽난로를 통해 편지가 쏟아져 내렸고 마지막으로 루비우스 해그리드가 해리를 찾아감으로써 둘의 평생 가는 우정이 시작되었다.

### 학비

호그와트의 학비는 모든 학생에게 무료이며, 비용은 마법 정부에서 충당한다. 교복, 교과서, 마법 지팡이, 수업 준비물은 사야 하지만 호그와트에서 특별 장학금을 통해 형편이 어려운 학생들을 도와주고 있다. 이 장학금 덕분에 머글 고아로 돈이 하나도 없던 톰 리들이 호그와트에 입학할 수 있었다.

### 교통수단

초기 역사적인 증언들을 살펴보면 학생들이 부모님이 정한 여러 방식으로 호그와트로 왔다는 사실을 알 수 있다. 이들은 빗자루, 마법을 건 수레나 마차, 순간이동 마법이나 신기한 마법 생명체를 타고 오기도 했는데, 그로 인해 호그와트로 가는 마법사들의 여정이 종종 인간들의 눈에 띄었다. 1692년 국제 마법 비밀 유지 법령이 생긴 뒤로 포트키가 등장했다. 포트키는 마법이 걸린 사물로 일반적으로 머글이 쓰레기로 여기는 물건이 사용되며, 정해진 시간에 정해진 장소로 마법사를 옮겨 준다. 그러나 불행하게도 포트키를 이용한 학생의 3분의 1이 육체가 따라오지 못하거나 또는 포트키를 찾지 못했다. 포트키가 이상적인 방법으로 여기지지 않은 마법 정부는 머글의 기술에 특별한 흥미를 보였고, 안전과 비밀을 유지할 수 있는 다른 이동 수단을 만들게 되었다.

### 킹스크로스역, 9와 4분의 3번 승강장

1827년부터 1835년까지 마법 정부 총리를 지낸 오탈린 갬볼은 머글 기술에 깊은 인상을 받아 호그와트 급행열차를 만들었다. 수백 명의 학생을 호그와트로 비밀리에 보내야 했던 갬볼은 출처가 알려지지 않은 머글용 기차를 한 대 챙겼다. 마법 정부의 비밀 문서에 따르면 167번의 망각 마법과 역대 최대의 은폐 마법을 쓴 대규모 작전이 벌어졌다. 이 작전 다음 날 아침, 호그스미드 주민들이 아침에 일어나 보니 전에 없던 철도역이 생겨 있었다고 한다. 한편 영국의 철도 도시 크루에서 철도 노동자로 일하는 머글들은 모두 어딘가 잘못 와 있다는 느낌을 받았다. 호그스미드가 역으로 정해진 까닭은 작은 마을 전체가 마법 동네로 호그와트 부지 바로 밖에 위치하며, 호그와트의 보호 주문 외부에 있기에 성 자체를 위협할 요소가 없어서다.

도착지는 정해졌으나 여전히 출발역을 정하는 일이 남아 있었다. 마법 정부는 머글들이 바로 코앞에서도 마법을 눈치채지 못한다는 사실을 알았지만, 그럼에도 불구하고 런던에 마법 철도역을 만드는 일은 (가능하다고 해도) 무모하다고 생각했다. 초기에 학생들이 어디서 호그와트 급행열차를 탔는지는 기록이 남아 있지 않다. 1849년부터 1855년까지 마법 정부 총리였던 에반젤린 올핑턴은 영국 런던 북부에 새롭게 세워진 킹스크로스역에 비밀스러운 정거장을 하나 더하자는 근사한 제안을 내놓았다.

    마법사들만 접근할 수 있는 9와 4분의 3번 승강장은 9번과 10번 승강장 사이 경계를 걸어 들어가야 한다. 머글이 마법사들의 여행을 포착하지 못하도록 마법 정부는 매년 학기 초와 말에 사복을 입힌 직원들을 플랫폼에 배치해 머글들의 기억을 조작한다.

    원래 머글이 타던 기차였기에 많은 순혈 부모가 처음에는 이 기차를 반대했지만, 이내 마법 정부에서 호그와트로 가는 다른 방법을 모두 금지했기에 별수 없어졌다.

### 호그와트 급행열차

매년 9월 1일, 호그와트 급행열차를 탈 수 있도록 9와 4분의 3번 승강장이 열린다. 맞은편에서 입구 쪽을 쳐다보면 연철 아치 길에 "9와 4분의 3번 승강장"이라고 적힌 글귀를 볼 수 있다. 진홍색 증기 기관차가 연기를 내뿜으면 호그와트 급행열차가 11시에 출발한다는 표시가 나타난다.

    호그와트 급행열차는 보통 1년에 엿새만 운행한다(학기 초와 말, 크리스마스, 부활절 휴가 때 왕복으로). 이런 날에 킹스크로스 승강장은 엄청나게 붐빈다. 수많은 학생과 학부모가 다리 사이로 지나가는 고양이와 서로 쳐다보며 우는 올빼미를 데리고 분주하게 움직인다.

    11시가 되면 열차 출발을 알리는 호각 소리가 난다. 열차가 움직이면서 피스톤이 씩씩거리며 배출하는 증기가 승강장을 가득 채우고, 가족들은 승강장에 서서 학교로 가는 자녀를 배웅한다. 그런 다음 호그스미드역에서 돌아오는 여정이 있을 때까지 승강장은 텅 비고 조용해진다.

    일반적인 학기 시작 여정의 경우 호그와트 급행열차가 킹스크로스역에서 오전 11시에 출발하고 초저녁에 호그스미드역에 도착한다. 열차는 여러 객차로 이루어져 있으며, 첫 번째 객차는 호그와트 반장 전용이다. 객차마다 학생 여러 무리가 앉을 수 있도록 복도를 따라 칸이 나누어져 있다. 주로 간식 카트 마녀라고 불리는 여성이 기차가 달리는 동안 바퀴가 달린 손수레를 밀고 다니며 여러 가지 간식과 음료를 판다.

해리의 아들 알버스는 호그와트 4학년에 올라가면서 열차를 탔을 때 간식 카트 마녀와 대치하는데, 그때 마녀는 자신이 오탈린 갬볼의 지시를 받고 학생들이 안전하게 여행할 수 있도록 지키는 일을 한다고 알려 주었다. 그 말은 마녀가 190살이 넘었다는 뜻으로, 그래서 자기 이름을 기억하지 못하는 듯하다. 마녀는 학생 몇몇이 기차에서 탈출하려고 할 때마다 매번 붙잡았다고 주장했지만, 알버스와 스코피어스 말포이가 기차에서 탈출했을 때는 이들을 막지 못했다.

호그스미드역에 도착하면 학생들은 급행열차에서 내려 성까지 가는 두 번째 여정을 시작한다.

### 호수를 건너는 보트

호그와트성 남쪽에는 거대한 담수 호수가 자리한다. 절벽 꼭대기에서 호수를 내려다볼 수 있는데, 급행열차를 타고 호그스미드역에 도착한 뒤 신입생들은 최대 네 명까지 무리를 지어 작은 보트에 탄다. 마법으로 운행되는 이 보트가 재빨리 호수를 가로질러 항구가 있는 절벽으로 학생들을 데려다준다. 보트는 또한 학기가 끝나고 호그스미드역으로 돌아가는 1학년들을 실어 나른다.

### 마차

호그스미드역 근처 울퉁불퉁하고 진흙탕인 길을 따라 대략 100대 정도의 마차가 매년 9월 1일 학생들을 태우기 위해 대기하고 있다. 마차에서는 곰팡이와 지푸라기 냄새가 난다. 날씨가 좋으면 천장을 열어 둘 수 있지만 굳은 날에는 덮개를 씌운다. 마차는 2학년부터 7학년 학생을 매 학기 초와 말, 그리고 각종 연휴 기간에 실어 나른다. 마차는 비쩍 마른 몸에 박쥐 같은 날개가 달린 파충류의 형상을 한 세스트럴이 끄는데, 세스트럴 무리는 호그와트 소속으로 역에서 호수 주변을 지나 성까지 마차를 몰고 오도록 훈련돼 있다. 세스트럴은 죽음을 목격한 사람만 볼 수 있어서 많은 학생들이 마차가 마법에 걸려 자동으로 움직이는 줄 알고 있다. 마차가 역을 출발한 뒤에 도착한 학생은 해리가 6학년 때 그랬던 것처럼 성까지 걸어가야 한다.

### 다른 도착 수단

호그와트 학생들이 학교로 출입할 수 있는 극소수의 허가 받은 다른 방법들이 있지만,

방문객들에게는 제약이 적은 편이다.

1994년 트라이위저드 대회 기간에 프랑스 마법 학교인 보바통의 학생들은 집채만 한 연청색 마차를 타고 하늘길을 통해 호그와트로 왔다. 마차는 코끼리만큼 덩치가 크고 힘이 센 마법 동물인 팔로미노 말 열두 마리가 끌었다. 막심 교장이 키우는 이 말들은 오로지 싱글 몰트 위스키만 마시고 이들을 다루려면 "강한 힘"이 필요하다고 한다. 유럽 북부 끝단 어딘가에 자리한 것으로 추정되는 덤스트랭 마법 학교의 학생들 역시 같은 해에 찾아왔는데, 그들은 마법 배를 타고 호수 중앙(119쪽 참조)에서 솟아났다. 배는 물에서 건져 올린 난파선처럼 뼈대만 간신히 남은 모습이었는데, 배의 둥근 창이 어슴푸레하고 부옇게 빛났다. 이 배는 마법을 통해 물속으로 다니며, 서로 연결되지 않은 물길을 넘나다닐 수 있다.

1992년 9월, 호그와트 급행열차를 놓친 해리와 론은 마법이 걸린 포드 앵글리아를 타고 킹스크로스역에서 호그와트까지 날아왔다. 이 청록색 차는 론의 아버지 아서 위즐리가 머글 기술에 대한 호기심을 충족시키기 위해 구입한 것으로, 위즐리 씨는 단순히 차를 살피는 데 그치지 않고 날 수 있게 마법을 걸고, 투명 부스터를 달고, 내부 공간을 마법으로 넓혀 보다 많은 사람과 짐을 태울 수 있도록 고쳤다. 차는 학교 앞마당에 거의 다다랐을 때 고장이 나기 시작해 후려치는 버드나무(121쪽 참조)에 부딪혔고, 승객과 짐을 바닥으로 쏟아 낸 후 금지된 숲(130쪽 참조)으로 날아가 버렸다.

마법 세계에 도사린 위험 때문에 호그와트와 마법 정부는 학교로 오는 다른 방법을 허용하기 시작했다. 5학년 2학기 때 해리는 나이트 버스를 타고 돌아왔고, 뒤이어 크리스마스에 학생들은 플루 가루를 통해 교감 선생님의 연구실에서 곧바로 집으로 돌아갔다.

## 호그스미드에서의 주말

매 학기 첫날과 마지막 날, 그리고 방학에 보트와 마차가 학생들을 실어다 주지만 호그스미드를 찾는 학생들을 위한 교통수단은 없다. 1년 중 정해진 주말에 3학년 이상인 학생들은 호그스미드로 놀러 갈 수 있는데, 반드시 걸어갔다가 돌아와야 한다. 호그와트성에서 마을 사이에는 일곱 개의 비밀 통로가 있는데, 제2차 마법 전쟁 기간에 필요의 방 덕분에 여덟 번째 통로가 생겼다.

# 제2장

# 호그와트성

 많은 전설을 품고 신비롭게 우뚝 선
이 거대한 건물의 구석구석에는 다양한 비밀과
놀라운 사실들이 숨겨져 있다.

# 도둑 지도

1970년대에 젊고 재능 넘치는 그리핀도르 학생들이었던 리머스 루핀, 피터 페티그루, 시리우스 블랙, 제임스 포터는 호그와트에서 특별한 우정을 쌓았다. 루핀이 늑대인간이라는 사실을 안 나머지 세 사람은 불가능에 가까운 상당히 고도의 마법을 연마해, 친구가 보름에 괴물로 변했을 때 곁을 지켜 주기로 다짐했다. 이들은 각자 동물(쥐, 개, 수사슴)로 변신하는 법을 익혀, 루핀이 매달 변신할 때 늑대에게 물리지 않으면서 그의 곁에 있어 주었다. 이들은 자신들이 변신하는 동물 형태를 따라 각각 무니, 웜테일, 패드풋, 프롱스라고 별명을 지었다.

이 장난기 넘치는 친구들은 (동물로 변환할 수 있는 마법사인) 애니마구스가 되는 것 말고도 악명 높은 도둑 지도를 만든 것으로 유명하다. 호문쿨루스 마법이 걸린 이 양피지 지도는 호그와트성 안의 모든 방과 인접한 주변을 비롯해 각 지점에 있는 모든 사람의 이름을 라벨이 붙은 잉크 점으로 표시한다. 투명 망토, 폴리주스 마법약이나 자체 변환 마법과 같은 방법으로 위장을 해도 마법 지도는 이를 간파하며 심지어 유령들과 폴터가이스트인 피브스와 노리스 부인까지 인식한다. 지도에는 네 친구가 호그와트를 광범위하게 살피면서 찾아낸 비밀 통로와 지름길도 표시돼 있다. (필요의 방에서 호그스 헤드로 가는 길은 해리가 7학년 때 추가된 듯하다.)

그냥 보기에는 아무것도 적히지 않은 평범한 양피지 같지만, 마법 지팡이를 대고 이렇게 말하면 지도가 작동한다. "나는 못된 짓을 꾸미고 있음을 엄숙히 맹세합니다." 지도를 숨기려면 다시금 지팡이를 양피지에 대고 이렇게 말해야 한다. "장난 성공!" 지도가 적대적인 사람의 손에 들어갈 경우 자체 마법이 발동해 비밀에 접근하는 시도를 온갖 모욕적인 방법을 사용해서 쳐낸다.

# 교내 공간과 시설들

## 호그와트성

호그와트의 설립자 네 사람은 마법 학교를 머글 사회로부터 보호하기 위해 이들로부터 멀리 떨어진 스코틀랜드의 외딴 산속에 성을 짓고 은폐 마법을 걸어 보안을 강화했다. 당시는 국제 마법 비밀 유지 법령이 생기기 전이라 중세 머글들은 마법이 존재한다는 사실을 잘 알 뿐만 아니라 마법 능력을 지닌 사람을 박해하기까지 했다. 특히 아직 마법을 제대로 제어하지 못하고 강압 속에서 재능을 숨겨야 하는 이유를 이해하지 못하는 어린 마법사들이 위험에 처하는 경우가 많았는데, 호그와트 마법 학교는 이들을 위한 안전한 피난처 역할을 했다.

이 훌륭한 학교의 평면도를 보면 일곱 개의 주요 층이 사방으로 뻗어 나가면서 미로처럼 얽혀 있고, 1층에는 입구의 넓은 홀과 대연회장이 있으며 지하에는 지하 감옥과 주방이 자리한다. 해리는 호그와트 급행열차에서 내려 호수로 보트를 타러 가면서 처음 본 호그와트를 "크고 작은 탑이 수없이 딸린 어마어마한 성"이라고 묘사한다. 호그와트를 다니는 동안 해리는 그리핀도르 탑, 래번클로 탑, 천문탑, 북쪽 탑, 서쪽 탑까지 다섯 탑을 가 보았다.

해리는 프레드와 조지 위즐리가 준 도둑 지도를 통해 지도가 아니었다면 결코 몰랐을 비밀 통로와 지름길을 발견했으며, 이를 다양한 용도로 활용했다. 성에는 문처럼 열리는 벽, 벽처럼 보이는 문, 간지럼을 태우거나 공손하게 부탁해야 열어 주는 문 등 신기한 곳들이 즐비하다. 호그와트성의 142개 계단 중 일부는 수시로 움직이며 그날그날 다른 장소들로 연결되고, 어떤 계단들은 장난을 치듯 학생들을 바닥으로 떨어뜨린다. 덤블도어는 이고르 카르카로프에게 "호그와트의 비밀을 다 안다고는 꿈에도 생각해 본 적이 없"다고 말하기도 했다.

# 안마당

호그와트 대지의 넓고 탁 트인 곳에 자리한 안마당은 학생들이 쉬는 시간이나 점심을 먹은 뒤에 신선한 공기를 마시고 햇볕을 쬐는 장소다. 실제로 교칙에 따라 추운 달에도 야외로 나가야 하며 폭설이 내리는 시기에만 성안에 계속 머물도록 허락된다. 학생들은 1층 입구 넓은 홀 옆에 난 문을 통해 안마당으로 나갈 수 있다. 생각을 정리하고, 퀴디치 시합에 대해 이야기하거나 위즐리 형제에게서 불법으로 물건을 사기에도 딱 좋은 곳이다.

## 재미있는 사실

1학년 시절 어느 추운 날 해리와 론과 함께 안마당에서 차가운 공기를 마시던 헤르미온느는 마법으로 푸른 불꽃을 일으키고서 잼 병에 넣어 온기를 만들었다. 세 사람은 교칙 위반으로 벌점을 받을까 봐 지나가는 스네이프 교수가 보지 못하게 불을 숨겼다.

# 입구 홀

높은 천장에 횃불로 밝힌 입구 홀은 성으로 들어가는 주 출입문으로써 웅장한 인상을 심어 준다. 학생들은 엄청 큰 오크나무로 된 두 개의 문을 통해 1층 공간으로 들어온다. 문 옆으로는 갑옷들이 서 있다.

입구에서 오른쪽에는 대연회장과 빗자루 보관소가 있다. 해리와 헤르미온느가 1994년에 타임 터너를 사용할 때 몸을 숨겼던 바로 그 보관소다. 오크나무 문 왼쪽에는 성 위층으로 올라가는 대리석 계단이 놓여 있다. 계단 양쪽으로 호그와트 지하로 내려가는 계단들이 있는데, 오른쪽 계단은 주방과 후플푸프 기숙사 휴게실로 통하고 왼쪽 계단은 지하 감옥과 슬리데린 휴게실로 가는 길과 이어진다. 주 출입문 맞은편 한 모퉁이에는 한 학년 동안 기숙사별 득점과 감점을 기록하는 모래시계가 놓여 있다.

대리석 계단 왼쪽의 빈방은 1학년들이 기숙사 배정식 전에 대기하는 장소로 사용된다. 이 방 옆 복도가 1층 교실들로 이어지나 자주 사용되지는 않는다. 1996년, 트릴로니 교수를 대신해 수업을 맡은 켄타우로스 피렌지가 1층 11호 교실에서 점술을 가르쳤다. 복도를 좀 더 걸어가면 문 양쪽에 가고일 석상 두 개가 서 있는 교무실과 안마당으로 이어지는 문이 있다.

## 재미있는 사실

1994년 트라이위저드 대회 때, 입구 홀 중앙에는 학교 대표로 뽑히기를 희망하는 학생들이 이름을 적어 제출할 수 있도록 불의 잔이 24시간 동안 놓여 있었다. 보통 기숙사 배정식 때 사용하는 다리가 세 개짜리 스툴 위에 잔을 올려놓았는데, 덤블도어는 (대회 중에 혹여 끔찍한 죽음을 맞는 일이 없도록) 어린 학생의 대회 참가를 막기 위해 나이 제한 선을 그어 두었다.

# 대연회장

호그와트의 다른 학생들과 마찬가지로 해리 역시 학교에 온 첫날 밤에 재학생과 선생님이 모두 모인 자리에서 기숙사 배정식을 하기 위해 처음 대연회장에 들어섰다. 마법 세계가 여전히 새롭기만 한 해리는 이 홀을 "괴상하지만 멋진 곳"이라고 묘사했다. 확실히 이곳에 와 본 모든 이들이 느낄 만한 감상이다.

호그와트 모든 행사의 중심이라고 할 수 있는 대연회장은 하루의 식사, 시험, 올빼미 우편배달과 방과 후 활동을 위해 모이는 장소일 뿐 아니라 신입생의 기숙사 배정식과 뒤이어 진행되는 학기 시작을 축하하는 연회(35쪽 참조)가 열려 모든 학생과 교직원이 푸짐하게 음식을 즐기는 곳이기도 하다. 대연회장에서 열린 유명한 행사 중에는 아마추어 연극 「엄청난 행운의 샘」과 록하트 교수의 결투 동아리(이곳에서 해리는 자신이 파셀마우스라는 사실을 알게 되었다)가 있다. 그리고 1993년 핼러윈 때는 아즈카반을 탈옥한 시리우스 블랙이 호그와트로 쳐들어와서 모든 학생이 대연회장 바닥에 침낭을 깔고 자야 했다. 1994년에는 트라이위저드 크리스마스 무도회가 대연회장에서 열렸고 해리, 헤르미온느, 론이 6학년 때 순간이동 마법을 배운 곳이기도 하다. 무엇보다도 해리와 볼드모트가 최후의 결투를 벌인 곳으로, 강한 어둠의 마법사는 자신이 쓴 저주가 튕겨 나가 이곳에서 목숨을 잃었다.

학교 입구 홀(55쪽 참조) 옆에 자리한 대연회장은 엄청나게 큰 공간으로 커다란 양여닫이문을 열고 들어갈 수 있다. 홀에는 기다란 테이블 다섯 개가 자리하는데, 각 기숙사와 교직원용이다. 교장은 교직원 테이블 중앙에 앉는다. 학생들은 자기 소속 테이블에 앉아 아침, 점심, 저녁 식사를 하며 다 먹은 접시는 마법으로 자동으로 사라진다. 머리 위를 떠다니는 수천 개의 촛불이 테이블을 밝히며, 특별한 연회(35쪽 참조)가 있을 때는 홀 전체를 정성스럽게 장식한다. 기숙사 테이블 정렬 순서는 해리가 입학하고 나서 한두 해 동안 바뀌었다. 해리가 기숙사를 배정받았을 때는 테이블이 왼쪽에서 오른쪽으로 그리핀도르, 래번클로, 슬리데린, 후플푸프순이었으나, 이후에는 슬리데린, 래번클로, 후플푸프, 그리핀도르순으로 앉았다.

대연회장에서 단연 두드러지는 부분은 마법 주문을 걸어 놓은 천장이라 하겠다. 이 천장은 하늘을 실시간으로 투영해 보여 주는데, 주문이 너무 잘 작동해 해리는 천장이 열려 곧장 하늘과 이어지는 것 같다고 생각했다. 이 천장은 별이 반짝이는 밤하늘부터 (번개도 동반하는) 잿빛 폭풍우가 치는 날까지 완벽하게 재현한다. 볼드모트가 죽기 바로 직전 해리와 얼굴을 마주했을 때는 천장에서 황금빛 붉은 태양이 솟아오르며 제2차 마법 전쟁이 끝났음을 알려 주었다.

## 대연회장을 홀라당 태워 버릴 뻔한 연극

아만도 디핏이 교장으로 근무하던 시절, 연극에 빠진 약초학 교수 허버트 비어리는 학생들에게 『음유시인 비들 이야기』에 나오는 우화 「엄청난 행운의 샘」을 연극으로 만들어 보자고 제안했다. 비어리는 당시 변환 마법 교수였던 덤블도어에게 연극을 위한 특수 효과를 담당해 달라고 도움을 요청했고, 마법 생명체 돌보기 수업을 하던 실바누스 케틀번에게는 세 마녀가 행운의 샘을 찾아가는 여정에서 만나는 흰 벌레로 쓰기에 적당한 동물을 구해 달라고 부탁했다. 덤블도어의 협조는 별 문제 없이 진행되었으나, 케틀번이 제공한 부풀리기 마법을 건 애쉬윈더는 무대에서 폭발해 버렸다. 그 덕에 홀 전체가 화염과 연기구름으로 뒤덮였으며, 그 와중에 애쉬윈더는 아주 뜨거운 알 여러 개를 낳아서 그로 인해 무대가 불길에 휩싸여 학생과 직원들은 곧바로 대피해야 했다. 목숨을 위협할 만한 일은 없었지만(애쉬윈더를 제외하면) 이후로 디핏 교장은 호그와트에서 연극을 금지했다.

# 교과목 교실들

호그와트 학생들은 성안 교실과 밖에서 열리는 다양한 수업을 선택해 들을 수 있다. 예를 들어 마법 생명체 돌보기 수업의 경우 금지된 숲과 해그리드의 오두막 등 여러 곳에서 진행되며, 약초학 수업은 엄청나게 큰 온실에서 이루어진다.

1학년과 2학년 학생들은 정해진 수업(151쪽 참조)을 들어야 하지만, 상급 학년은 각자의 취향에 맞춰 과목을 선택할 수 있다. 특히 열심히 공부한 학생은 타임 터너를 쓸 기회가 주어져서 1993년 헤르미온느가 그랬던 것처럼 평소보다 많은 수업을 들을 수도 있다.

## *1학년과 2학년*

1학년과 2학년은 일곱 가지 필수 교과목을 들어야 한다. 천문학, 일반 마법, 어둠의 마법 방어법, 약초학(118쪽 참조), 마법의 역사, 마법약, 변환 마법 수업이다. 1학년은 또한 기본적인 빗자루 조종 수업을 듣는다.

### *천문학*

천문학 수업은 성에서 가장 높은 탑인 천문탑에서 이루어진다. 수업 시간이 아니면 절대 가서는 안 되는 이 장소는 가리는 것 없이 하늘을 볼 수 있는 장소라 천체를 관찰하기에 이상적이다. 천문학 실기시험도 이 탑에서 치러진다.

천문탑은 성의 정문 바로 위에 자리하고 난간으로 둘러싸여 있다. 가파른 나선형 계단을 오르면 철제 손잡이가 달린 문이 나오는데, 이 문을 통과하면 탑 꼭대기로 갈 수 있다.

1학년 때 해리는 헤르미온느와 함께 천문탑에서 찰리 위즐리의 친구들을 만나 해그리드가 키우던 아기 용 노버트를 건네주었다.

1997년 천문탑 전투 중에는 죽음을 먹는 자들이 탑에 어둠의 징표를 새겼고, 그날 밤 세베루스 스네이프가 덤블도어에게 살해 저주를 걸어 그를 죽음으로 몰아넣었다.

### 일반 마법

일반 마법 수업은 4층 출입 금지 복도 근처에 있는, 보통 일반 마법 교실 복도라고 불리는 곳을 따라 내려가면 나오는 교실에서 진행된다. 교실을 나서면 바로 갑옷 전시실, 트로피 전시실, 술 취한 수도사 여러 명이 담긴 초상화가 걸린 비밀 복도로 이어진다.

일반 마법 수업 교실은 호그와트 정문이 내려다보이는 창이 하나 있다는 점 말고는 별로 알려진 바가 없다. "키가 아주 작은 마법사"라고 묘사되는 플리트윅 교수는 학생들의 눈높이와 키를 맞추기 위해 단상에 책을 잔뜩 쌓아 놓고 그 위에 선다.

겨울에 들어서면 플리트윅 교수는 요정들이 교실 안을 날아다니도록 풀어 반짝이는 빛처럼 보이도록 꾸민다.

### 어둠의 마법 방어법

어둠의 마법 방어법 수업 장소에는 논의의 소지가 있다. 교수들의 연구실이 3층에 있고 2층에는 수업 장소가 있다고 널리 알려져 있으나, 덜로리스 엄브리지가 어둠의 마법 방어법을 가르치던 때에는 예전 교수들과 함께 4층을 썼다는 이야기가 있다. 이렇게 이야기가 어긋난 까닭에 정확히 몇 층인지 확실히 정리되지 않았다.

퀴리누스 퀴럴이 가르치던 시절에는 교실에서 마늘 냄새가 진동했다고 한다. 퀴럴이 루마니아로 여행을 갔다가 마주친 뱀파이어가 가까이 오지 못하게 하려고 그랬다는 소문이 퍼졌다.

길더로이 록하트가 가르치던 시절에는 콘월의 픽시들을 수업에 데리고 와 교실이 엉망진창이 되었다. 픽시들은 교실 창문을 깨고, 잉크병에 담겨 있던 잉크를 뿌리고, 해리의 반 친구인 네빌 롱보텀을 철제 샹들리에에 매달았다.

세베루스 스네이프가 이 과목을 가르칠 때 교실은 새로운 교수의 성격과 어울리게 우중충한 분위기를 풍겼다. 스네이프는 고통에 일그러진 모습이나 기괴한 부상을 당한 사람의 이미지를 사용해 교실을 꾸몄다(학생들에게 영감을 주려고 한 의도인지, 아니면 자기 말을 잘 듣게 하려는 용도인지는 확실하지 않다).

고약하게 힘든 마법사 시험(N.E.W.T.)을 준비하는 학생들은 4층에 있는 교실에서 수업을 받는다. (알아 두기: N.E.W.T.를 준비하는 학생들이 실제로 다른 교실을 썼는지, 아니면 작가가 원래 이들을 어디에서 공부시켰는지 잊어버렸는지는 알 수 없다. 또는 교실이 즉석에서 바뀌었을 수도 있다. 어쨌든 성은 마법으로 움직이니 말이다.)

### 마법의 역사

마법의 역사를 배우는 학생들은 2층 교실을 쓴다. 교실에는 유령 교수인 빈스가 수업마다 들락거리는 칠판과 좁은 창틀이 달린 두꺼운 유리창이 있다.

해리가 3학년 때 리머스 루핀 교수는 방과 후에 이 교실에서 해리에게 패트로누스 마법을 가르쳐 주었다.

### 마법약

마법약 수업은 호그와트 지하 감옥에 있는 교실에서 진행된다. 학생 스무 명과 솥과 작업대가 들어가고도 남을 만큼 공간이 넓다. 장소가 장소인지라 교실은 늘 몹시 추워서 특히 겨울에는 학생들 입에서 입김이 올라오는 모습이 종종 목격된다.

벽을 따라 늘어선 선반에는 동물 사체를 보존해 둔 병이 간간이 놓여 있고, 한쪽 모퉁이에는 가고일의 입에서 물이 나오는 개수대가 있다. 또한 칠판이 하나 있으며 수업용 재료들을 보관하는 벽장이 있다.

세베루스 스네이프가 마법약 교수였을 때는 그의 연구실과 개별 재료 보관실이 교실 바로 옆에 있었다.

### 변환 마법

변환 마법 교실에는 선생님의 책상과 학생들이 앉는 1인용 책상이 있어 각자 주문을 편안하게 연습할 수 있는 공간이 충분하다. 교실 자체는 어둠의 마법 방어법 교수의 연구실에서 아주 멀리 떨어져 있다.

1994년 트라이위저드 대회 기간에 해리는 점심시간을 이용해 이 교실에서 주문을 연습했다.

## 3학년 이상

3학년 학생들은 1~2학년 동안 들어온 필수 일곱 과목에 더해 최소 두 과목을 더 들어야 한다. 고대 룬문자, 숫자점, 마법 생명체 돌보기(153쪽 참조), 점술, 머글학 중에서 선택할 수 있다. 연금술과 다른 특별 과목은 N.E.W.T.를 준비하는 학생들이 어느 정도 모여서 요구하면 개설된다.

### 연금술

어디서 수업했는지 알려지지 않았다.

### 고대 룬문자

어디서 수업했는지 알려지지 않았다.

### 숫자점

어디서 수업했는지 알려지지 않았다.

### 점술

점술 수업을 듣는 학생들은 북쪽 탑 꼭대기 층에 있는 교실로 향한다. 황동 명판이 달린 회전식 작은 문을 통해 들어갈 수 있으며, 문을 통과하면 은색 사다리가 나온다. 여러 양식을 섞어 호화롭게 장식한 둥근 교실은 "어느 집 다락방과 구식 찻집" 사이 그 어디쯤의 모습이라고 묘사된다. 작은 원형 테이블이 스무 개 정도 놓여 있고 그 주변에 팔걸이의자와 두꺼운 쿠션이 놓여 안락한 분위기를 풍긴다.

수업 시간에는 창문 커튼을 내리고 붉은 스카프로 램프를 감싸 흐리고 은은한 빛이 공간을 채운다. 벽을 따라 세운 선반에는 깃털, 초, 카드, 수정 구슬과 찻잔이 놓여 있다. 벽난로가 있어 교실은 상당히 따뜻하며, 커다란 구리 주전자 위로 불꽃이 날름거리며 역겨운 향수 냄새를 풍긴다.

해리는 점술 수업을 대부분 시빌 트릴로니 교수에게서 배웠으나, 1996년 초부터는 켄타우로스 피렌지가 수업을 맡으면서 북쪽 탑에서 1층 11호 교실로 수업 장소가 바뀌었다. 아마도 피렌지가 쉽게 다닐 수 있도록 배려한 것으로 보인다. 이 시기 교실은 그의 자연 서식지인 금지된 숲과 비슷한 모습이 되어 마법으로 바닥에 이끼를 깔고 바위와 나무로 장식했다. 학생들은 바닥에 앉았으며, 피렌지는 수업 중에 학생들이 관찰할 수 있도록 천장에 별이 보이도록 만들었다.

### 머글학

머글학 수업은 2층에 있는 교실에서 진행됐다.

## 빈 교실들

어마어마하게 큰 이 고대 마법 학교에는 수많은 교실이 빈 채로 남아 있거나 창고로 쓰인다. 호그와트에 사는 폴터가이스트 피브스는 이런 공간에서 자주 소란을 일으킨다.

미네르바 맥고나걸 교수는 이처럼 빈 교실 한 곳에서 해리에게 100년 만의 최연소 호그와트 퀴디치 팀 선수가 되어 달라고 부탁했다(1학년은 기숙사 팀에서 뛸 수 없다는 관습을 깬 사례였다).

해리와 헤르미온느와 론이 짬을 내 주고받은 많은 대화가 빈 교실에서 이루어졌다. 세 사람은 2학년 때 록하트 교수의 연구실 위층의 빈 교실로 몰래 들어가 해리가 뱀의 언어를 얼마나 이해하는지 의견을 나누었고, 3학년 때는 프레드와 조지 위즐리가 해리를 빈 교실로 데려가서 몰래 도둑 지도를 선물로 쥐여 줬다.

빈 교실은 또한 어린 연인들이 몰래 숨어 들어가 둘만의 시간을 보내는 장소로도 인기가 높다. 퍼시 위즐리는 빈 교실에서 페넬러피 클리어워터와 입을 맞추다가 여동생 지니 위즐리에게 들키기도 했다. 날씨가 흐려 밖으로 나가지 못하는 학생들이 모이는 장소기도 하다.

## 특별한 교실들

제2차 마법 전쟁이 일어나자, 뒤이어 8월 말에 열일곱 살이 되는 학생들을 위해 순간이동 수업이 생겼다. 학비는 12갈레온이며, 날씨가 좋지 않을 때는 학교 대지에서 대연회장으로 자리를 옮겼다.

해리가 5학년 때 덜로리스 엄브리지 교수는 해리가 필요하다고 생각했던 어둠의 마법 방어법 수업을 제대로 진행하지 않았다. 그래서 해리는 필요의 방(89쪽 참조)을 교실로 활용해 덤블도어의 군대로 불리는 비밀 조직 학생들이 남몰래 방어 주문을 연습할 수 있도록 했다.

# 기숙사 휴게실

호그와트의 각 기숙사는 학생들이 잠을 자고, 공부하고, 수업이 빈 시간에 친구들과 어울릴 수 있도록 저마다 휴게실과 침실을 두고 있다.

## 그리핀도르

해리는 호그와트에서 보내는 기간 중 상당한 시간을 그리핀도르의 따뜻하고 편안한 분위기의 휴게실에서 보냈다.

### 입구

그리핀도르 탑은 호그와트성 8층에 자리한다. 출입구는 뚱뚱한 귀부인으로 알려진 초상화가 지키고 있는데, 해리가 3학년 때 시리우스 블랙이 그녀의 초상화를 훼손해 캐도건 경으로 잠시 교체됐다. 암호를 정확하게 대면 초상화가 움직여 휴게실 입구로 들어갈 수 있게 길을 열어 준다.

### 내부

휴게실은 원형으로 편안한 팔걸이의자와 테이블, 벽난로가 놓여 있어 안락한 느낌을 준다. 호그스미드 여행, 순간이동 수업, 퀴디치 훈련 일정, 분실물 공지 등을 확인할 수 있는 알림판이 있으며, 벽난로는 플루 네트워크로 연결되어 해리와 시리우스 블랙은 이를 통해 연락하기도 했다(서로 오가지는 않았다). 나선형 계단 두 개가 각각 남학생과 여학생 숙소로 이어지고 학년별로 분리되어 있다. 학생들은 네 기둥에 붉은 벨벳 커튼이 드리워진 침대에서 잠을 잔다. 남학생이 여학생 계단을 쓰려고 하면 경고음이 울리고 계단이 경사로 바뀐다. 『호그와트의 역사』를 보면 설립자 네 사람은 여학생보다 남학생을 더 믿지 못했기에 이런 예방 장치가 여학생 기숙사에 필요하다고 생각했다. 퀴디치 시합에서 승리했을 때와 해리가 트라이위저드 대회 첫 과제에서 좋은 성과를 냈을 때처럼 기숙사에 축하할 일이 생기면 그리핀도르 휴게실에서 파티가 열린다. 그리핀도르가 퀴디치컵을 따낸 뒤에 해리와 지니는 휴게실에서 첫 키스를 나눴다.

# 후플푸프

해리는 후플푸프 휴게실에는 한 번도 가 보지 못했다. 불의 잔이 대연회장에서 트라이위저드 대회 학교 대표들을 뽑고 난 뒤, 해리는 자신의 기숙사 휴게실로 가려는 듯 입구 홀의 오른쪽 대리석 계단을 내려가는 세드릭 디고리를 보았다.

## 입구

후플푸프 기숙사 휴게실은 입구 홀에서 한 층 아래인 주방과 같은 복도에 있어 편리하다. 이 휴게실은 복도 오른쪽 모퉁이에 커다란 나무통들이 쌓인 뒤편에 아늑하게 자리한다. 두 번째 중앙에 있는 나무통을 이 기숙사 설립자인 "헬가 후플푸프"의 이름에 맞는 박자로 두드리면 뚜껑이 빙 돌아가 열리면서 휴게실로 들어가는 통로가 나타난다. 침입자들은 주의하라! 이곳은 제대로 된 통과 방법을 모르면 출입을 거절당하는 것으로 끝나지 않는다. 엉뚱한 통을 두드리거나 박자가 틀린 사람의 눈에 가차 없이 식초를 뿌리는 장치가 있어서 1,000년이 넘도록 이곳을 침입한 사람은 없었다. 그러나 강력한 보호 조치에는 단점도 있다. 지쳐서 머리가 잘 돌아가지 않거나 건망증이 있는 후플푸프 학생이 실수해서 식초 범벅이 될 가능성도 있잖은가.

## 내부

후플푸프 휴게실은 둥글고 천장이 낮아 아늑하고 포근하며, 날씨와 상관없이 늘 따사롭고 원형 창문 너머로 싱그러운 잔디와 민들레가 보인다. 지하에 있는 덕분에 폭풍과 바람으로부터 안전하다. 테이블을 포함해 휴게실 안 가구들은 광택이 나는 꿀 색상 나무들로 만들어졌고, 쿠션이 두툼한 의자와 소파에는 노랑과 검정 덮개가 씌워져 있다. 원형 선반뿐 아니라 천장에도 반짝이는 구리와 식물이 많이 배치되어 있다. 기숙사 담임이자 약초학 교수인 포모나 스프라우트가 꽃이 피는 식물부터 선인장, 춤추는 식물까지 모든 식물을 제공한다. 춤추는 오소리 조각이 새겨진 벽난로 위에는 헬가 후플푸프가 황금 잔을 들고 있는 초상화가 걸려 있다. 둥근 문을 열고 들어가는 침실에는 사주식 침대와 퀼트 이불보가 놓여 있으며, 벽에 구리 램프와 구리 보조 난방기를 걸어 두어 내부를 더 따뜻하고 밝게 비춘다.

## 래번클로

래번클로의 보관이 어떻게 생겼는지 자세히 보고 싶었던 해리는 루나 러브굿을 따라 래번클로 휴게실에서 로위너 래번클로의 동상을 살폈다.

### 입구

래번클로 탑은 호그와트성 6층에서 시작하는 나선형 계단 꼭대기에 자리한다. 입구의 낡은 나무문에는 손잡이도, 열쇠 구멍도 없고 그저 독수리 형상을 한 청동 고리만 있을 뿐이다. 노크하면 독수리의 부리가 벌어지면서 부드럽게 노래하는 듯한 목소리로 질문을 던진다. 일반 상식이 아닌 수수께끼나 난센스 퀴즈. 제대로 대답하면 독수리가 찾아온 사람의 영리함을 칭찬하면서 문을 열어 주고, 질문에 대답하지 못할 경우 누가 와서 열어 줄 때까지 기다려야 한다. 대답을 찾지 못한 학생들이 입구 밖에 한바탕 모여 있다는 이야기도 심심치 않게 들려온다. 기숙사 자체도 출입이 까다롭기 때문에 휴게실 입구를 따로 숨겨 두지는 않는다. 단 맥고나걸 교수가 그리핀도르 소속임에도 대답을 제대로 하고 래번클로 휴게실로 들어간 적이 있으니 완전히 안전한 규정이라고는 볼 수 없다.

### 내부

래번클로 휴게실은 넓은 원형에 바람이 잘 통하는 공간으로, 벽에는 청색과 구릿빛 실크 천이 걸려 있으며 아치형 창문 너머로 호그와트 대지와 주변 산들의 근사한 모습이 한눈에 들어온다. 돔 천장과 암청색 카펫에는 별들이 새겨져 있으며, 가장 학구적인 기숙사답게 책상과 의자를 비롯해 책장이 엄청나게 많다. 보관을 쓰고 있는 로위너 래번클로의 흰 대리석 동상이 입구 맞은편 벽감 안에 놓여 있고 그 옆문을 통해 침실로 이어진다. 대리석 보관에는 "헤아릴 수 없는 재치는 인간의 가장 위대한 보물이다"라는 글귀가 새겨져 있다. 침실은 주 탑이 아닌 작은 탑에 위치하며, 사주식 침대에는 파란색 실크 이불이 덮여 있다. 고도가 높은 곳에 있어서 창문을 때리는 강한 바람 소리가 들린다.

## 슬리데린

해리와 론은 2학년 때 폴리주스 마법약을 마시고 각각 빈센트 크래브와 그레고리 고일로 변신했는데, 그들이 변신한 사실을 모르는 말포이가 이들을 슬리데린 휴게실로 데려가 두 그리핀도르 친구들은 경쟁 기숙사의 내부를 구경하는 진귀한 경험을 했다.

### 입구

슬리데린 휴게실은 호그와트 지하 감옥 뒤편 돌문 너머 축축한 돌벽에 둘러싸여 있다. 해리와 론이 말포이와 함께 들어갔을 때의 암호는 "순수 혈통"이었다. 암호는 2주마다 바뀌고 참고하라고 게시판에 붙여 둔다. 슬리데린 학생들은 암호를 절대로 공유하지 않고 외부인들을 휴게실로 데려오지 않기로 맹세한다. 해리와 론 이전에 슬리데린 학생이 아닌 인물이 휴게실로 들어갔던 때는 700년도 더 전의 일이라고 한다.

### 내부

지하에 있는 휴게실은 학교 호수 안에 자리한 관계로 신비로운 난파선 같은 분위기를 풍긴다. 길고 낮은 천장에 거친 돌벽으로 되어 있고 창밖으로는 대왕오징어가 수영하는 장면이 자주 보인다. 녹색이 도는 둥근 손전등을 사슬로 감아 천장에 매달아 두었으며, 침실에 달린 랜턴은 은색이다. 학생들은 녹색 실크 덮개를 두른 사주식 침대에서 자고, 이불에는 은색 자수가 놓여 있다. 벽에 걸린 중세 태피스트리에는 유명한 슬리데린 출신 마법사의 모험 이야기가 담겨 있다.

# 도서관

호그와트의 도서관은 수천 개의 선반에 엄청난 양의 책이 꽂혀 있어 이해하기 어려운 마법 주문이나 가장 최근에 벌어진 고블린 반란 등 특정 주제를 찾는 학생 누구에게나 어마어마한 지식을 제공해 준다. 학기 내내 모든 기숙사의 학생과 선생님들이 이곳에서 공부하고, 과제를 하고, 책을 읽으며 시간을 보낸다. 그러나 많은 학생이 책에 엄청나게 집착하고 성미가 예민한 사서 핀스 선생에게 도와 달라고 요청하기를 너무 무서워해서 자료를 찾는 일이 그만 극한의 도전 과제가 되어 버렸다.

도서관은 오후 8시 정각에 닫지만, 학생이 책에 낙서를 하거나 책 근처에서 뭘 먹는다는 의심이 들면 핀스 선생은 그 전에도 학생을 쫓아 버린다. 호그와트 도서관에 있는 책에는 이 무서운 사서가 남긴 경고 문구가 적혀 있다. "이 책을 뜯거나 찢거나 조금 뜯어가거나 접거나 구부리거나 훼손하거나 손상 입히거나 얼룩을 묻히거나 자국을 남기거나 던지거나 떨어뜨리거나 또는 다른 방식으로 훼손하거나 잘못 다루거나 존중을 보이지 않을 경우, 이 책을 만든 내 힘의 범주 안에서 가장 끔찍한 결과를 얻게 될 것이다." 덤블도어의 입을 빌리자면 도서관의 모든 책에 주문이 걸려 있지만 핀스 선생이 특별한 책에는 독특한 마법을 추가로 걸어 두어서, 한번은 덤블도어가 『변환 마법 이론』을 읽다가 책에 낙서를 하자 책이 그의 머리를 때렸다고 한다. 그러나 헤르미온느는 책이나 핀스 선생에게 걸리지 않고 바실리스크에 관한 페이지를 찢어 오는 데 성공했다.

모든 도서관 책 첫 장에는 대출한 학생 이름과 반납 날짜가 적혀 있다. 인기가 많은 책은 대기 목록에 이름을 올려 두어야 하기에 헤르미온느는 2학년 때 『호그와트의 역사』를 보려고 2주를 기다려야 한다는 사실을 알고 겁에 질렸다. 교과서의 경우 학생이 직접 사 와야 하며, 호그와트에서는 교과서를 잃어버리거나 책을 가져오기를 까먹은 학생을 위해 도서관에 여분을 두고 있지는 않다. 그러나 개별 교실에는 간혹 낡은 교과서가 놓여 있기도 하다. 기숙사로 책을 빌려 갈 수는 있지만 학교 건물 밖으로 가지고 나가는 행위는 금지되어 있다(또는 스네이프가 해리에게 그렇게 일러 두었다).

## 도서관 애용자 헤르미온느

헤르미온느는 도서관을 가장 자주 이용한 학생 중 한 명으로, 단순한 독서와 고블린 반란에 관한 작문 숙제를 하는 것 이상으로 도서관을 활용했다. 헤르미온느는 도서관에 있는 책들 덕분에 폴리주스 마법약을 만들고, 비밀의 방에 있는 괴물이 바실리스크라는 점을 알아냈으며, 리타 스키터가 미등록 애니마구스라는 사실을 알아차렸다. 헤르미온느는 상상 이상의 검색 능력을 활용해 다른 학생과 동물을 도왔다. 벅빅의 재판 때와 해리가 트라이위저드 대회를 준비할 때도 도움을 주었으며, 집요정이 노예 계약을 하게 된 치욕적인 역사도 알아냈다. 해리, 론, 헤르미온느가 각각 학창 시절에 뛰어난 실력을 쌓은 것은 사실이나, 이는 헤르미온느의 조사 능력이 크게 뒷받침한 경우가 아주 많았다.

## 규칙 파괴자 해리

헤르미온느가 누구보다 도서관을 애용했다지만 문을 닫은 시간 이후에 몰래 숨어 들어갈 정도로 절박하거나 대담하지는 않았다. 그러나 해리는 투명 망토를 쓰고 밤에 두 번이나 도서관에 잠입했다. 한 번은 니콜라 플라멜에 관한 책을 찾기 위해, 다른 한 번은 트라이위저드 대회의 두 번째 과제를 해결할 방법을 알아내기 위해서였다. 물론 의도한 바는 아니었지만, 해리는 도서관에서 밤을 보낸 유일한 학생이다. 두 번 다 잡히지는 않았으나, 다른 규칙 위반으로 도서관에서 쫓겨난 적은 있었다. 책 근처에서 부활절 초콜릿을 먹었다거나 (낙서투성이인) 『고급 마법약 제조』를 읽었다거나 하는 이유였다.

## 제한 구역

도서관은 여러 구역으로 나뉘어 있으며, 각 구역은 투명 또는 용처럼 주제별로 분류되어 있다. 도서관 뒤쪽에는 줄이 쳐진 별도의 제한 구역이 있는데, 이곳에 있는 책들은 교수가 서명한 허가 서류가 있어야만 열람할 수 있다. 주로 고학년 학생들이 『고급 어둠의 마법 방어법』 같은 자료를 찾을 때 쓴다. 제한 구역 내의 책은 낡고 바랬으며, 많은 책이 다른 언어로 적혀 있고, 어떤 책에는 피처럼 보이는 진한 얼룩이 묻어 있기도 하다. 제한 구역 안에서도 자체 제약이 걸린 책들이 있다. 덤블도어는 호크룩스에 관한 책은 절대로 학생들이 손댈 수 없도록 엄격히 구별해 두었으며, 과거에 존재했던 관련 책도 몰수했다. 그중에는 『가장 어두운 마법의 비밀』도 속하는데, 이 책에는 호크룩스를 만들고 파괴하는 방법이 자세하게 적혀 있다. 헤르미온느는 도서관을 통틀어 『극도로 사악한 마법들』이라는 불길한 제목의 책에서 호크룩스에 관한 내용을 단한 단락만 찾을 수 있었다. 해리도 마찬가지로 핀스 선생에게 도움을 청하고 맥고나걸 교수에게 제한 구역에서 책을 볼 수 있도록 허락도 받았지만, 물속에서 숨 쉬는 법을 알려 줄 주문을 찾느라 엄청나게 애를 먹었다.

마법을 부릴 줄 아는 호기심 많은 학생들을 상대로 줄 하나 쳐 두는 것이 무슨 효과적인 보호책이겠냐고 생각할지 모르지만, 제한 구역 안에 있는 책들에는 자체 보호 마법이 걸려 있다. 해리가 처음 그곳에서 니콜라 플라멜에 관한 책을 찾을 때 책들은 해리가 이곳에 오면 안 되는 인물이라는 점을 알고 수군거렸고, 그가 처음 열어 본 책은 허락받지 않은 학생이 책에 접근한다고 알려 주려는 듯 큰 소리로 비명을 질렀다. 마찬가지로 헤르미온느가 호크룩스에 관한 정보가 있는지 보려고 『극도로 사악한 마법들』을 꺼내 들었을 때는 책장을 덮은 후 책이 유령처럼 울부짖었다.

## 낮말은 새가 듣고 밤말은 쥐가 듣는 사교의 장

도서관은 호그와트 전교생이 모이는 몇 안 되는 장소라 등장인물들이 서로를 살피고, 자기편이나 경쟁자를 만나거나 몰래 대화를 엿들어 귀중한 정보를 얻을 수 있는 곳이기도 하다. 엄청나게 많은 책 선반은 몸을 숨기기에 완벽하며, 내부가 조용해서 말소리가 쉽게 퍼진다. 2학년 때 해리는 후플푸프 학생들이 자신을 슬리데린의 후계자라고 의심하는 이야기를 들었고, 6학년 때는 필치가 엉뚱한 병에 들어 있는 마법약을 알아보지 못한다고 헤르미온느가 이야기하는 소리를 드레이코 말포이가 엿듣고 로즈메르타 부인의 오크통 숙성 벌꿀술에 독을 넣어 덤블도어에게 먹이려고 했다. 론도 선반 앞에 서 있다가 해그리드가 용을 가지고 뭔가 수상쩍은 일을 한다는 점을 알아냈고, 빅토르 크룸은 공부하는 척하면서 헤르미온느를 살피다가 용기를 내 크리스마스 무도회에 함께 갈 파트너가 되어 달라고 부탁했다. 도서관은 비록 엄격한 규칙으로 운영되고 있으나, 학생들은 여전히 경계를 넘는 다양한 방법을 찾는다.

# 호그와트 주방

모든 재학생과 교직원, 그리고 간혹 외국에서 온 손님에게 만족할 만한 식사를 내놓기 위해 성은 거대한 부엌이 제대로 돌아갈 수 있도록 해 두었다. 호그와트 주방의 정확한 위치는 극소수 학생만이 알고 있다. 입구 홀(55쪽 참조)의 대리석 주 계단 오른쪽에 위치한 계단을 통해 접근할 수 있으며, 후플푸프 휴게실(64쪽 참조)로 가는 방향과도 같다. 계단을 다 내려가면 음식 그림이 쭉 걸린 복도가 나오는데, 그중 은색 그릇에 과일이 잔뜩 담긴 커다란 정물화가 주방으로 가는 문이다. 이 문을 열려면 간지럼을 잘 태워야 하는데, 과일 바구니 안에 담긴 배를 간질이면 꿈틀거리고 킥킥거리다가 커다란 녹색 손잡이로 바뀐다.

대연회장(56쪽 참조) 바로 아래에 위치한 주방은 성의 웅장한 집합 장소와 크기와 배치가 일치한다. 모든 그릇, 접시, 기구는 주방 테이블 위에 놓여 있다가 마법으로 해당 기숙사나 직원 테이블로 옮겨져 마치 갑자기 음식이 나타난 듯한 인상을 심어 준다. 주방 벽과 바닥은 돌로 지어졌으며 이 공간의 핵심은 주방 먼 뒤쪽에 자리한 거대한 벽돌 벽난로다.

호그와트 학기 초 연회나 핼러윈 등 학교 연회(35쪽 참조)에 나오는 많은 음식이 학교 설립자인 헬가 후플푸프(12쪽 참조)가 만든 요리법을 따르고 있다. 금으로 된 접시와 잔에 음식이 나오는데, 일상적인 식사 시간에는 이런 호화로운 식기들이 나왔다는 말이 없는 것으로 보아 특별한 경우에만 사용하는 것으로 추정된다. 그러나 차가운 음료는 경우에 상관없이 늘 정교하게 장식된 잔에 담겨 나와서 마법 세계의 중세적인 취향을 대변한다.

식사 시간 전에 한입 먹고 싶은 간 큰 학생이라면 지하로 내려가 공짜 간식에 도전해 볼 수 있다. 덤블도어는 해리의 아버지 제임스가 투명 망토를 쓰고 주방으로 가서 몰래 음식을 집어 먹었다는 이야기를 해 주었고, 많은 시간이 흐른 뒤 프레드와 조지 위즐리도 주방에서 일하는 집요정 중에서 순순히 음식을 내줄 공범을 늘 찾아내 그리핀도르 기숙사 휴게실에서 열리는 (주로 퀴디치 시합 승리를 축하하는) 파티 음식을 조달했다.

주방은 (자유의 몸이 된 이상한 집요정을 제외하면) 호그와트 문장이 새겨진 행주를 몸에 두른 집요정들이 전적으로 맡고 있다. 해리는 호그와트 주방에서 도비와 다시 만난다. 2학년 때 도비가 해리를 구하겠다고 나섰을 때로부터 거의 2년이 지난 뒤에, 1994년 퀴디치 월드컵이 재앙이 되어 버린 후 바티 크라우치가 내쫓은 집요정 윙키와 함께 도비가 호그와트에 직장을 구한 덕분이었다.

후플푸프 학생이 아니라는 점(따라서 주방으로 통하는 복도로 올 일이 없기) 때문에 해리는 4학년 때 헤르미온느가 호그와트의 집요정과 그들의 복지에 관해서 조사할 때 주방으로 가는 법을 알게 되었다. 주방에서 학교를 위해 요리하고 청소를 하는 집요정과 만난 일은 헤르미온느가 집요정 복지 증진 협회(일명 S.P.E.W.)를 세우게 된 핵심 계기였다. 그러나 자신의 방문으로 집요정들이 들고일어날 것이라는 예상과는 달리, 헤르미온느는 학교 교장을 보좌하는 데 만족하고 있던 집요정들 사이에서 환영받지 못했다.

집요정의 반란을 주도한 이는 블랙 가문의 집요정 크리처였다. 시리우스 블랙이 죽고 난 뒤 그리몰드가 12번지와 더불어 이 집요정을 상속받은 해리는 덤블도어의 조언을 받아 그를 호그와트 주방에서 일할 수 있게 보내 주었다. 7학년 때 세 친구가 마법정부에 몰래 침투한 뒤 블랙 저택으로 돌아가는 데 실패하자 크리처는 다시 호그와트로 돌아왔고, 이후 호그와트 전투에서 집요정들을 주방에 있는 과도와 큰 식칼로 무장시켜 죽음을 먹는 자들과 맞서도록 주도해 제2차 마법 전쟁을 끝내는 데 도움을 주었다.

# 사무실 및 연구실

해리가 호그와트에서 공부하는 동안 가 본 사무실은 얼마 되지 않지만, 교직원 대부분이 각자의 사무 공간을 가지고 있다고 봐도 좋을 것 같다. 후치 선생이나 사서 핀스 선생에게 사무실이 있는지는 정확하게 설명되지 않지만, 아거스 필치와 폼프리 선생이 각자 공간을 가지고 있는 것으로 봐서 이들도 그럴 것으로 여겨진다. 어쨌든 그리핀도르 팀 주장인 올리버 우드와 후치 선생에게는 불가항력적으로 안 좋아지는 스코틀랜드 날씨를 피해 퀴디치에 대해 더 깊이 의논할 장소가 필요했을 테니 말이다. 도서관 사서 핀스 선생의 경우, (도서관 선반 사이를 살금살금 돌아다니며 책을 훔쳐 가는 사람이 없는지 감시하기도 포함해서) 모든 업무를 도서관에서 보니 별도로 사무실이 필요하지 않았을지도 모르지만.

모든 직원에게 사무실이 배당되는지는 분명하지 않다. 숲지기 해그리드의 오두막은 그의 사무실 겸 마법 생명체 돌보기 수업 교실 역할까지 한다. 이 소박한 오두막은 해그리드의 거주 공간이기도 해서, 리타 스키터가 쓴 기사로 인해 거인의 피가 절반 흐른다는 사실이 알려진 후 해그리드가 사람을 피하기 위해 "병가"를 낸 동안에는 그러블리 플랭크 교수가 이곳에서 대체 수업을 진행하지는 못했을 것으로 보인다. 해그리드의 오두막은 그가 1995년 덤블도어를 대신해 거인들을 설득하러 나간 동안에도 닫혀 있었다.

폼프리 선생이 쓰는 **양호교사 사무실**은 주 건물 바로 옆 학교 병동(76쪽 참조)에 위치한다. 즉 폼프리 선생은 환자를 보살피고 초콜릿을 바로 건넬 수 있도록 가까이에 상주한다. 하지만 그 때문에 해리는 6학년 때 도비와 크리처가 떠드는 소리를 못 듣게 하기 위해 폼프리 선생의 사무실 문에 머플리아토 주문을 걸어야 했다.

해리는 호그와트에 다니는 동안 각기 다른 **어둠의 마법 방어법 교수의 연구실**을 여러 차례 찾아갔다. 2학년 때는 길더로이 록하트가 담당이었는데, 그는 자기 사진으로 연구실을 꾸몄다. 4학년 때 교수였던 바티 크라우치 주니어는 무디 교수로 변장한 채로 어둠의 마법을 감지하는 물건들로 사무실을 가득 채웠다(물론 그 물건들이 자신의 정체를 밝힐까 봐 상당수를 망가뜨려야 했지만). 이듬해 교수직을 맡은 가학적인 성격의 덜로리스 엄브리지는 새끼 고양이가 그려진 장식 접시들로 연구실을 꾸몄다. 해리는 이 사무실들에서 방과 후 징계의 일부로 록하트의 자서전에 사인하는 일을 돕고, 3학년 때는 루핀과 함께 (그린딜로를 감상하며) 차를 마셨으며, 트라이위저드 대회 세 번째 과제를 마친 후에는 바티 크라우치 주니어와 대치하였다. 록하트와 보낸 시간도 즐거웠다고 말하기는 힘들지만, 볼드모트가 돌아왔다는 진실을 입 밖으로 꺼낸 벌로 해리에게 밤마다 반성문을 쓰게 한 엄브리지와의 시간은 상당히 잔인했다.

"비스킷 하나 먹거라, 포터"라는 인상적인 대사가 나왔던 맥고나걸 교수의 연구실은 호그와트 2층에 있다. 스코틀랜드 출신인 맥고나걸 교수는 좋아하는 타탄체크로 연구실을 꾸몄다. 늘 생강 도롱뇽 쿠키가 잔뜩 들어 있는 쿠키 통도 타탄체크 무늬였다. 이 연구실에서는 퀴디치 경기장이 한눈에 보이는데, 덕분에 맥고나걸 교수는 해리의 비행술 재능을 초기에 알아챌 수 있었다. 해리가 6학년 때 위험한 시기가 닥쳐 학교 보안을 더 강화해야 했을 때는 맥고나걸 교수의 연구실이 일시적으로 플루 네트워크로 연결되는 장소가 되어, 크리스마스 휴가를 보낸 학생들이 안전하게 호그와트로 돌아올 수 있도록 해 주었다. 연구실 뒤쪽 숨겨진 문은 침실로 "썰렁하고 바닥이 돌로 되어 있다"고 한다.

슬러그혼의 연구실은 민달팽이 클럽 모임을 주최하는 곳이므로 편안하게 꾸며져 있다. 6학년 때 해리는 민달팽이 클럽의 크리스마스 파티에 루나 러브굿과 함께 참석했다. 안락한 분위기지만 론은 이곳에서 열일곱 살 생일에 치명적인 독을 먹고 죽을 뻔했다. 수십 년 전에 한 교수가 어린 톰 리들에게 호크룩스에 관한 중요한 정보를 준 장소기도 하다.

필치의 사무실을 포함해 학교를 관리하는 다른 직원들의 사무실에는 학생들에게 사용할 것이 허락될 경우를 대비해 기름칠을 해 둔 사슬이 보관되어 있다. 또한 필치는 몰랐지만 필치의 사무실은 도둑 지도가 10년간 보관된 장소기도 하다. 한편 플리트윅 교수의 연구실은 8층에 자리하며, 시리우스가 붙잡힌 이후 디멘터의 키스를 기다리던 장소라고만 간단히 설명돼 있다.

## 교장실

호그와트의 교장실은 성의 탑 한 곳에 자리하며, 8층을 통해 들어갈 수 있다(1994년에는 3층에 있다고 묘사되는데, 작가가 위치를 착각했다고 인정했다). 학교 교직원실처럼 커다란(그리고 해리의 생각에는 "굉장히 못생긴") 가고일 석상이 지키고 있으며, 정확한 암호를 대야만 길을 내준다. 덜로리스 엄브리지가 일종의 쿠데타 같은 작당으로 교장직을 장악했을 때 가고일들은 엄브리지가 연구실로 들어가지 못하게 막았다. 이유는 알 수 없지만 가고일은 엄브리지의 정당성을 거부했다.

가고일 석상이 옆으로 비켜서면 벽이 갈라지면서 움직이는 나선형 돌계단이 나타난다. 계단을 타고 탑을 올라가면 그리핀 형상을 한 놋쇠 고리가 붙은 광이 나는 오크나무 문이 나타난다.

안으로 들어가면 펼쳐지는 사무실은 큰 원형으로, 창문 너머로 퀴디치 경기장이 내려다보이고 주변 산맥들도 보인다. 기숙사 배정식이 끝나고 모자를 사용하지 않는 동안에는 기숙사 배정 모자를 이곳에 보관한다. 호그와트에서 교장을 역임했던 인물들의 초상화가 벽에 쭉 걸려 있는데, 그들은 자고 있거나 현 교장의 학교 계획에 참견할 기회를 기다리고 있다.

덤블도어가 교장으로 있을 때 이곳은 불사조 폭스의 집이기도 했고 펜시브부터 루나스코프, 뭔지 대체 알 수 없는 연기를 내뿜는 섬세한 은빛 도구까지 다양한 물건들이 있었다. 시리우스가 죽은 뒤로 슬픔에 잠긴 해리는 이 알 수 없는 물건들을 상당수 망가뜨렸다.

이 사무실에서 해리는 볼드모트 경과 싸워야 하는 자신의 운명에 대해 많은 것을 배웠다. 예언의 내용, 어둠의 마법사가 사용한 호크룩스들, 해리가 스스로를 희생해야 볼드모트를 없앨 수 있다는 점을 깨달은 곳이기도 하다.

수십 년 뒤에 헤르미온느가 마법 정부 총리가 되어 교장인 맥고나걸을 찾아 이곳을 방문했을 때, 교장은 타임 터너를 불법적으로 가지고 있던 졸업생을 곧장 꾸짖었다.

## 교장실로 들어가는 암호

"셔벗 레몬" - 1992년
"바퀴벌레 과자" - 1995년
"피징 위즈비" - 1995년-1996년
"산성 캔디" - 1996년
"토피 에클레어" - 1997년

## 교무실

호그와트 직원들이 모여 학기 내내 서로를 돕고 대화를 나누어야 할 때, 그들은 교무실로 간다. 나무 패널로 된 긴 공간에 짙은 색 나무 의자와 그 밖에 어울리지 않는 의자들이 놓여 있는 공간이다.

교직원 전용인 이 공간은 입구 양옆으로 가고일 석상 두 개가 지키고 있다. 해리가 1학년이던 해에 스네이프 교수는 머리가 세 개 달린 커다란 개 복슬이와 맞닥뜨린 후 부상을 당해 이곳에서 아거스 필치한테 치료를 받았다. 해리는 스네이프에게 빼앗긴 『퀴디치의 역사』를 돌려받기 위해 무심코 그곳에 들어갔다가 복슬이에게 심하게 물린 스네이프 교수의 다리 상처를 보았다.

해리와 론은 2학년 때도 비밀의 방에 대해 맥고나걸 교수에게 알려 주기 위해 서둘러 이곳으로 달려갔다. 이후 맥고나걸 교수가 모든 학생에게 자기 방으로 돌아가라고 지시하자 두 친구는 얼른 옷장으로 숨었고, 거기서 그들의 기숙사 담임이 론의 여동생 지니가 그 방으로 납치되었다고 말하는 소리를 들었다. 다음 학기에 이 옷장은 루핀 교수의 첫 3학년 어둠의 마법 방어법 수업에서 중요한 역할을 맡는다. 루핀 교수는 옷장에 보가트를 가둔 후, 학생들을 이곳으로 데려와 보가트와 직접 대면한 뒤 퇴치하는 연습을 시켰다. 2년 뒤 덜로리스 엄브리지가 교장으로 부임하자 교사들은 더 이상 교무실에서 자유롭게 이야기할 수 없어서 복도에서 조용히 소곤거려야 했다.

보다 섬뜩한 이야기를 해 보자면, 교무실은 유령 교수인 빈스가 목숨을 잃은 곳이기도 하다. 호그와트에서 오랫동안 마법의 역사를 가르친 빈스 교수는 교무실의 벽난로 앞에서 자연사했는데, 하늘로 올라가지 않고 다시 일어나 아무 일도 없다는 듯 수업하러 갔다고 한다.

# 학교 병동

의료 치료가 필요한 학생이나 교직원은 호그와트성 2층의 이중문으로 된 학교 병동으로 보내진다(해리는 5학년 때 병원으로 가기까지 계단을 한참 올라갔는데, 이는 작가의 실수인 듯하다). 병동 안에는 흰 시트가 깔린 병상이 늘어서 있으며, 각 병상은 개별 칸막이로 가려져 있다. 폼프리 선생은 이곳에서 아픈 학생들을 치료해 주지만, 자신의 능력을 넘어서는 경우에는 환자를 세인트 멍고 마법 질병 상해 병원으로 보낸다.

## 학교 병동을 찾은 사람들

해리는 병동의 단골이었고, 해리의 친구와 같은 반 학생들, 심지어 일부 교수들도 다음과 같은 이유로 이곳을 방문했다.

**해너 애벗** 시험 스트레스로 진정제를 처방 받았다.

**케이티 벨** 퀴디치 연습 때 쿼플에 맞았는데 프레드가 실수로 출혈 캡슐을 주었다. 저주받은 오팔 목걸이를 만졌을 때는 세인트 멍고 병원으로 이송되었다.

**매리에타 에지콤** 덤블도어의 군대를 배신하자 헤르미온느가 걸어 둔 마법으로 인해 얼굴 전체에 "고자질쟁이"라는 글자 모양대로 여드름이 났다.

**필리어스 플리트윅** 스네이프 교수가 기절시켰다.

**그레고리 고일** 말포이를 향해 사용한 해리의 퍼넌큘러스(여드름 주문) 마법을 맞고 종기가 났다.

**헤르미온느 그레인저** 실수로 고양이 털을 넣어 만든 폴리주스 마법약을 먹고 학교 병동에 몇 주간 입원했다. 해리와 함께 디멘터의 공격을 받아 스네이프 교수가 병동으로 데려왔다(폼프리 선생이 초콜릿을 처방해 주었다). 해리를 겨냥한 말포이의 덴사우기오 저주를 맞아 앞니가 미친 듯이 빨리 자라자 폼프리 선생에게 치료를 받았고, 원래 크기보다 살짝 작게 만들었다. 리타 스키터의 독자들이 보낸 항의 편지에 든 멍울초 고름 원액이 손에 닿아 커다란 노란 종기가 났다. 돌로호프의 저주를 맞아 마법약 열 종류를 마시며 치료했다.

**리앤** 케이티 벨이 목걸이를 만져 저주에 걸린 모습을 목격하고 충격을 받아 치료받았다.

**네빌 롱보텀** 첫 비행 수업 때 빗자루에서 떨어져 손목이 부러졌고, 종기 치료제를 만들다가 실수를 저질러 종기로 뒤덮였다. 크래브와 고일과 싸우다가 정신을 잃고 쓰러졌으며, 돌로호프에게 맞아 코가 부러졌다. 계단을 막고 있는 죽음을 먹는 자의 저주에 맞서다가 부상을 당했다.

**드레이코 말포이** 마법 생명체 돌보기 수업에서 벅빅을 모욕하다가 공격당해 팔을 다쳤다. 해리의 섹튬셈프라 주문을 맞고 부상을 입었다.

**미네르바 맥고나걸** 가슴에 기절 주문을 네 방 맞아 세인트 멍고 병원으로 이송되었다.

**코맥 매클래건** 내기로 독시의 알을 0.5킬로그램 정도 먹어 퀴디치 입단 시험을 놓쳤다.

**엘로이즈 미전** 저주로 여드름을 없애려고 하다가 그만 코를 없애 버려서 폼프리 선생이 다시 붙여 주었다.

**몬태규** 사라지는 캐비닛에 하루 반나절을 갇힌 뒤 화장실로 순간이동했다.

**앨러스터 무디** 마법 트렁크에 몇 달간 갇혀 있다가 구출되었다.

**알버스 세베루스 포터** 타임 터너로 과거에 너무 오래 머물러 있다가 팔이 부러졌다.

**해리 포터** 퀴럴과 볼드모트와 결투를 벌이고서 사흘 뒤에 깨어났다. 이때 친구들과 팬들이 선물을 보냈는데, 폼프리 선생은 이 중 프레드와 조지 위즐리가 보낸 변기 뚜껑은 압수했다. 퀴디치 시합 중에 블러저에 맞아 오른팔이 부러졌는데, 록하트가 뼈를 아예 없애 버려 뼈가 다시 자라도록 뼈가쑥쑥 약을 먹은 뒤 병동에서 하룻밤을 보냈다. 후플푸프와의 퀴디치 시합 중에 디멘터들이 나타나 빗자루에서 떨어졌고, 학교 병동에서 깨어났다. 디멘터의 공격을 받은 해리와 헤르미온느를 스네이프가 병동으로 데려갔다(폼프리 선생은 초콜릿을 처방해 주었으며, 덤블도어는 타임 터너를 써서 시리우스와 벅빅을 구할 수 있도록 병동의 문을 잠갔다). 트라이위저드 대회 세 번째 과제 이후 수면 마법약을 처방받았다(시리우스가 개의 모습으로 곁을 지켰다). 그리핀도르의 교체 몰이꾼 코맥 매클래건이 던진 블러저에 맞아 두개골에 금이 간 채 깨어났고, 곧이어 크리처를 불러 도비와 함께 드레이코를 감시하도록 지시했다.

**잭 슬로퍼** 자신의 몰이꾼 방망이에 맞아 기절했다.

**얼리샤 스피넛** 슬리데린 팀의 파수꾼 마일스 블레츨리의 저주에 걸려 눈썹이 너무 두껍고 빨리 자라 눈과 입을 덮었다.

**덜로리스 엄브리지** 금지된 숲에서 켄타우로스에게 납치된 이후로 발굽 소리를 들으면 지나치게 긴장하는 증세를 보였다.

**워링턴** 콘플레이크 같은 피부로 변했다(장학관 직속 선도부원을 목표로 한 저주인 듯하다).

**빌 위즐리** 인간의 모습을 한 늑대인간 펜리르 그레이백에게 상처를 입었다.

**지니 위즐리** 비밀의 방으로 납치당한 뒤 병실로 옮겨졌다. 폼프리 선생이 부러진 발목을 고쳐 주었다.

**론 위즐리** 노르웨이 리지백 용 노버트에게 물려서 손이 부어오르고 녹색으로 변했다. 마법을 쓰지 않고 직접 환자용 변기를 닦는 벌을 받았다. 개의 형상이었던 시리우스에게 다리를 물려 후려치는 버드나무로 끌려갔고, 피터 페티그루의 마법에 당했다. 미스터리부에서 뇌 촉수들에게 공격을 당해 팔에 상처를 입어서 폼프리 선생이 어블리 박사의 망각 연고를 발라 주었다. 슬러그혼이 덤블도어에게 크리스마스 선물로 주려고 만든 오크통에 숙성한 벌꿀주를 마시고 중독되었다. 말포이가 그 술에 독을 탔기 때문이었는데, 해리가 베조아르를 사용해 목숨을 구해 주었다.

## 그 외의 방문객들

• 콜린 크리비, 저스틴 핀치플레츨리, 목이 달랑달랑한 닉, 헤르미온느 그레인저, 페넬러피 클리어워터: 바실리스크를 보고 돌로 변한 인물들이다. 바실리스크의 최종 공격 이후 면회가 금지되었으며, 봄에 맨드레이크 약을 먹고 회복했다.

• 이름이 알려지지 않은 그리핀도르 4학년생과 마찬가지로 이름이 알려지지 않은 슬리데린 6학년생: 퀴디치 결승전 전에 복도에서 실랑이를 한 뒤로 귀에서 부추가 자라났다.

• 포셋 양(래번클로), 서머스 군(후플푸프), 프레드와 조지 위즐리: 트라이위저드 대회에 참가하기 위해 불의 잔에 이름을 넣는 나이 제한선을 통과하려고 노화 마법약을 먹었다가 턱수염이 자라서 제거했다.

# 부엉이장

창문에 유리가 없고 돌로 지어 춥고 외풍이 심한 원형 구조인 호그와트의 부엉이장은 서쪽 탑 꼭대기에 자리한다. 학교와 학생 소유의 부엉이 수백 마리가 머무는 장소. 수많은 동물 사용자들로 인해 방은 지푸라기와 올빼미 똥으로 뒤덮여 있고, 바닥에는 쥐와 들쥐의 뼈가 널려 있다. 벽에는 많은 새들의 집이라고 할 수 있는 횃대가 쭉 늘어서 있다.

해리가 부엉이장에 방문하는 장면은 4학년 때 처음 등장한다. 해리는 이곳에서 시리우스에게 은밀하게 편지를 보냈고, 그렇게 두 사람은 계속 비밀 편지를 주고받았다. 한번은 프레드와 조지가 부엉이장에서 수상쩍고 비밀스럽게 행동한 적이 있는데, 나중에 루도 배그먼에게 편지를 보냈던 것으로 밝혀졌다. 배그먼은 쌍둥이의 퀴디치 월드컵 우승 내기 상금을 레프러콘의 사라지는 금으로 치러 문제를 일으켰다.

이후 학기 중 어느 토요일 아침, 초 챙이 어머니의 생일 선물을 보내려고 갔다가 부엉이장에서 해리를 만났다. 두 사람은 퀴디치에 대해 이야기했고, 초는 엄브리지에 대항하고 세드릭 디고리의 때 이른 죽음에 대한 진실을 밝힌 해리의 용기를 칭찬했다.

그 순간 필치가 노리스 부인과 함께 불쑥 들어와 해리가 똥 폭탄을 주문했다는 소리를 들었다고 주장했는데, 그때는 이미 해리가 시리우스에게 보내는 편지를 달아 헤드위그를 날려 보낸 뒤라 필치는 해리가 우편을 보내는 모습을 보지 못했다. 초 역시 해리가 편지를 보낸 뒤에 도착했지만, 해리가 편지를 보내는 모습을 보았다고 증언해 주었다.

많은 시간이 흐른 뒤, 스코피어스 말포이와 알버스 포터와 델피는 압수당한 실험용 타임 터너를 해체하는 방법에 대해 이야기를 나누기 위해 이 장소에서 만났다.

# 반장 욕실

호그와트의 반장들은 성 6층에 자리한, 장갑을 반대로 끼고 있는 벙벙한 보리스 동상 왼쪽에서 네 번째 문 뒤에 있는 전용 욕실을 쓸 수 있다. 반장용 욕실이라고 이름 붙어 있으나 퀴디치 팀 주장들도 들어갈 수 있다. 해리는 4학년 때 후플푸프의 주장(이자 반장) 세드릭 디고리에게서 트라이위저드 대회 두 번째 과제 전에 황금 알을 가지고 "목욕을 해" 보라는 조언을 듣는다. 해리는 도둑 지도와 투명 망토의 도움으로 반장 욕실까지 찾아간다. 암호는 세드릭이 알려 준대로 "싱그러운 솔잎"이었다.

벽과 바닥은 흰 대리석이고 머리 위 샹들리에의 촛불이 내부를 밝힌다. 긴 흰색 리넨 커튼이 창문에 달려 있고, 벽에 걸린 금빛 액자 속에는 바위 위에 앉아 있는 금발 인어가 그려져 있다. 욕조도 마찬가지로 흰 대리석이며 상당히 커서 수영장처럼 보인다. 발헤엄을 칠 수 있을 정도로 깊고 다이빙 도약대도 있다. 욕조 가장자리에는 전부 다른 보석으로 손잡이를 장식한 약 100개의 금색 수도꼭지가 달려 있다. 꼭지마다 특이한 거품이 흘러나와 머글 스파에서는 볼 수 없는 한층 마법적인 분위기를 풍긴다. 축구공만큼 큰 분홍색과 파란 거품도 있으며, 해리가 체중을 지탱할 수 있을것 같다고 생각했을 정도로 엄청나게 진하고 얼음처럼 하얀 거품도 있었다. 물 바로 위에 떠 있는 보라색 구름도, 물을 원형으로 튕겨 주는 물살도 있다. 욕조는 크기에 비해 엄청나게 빨리 물이 찬다. 몸을 담그고 나온 사람에게는 폭신한 흰 수건이 제공된다.

3층 여학생 화장실에 나타나는 유령인 울보 머틀은 가끔 자리를 떠나 반장들이 목욕하는 모습을 훔쳐보고는 한다. 앞으로 있을 트라이위저드 대회 과제 때문에 욕조에서 고민하고 있는 해리를 본 울보 머틀은 세드릭이 그랬던 것처럼 물 안에서 알을 열어 보라고 조언한다. 울보 머틀 덕분에 해리는 인어의 노래를 듣고 두 번째 과제가 호수에서 도둑맞은 보물을 되찾는 일과 관련이 있다는 결론을 얻는다.

# 울보 머틀의 화장실

많은 학생이 피하려는 이 화장실은 2층 혹은 3층에 있다고 한다. 3층에 있다고 여기는 쪽이 더 많은 편이다. 2층에 있다고 언급한 부분은 실수인 듯하다. 이 고장 난 화장실은 거기 사는 변덕 심한 유령 거주자 때문에 울보 머틀의 화장실로 더 잘 알려져 있다(210쪽 참고). 촛불을 켜 둔 욕실은 어둠침침해서 한층 우울하고 서글픈 분위기를 풍긴다.

사망한 후 수십 년 동안 머틀 워렌의 유령은 학생들 앞에 간간이 나타나 변기를 넘치게 하면서 근처에 있던 학생이 놀라 도망가게 만들었다. 나무 칸막이는 보수가 되지 않았고, 세면기는 깨진 상태로 쭉 늘어서 있다.

1992년 해리와 론과 헤르미온느는 슬리데린 휴게실로 들어가기 위한 작전의 일부로 이곳에서 폴리주스 마법약을 만들었다. 불행하게도 고양이 털을 밀리선트 벌스트로드의 머리카락으로 착각한 헤르미온느는 사람 형상의 고양이로 변신했고, 한동안 이 무너져 가는 화장실 한 칸에 숨어 있었다. 그해 지니 위즐리는 비밀의 방으로 가기 위해 이 화장실을 사용했고, 제정신으로 돌아와서는 저주받은 다이어리를 변기에 버려 없애려고 했다. 해리와 론은 비밀의 방으로 들어가는 입구가 작은 뱀 꼭지 장식이 달린 부서진 개수대일 것이라고 결론지었다. 누군가 뱀의 말로 "열려라"라고 말하면 세면대가 바닥으로 내려가면서 커다란 파이프가 나타난다.

세월이 흐른 뒤에 과거를 바꾸고 싶었던 알버스 포터와 스코피어스 말포이는 트라이위저드 대회 때 목숨을 잃은 세드릭 디고리의 운명을 바꾸기 위해 이 공간을 이용했다.

# 호그와트의 계단

호그와트성에는 총 142개라는, 엄청나게 많은 계단이 있다. 계단은 넓고, 좁고, 곧 무너질 것 같거나 나선형을 하고 있는 등 크기와 형태가 다양하며, 주로 돌이나 대리석으로 지어졌다. 어떤 계단은 일주일 중 어떤 요일에만 다른 곳으로 데려다주고 또 어떤 계단은 올라가는 중에 한 단이 사라져서 학생들은 잘 기억해 두었다가 뛰어넘어야 한다. 신입생이 엄지발톱을 찧지 않으려면 암기력이 필수다.

호그와트성 입구 홀에 자리한 웅장한 대리석 계단은 1층 본관 문 맞은편에 있다. 이 계단을 통해 호그와트의 8층까지 올라갈 수 있다. 주 계단 오른쪽에 자리한 계단은 주방과 후플푸프 기숙사 휴게실로 이어지며, 왼쪽 계단은 슬리데린 기숙사 휴게실이 있는 지하 감옥으로 통한다.

그 밖에 학생들이 자주 이용하는 계단으로는 그리핀도르 기숙사 휴게실로 가장 잘 이어지는, 3층에서 5층으로 통하는 계단이 있다. 입구가 태피스트리 뒤에 감춰져 있는 이 계단은 특히 올라가는 중에 단 하나가 사라지는 것으로 악명이 높다. 네빌은 자주 방심했다가 다른 그리핀도르 친구의 도움을 받아 계단에서 빠져나오고는 했다. 해리도 1995년 성을 둘러보다가 계단에 갇혀 버렸다. (지혜로운 학생은 속임수가 있는 이 계단을 건너뛰는 법을 잘 기억해 둔다.)

호그와트에서는 나선형 계단을 자주 볼 수 있다. 대표적으로 학교에서 가장 높은 탑인 천문탑에는 성벽을 따라 가파른 나선형 계단이 이어져 있는데, 여길 올라야 천문학 수업을 들으러 갈 수 있다. 비슷한 계단이 래번클로의 탑(학생들이 래번클로 휴게실로 갈 때 이용한다, 65쪽 참조)과 북쪽 탑(점술 수업 교실로 가는 계단, 61쪽 참조)에도 있다. 호그와트에는 움직이는 계단이 두 개 이상 있다. 하나는 교장실로 이어지고, 다른 하나는 어둠의 마법 방어법 교수의 연구실 근처에 있는 회전하는 계단이다.

# 호그와트의 복도

호그와트의 많은 복도에서 마법을 금지하고 있지만, 북적거리는 이 공용 공간은 신나는 일들이 벌어지는 장소다. 복도의 정확한 배치에 관한 설명은 극도로 적다.

### 지하 감옥
지하 감옥(94쪽 참조)에는 마법약 교실, 슬리데린 휴게실(66쪽 참조), 세베루스 스네이프 교수의 연구실 등 여러 방으로 이어지는 많은 복도가 있다고 한다.

### 1층
입구 홀(55쪽 참조)에는 대연회장, 교직원실, 관리인 사무실, 교실, 안마당과 성의 다른 층으로 가는 입구가 있다.

### 2층
입구의 커다란 대리석 계단을 올라가면 2층이 나온다. 이곳에는 많은 교실과 연구실이 자리한다. 어둠의 마법 방어법과 머글학 수업 교실(59쪽과 61쪽 참조), 맥고나걸 교수의 연구실(73쪽)이 여기에 있다. 2층에는 입구 홀을 내려다볼 수 있는 발코니가 있다.

### 3층
3층 전체를 가로지르는 복도에는 고장 난 여학생 화장실(82쪽 참조)과 그리핀도르 탑(63쪽 참조)으로 가는 지름길의 입구가 있다. 이 입구는 태피스트리를 들춰야 보인다. 3층 복도에는 스코틀랜드 아가일셔의 지도가 걸려 있다.

### 4층
4층에는 트로피 전시실(87쪽 참조)과 갑옷 전시실(112쪽 참조)로 이어지는 여러 복도가 위치한다. (그 너머에 비밀 통로를 숨긴)등이 굽은 마녀 동상과 일반 마법 수업 교실(59쪽 참조)이 이곳에 있다. 또한 복도의 벽감에는 "못생긴 중세 마법사 흉상"이 자리 잡고 있다. 4층에는 이 외에도 회전하는 계단과 입구 진입로가 내려다보이는 창문이 있다. 해리가 신입생일 때는 4층 복도 중 한 곳에 마법사의 돌이 감춰진 작은 문으로 들어가는 입구가 있었다.

## 5층

5층 복도에는 욕실, 풍경화, 호그스미드로 가는 비밀 통로(커다란 거울 뒤에 있다, 139쪽 참조), 함정 계단이 포진한 좁은 계단실(태피스트리 너머에 감춰져 있다)이 있다.

## 6층

반장만 이용할 수 있는 욕실이 복도 끝에 자리한다(81쪽 참조). 보리스 동상 앞에서 왼쪽으로 네 번째 문이다.

## 7층

7층 복도에는 남학생 화장실 입구가 있으며, 해리가 4학년이었을 때는 트로피 전시실이 있었다.

## 8층

8층에는 플리트윅 교수의 연구실(73쪽 참조)과 교장실(1996년, 그리고 어쩌면 1994년에는 3층에 있었다, 73쪽 참조)로 이어지는 복도가 있다. 이 외에도 뚱뚱한 귀부인의 초상화(101쪽 참조)와 캐도건 경의 초상화(102쪽 참조)가 걸려 있는 점을 주목해 볼 만하다. 해리가 5학년 때는 바보 같은 바너버스가 트롤에게 발레를 가르치려고 하는 장면이 담긴 태피스트리 맞은편에 필요의 방(89쪽 참조)으로 가는 입구가 있었다.

# 4층 복도

4층 복도는 일반 마법 수업 복도 끝에 있는 문과 이어진다.

1991년~1992년 학기 초 연회 때 덤블도어는 "4층 복도 오른쪽"은 학생뿐 아니라 교직원 역시 절대로 출입해선 안 된다고 공지하며, 그 근처를 돌아다니면 고통스러운 죽음을 맞을 것이라고 경고했다. 운 나쁘게도 해리와 론은 다음 날 교실을 찾다가 길을 잃어 복도를 막고 있는 잠긴 문으로 가려다가 아거스 필치에게 붙잡혔다.

그해 말 해리와 론과 헤르미온느와 네빌은 말포이가 통금 시간 이후 학생들이 트로피 전시실을 돌아다니고 있다고 필치에게 고자질하자 그를 피해서 복도에 숨었다. 헤르미온느가 일반 마법 복도 끝에 있는 문을 알로호모라 주문으로 연 후에 삼총사는 4층 복도로 들어갔고, 그곳에서 해그리드가 '복슬이'라고 부르는 머리가 셋 달린 커다란 개를 발견한다.

1991년 핼러윈 연회 때 퀴럴 교수는 이 복도 안 작은 문으로 들어갈 시간을 벌기 위해 트롤을 학교 안에 풀어 놓았다.

퀴럴 교수는 학기 말에 다시 이 방으로 들어가려고 시도했고, 이번에는 성공했다. 세 친구는 복슬이의 임무와 그 작은 문 너머에 있는 것이 마법사의 돌이라는 사실을 알아낸 후 퀴럴 교수를 쫓아갔다.

## 비밀 통로

1993년 시리우스가 뚱뚱한 귀부인의 초상화를 공격한 뒤, 스네이프는 4층 복도를 수색하고 그곳을 감시했다. 바짝 경계한 마법약 교수 덕분에 해리는 고스무어의 군힐다 동상 (109쪽 참조) 뒤에 숨어 있는, 호그와트 밖으로 이어지는 숨은 통로에 접근하는 데 애를 먹었다.

# 트로피 전시실

호그와트성 4층에 자리한 트로피 전시실은 중앙 대리석 계단을 통해서나 갑옷 전시실에 있는 비밀 통로를 통해 들어갈 수 있다. 이 방은 또한 각기 다른 위치에서 등장하는 것으로 알려져 있다. 1995년 해리는 도둑 지도를 사용해 성의 7층에서 이곳을 찾았다. (작가는 공간의 위치를 착각했다고 인정했다.)

즉 트로피 전시실은 (일반적으로) 갑옷 전시실과 붙어 있으며 방 전체에 창문이 있는 것으로 여겨진다. 이 방은 상장, 명판, 동상, 메달, 우승컵, 방패는 물론 트로피를 보관하는 곳으로, 이것들을 크리스털 유리로 된 캐비닛 안에 넣어 둔다. 일부는 호그와트 설립자들의 시대로 거슬러 올라갈 정도로 오래된 물건들이다.

1991년~1992년 학기에 해리는 첫 빗자루 비행 수업을 마친 뒤 말포이와 마법사 결투를 하기로 합의한다. 마법 지팡이만 쓰고 직접적인 접촉은 하지 않으며, 트로피 전시실에서 밤 12시에 만나는 조건이었다(통금 시간이 지난 뒤에 전시실을 항상 열어 둔다고 드레이코가 말했기 때문이다). 해리의 보조자는 론 위즐리였고 말포이는 빈센트 크래브를 데리고 왔다. 그리핀도르 탑으로 돌아가지 못한다는 단순한 이유로 헤르미온느와 네빌도 두 친구와 함께했다. 넷은 밤 12시에 트로피 전시실로 들어갔고, 상대가 나타나기를 기다리는 동안 필치가 문밖에서 노리스 부인에게 학생들이 있는지 냄새를 맡아 보라고 시키는 소리를 들었다. 그리핀도르 학생들은 조심스럽게 전시실을 나와 갑옷 전시실을 향해 뛰었고, 일반 마법 교실 근처 태피스트리 뒤에 숨겨진 통로로 향했다. 잠시 후 친구들은 머리 셋 달린 개를 발견함으로써, 어째서 4층 복도가 출입 금지 구역인지 알게 되었다.

1992년 론은 아버지의 나는 포드 앵글리아를 몰고 후려치는 버드나무에 부딪힌 일에 대한 벌로 트로피 전시실에서 아거스 필치가 시키는 일을 해야 하는 방과 후 징계를 받았다. 론은 마법을 쓰지 않고 전시실에 있는 모든 트로피를 깨끗이 닦아야 했는데, 트로피를 닦으면서 흥미로운 정보를 얻기도 했다. 바로 톰 리들이 학교에서 공로상을 받았다는 사실이었다(론은 그 트로피에 민달팽이를 잔뜩 토해서 여러 차례 반짝반짝 닦아야 했다). 론은 3층 여학생 화장실에서 주운 학생 일기장의 주인을 찾고 있던 해리와 헤르미온느에게 이 사실을 알려 주었다. 안타깝게도 론은 그 트로피 외에도 퀴디치 우승컵을 열네 번이나 닦은 다음에야 필치에게서 풀려날 수 있었다.

톰 리들이 받은 공로상은 뛰어난 업적으로 호그와트에 큰 혜택을 준 학생에게 수여하는 것으로, 모퉁이 캐비닛 안에 따로 숨겨져 있었다. 그는 1943년 비밀의 방을 연 사람을 찾아낸 공로로 이 상을 받았는데, 나중에 알고 보니 1943년에 방을 연 사람은 바로 리들 본인이었다. 세 친구는 톰 리들의 이름이 마법 성적 우수 메달에 적혀 있고 호그와트 학생회장 명단에도 올라 있는 사실을 알아낸다. 이후 해리와 론 역시 1992년~1993년 학기에 론의 여동생 지니를 구하고 비밀의 방에서 바실리스크를 죽인 공로를 인정받아 특별 공로상을 받았다.

트라이위저드 우승컵은 1995년 해리가 대회에서 승리한 뒤로 트로피 전시실에 전시되었다.

## 피브스

호그와트의 악명 높은 폴터가이스트 피브스는 틈틈이 트로피 전시실을 어슬렁거린다고 알려져 있다. 1993년 12월 도둑 지도를 사용해 몰래 호그스미드로 가려고 트로피 전시실에 간 해리는 그곳에서 피브스와 마주쳤고, 이후 트라이위저드 대회 두 번째 과제를 준비할 때에는 황금 알을 들고 반장용 욕실을 빠져나오다가 트로피 전시실에 있는 피브스를 목격하기도 했다.

# 필요의 방

수백 년이 넘도록 많은 학생이 우연히 필요의 방과 마주쳤으나, 마법에 걸린 이 방을 제대로 이용한 이들은 극히 일부다. "알 수 없는 방" 또는 "왔다 가는 방"으로도 불리는 이 마법의 공간은 바보 같은 바너버스가 트롤들에게 발레를 가르치는 장면을 담은 태피스트리가 걸려 있는 8층에 자리한다. 믿기 힘들겠지만 이 방은 사용하는 사람의 필요에 따라 크기가 바뀌어, 요강을 보관하는 수납장 정도거나 금지된 보물을 숨기는 성스러운 공간이 되기도 한다. 이 방을 사용하려면 사용하기를 원하는 자가 이 방 앞을 세 번 왔다 갔다 하면 된다. 세 번째 지나갈 때 태피스트리 벽이 변신하면서 놋쇠 손잡이가 달린 광이 반짝거리는 문이 나타난다. 필요의 방은 그 속에서 사용자의 필요가 커지는 정도에 따라 모습이 바뀌거나 더 넓어질 수 있다.

## 필요의 방과 저항군

해리가 호그와트에 다니는 동안 볼드모트의 힘이 점차 강해지자 학생들은 필요의 방을 저항의 공간으로 사용했다. 집요정 도비의 도움을 받아서 이 방을 발견한 해리는 이곳을 덤블도어의 군대 본부로 활용했다. 덤블도어의 군대 소속원들이 들어오면 방은 횃불이 달리고 벽에 책장이 쭉 늘어선 커다란 공간으로 변신했다. 바닥에 앉거나 이 방의 모습에 놀라 넘어지는 사람을 위해 바닥에는 실크 쿠션이 잔뜩 깔리고, 수많은 선반에는 스니코스코프, 거짓말 감지기, 적 탐지경 등 유용한 물품이 가득 놓였다.

2년 뒤 볼드모트가 호그와트를 장악하자, 네빌은 죽음을 먹는 자들인 아미쿠스와 알렉토 캐로 남매에게서 도망쳐 필요의 방으로 들어왔다. 네빌이 머물면서 이 방에는 해먹과 그리핀도르 기숙사를 상징하는 벽 장식이 생겼다. 시간이 흐르고 더 많은 덤블도어의 군대 소속원들이 숨을 장소가 필요해지자 필요의 방은 더욱 넓어지면서 다채로운 색상의 해먹과 각 기숙사 문장이 들어간 태피스트리, 책장, 빗자루, 무선 라디오를 비롯해 여학생들이 필요로 하는 근사한 욕실도 마련했다. 이 안전한 피난처의 벽은 짙은 색 나무로 되어 있고 창문이 없으며 방 가장자리에 발코니가 있다. 이 안락한 공간에서 호그와트 학생들은 볼드모트 체제에 저항하는 계획을 세우고 실천했다.

(갬프의 원소 변환 마법 법칙에 따라) 배고픈 학생들을 위한 음식을 생산하지는 못하는 방은 호그스 헤드로 가는 비밀 통로를 만들어 주었다. 이 통로는 아리아나 덤블도어의

초상화와 연결되었고, 아리아나는 호그스 헤드와 필요의 방 사이를 이동하며 메시지를 전달했다. 신기하게도 이 통로로 이동하는 사람 역시 그녀의 초상화에 나타났다. 필요의 방은 사용자의 필요를 인식할 뿐만 아니라, 어느 정도 지각력이 있어서 사용자의 동기도 감지한다. 예를 들어 이 방은 알버스 덤블도어의 동생인 애버포스 덤블도어가 볼드모트에게 저항하는 학생들과 뜻을 같이하는 것을 알고 비밀 통로를 그에게 드러내 보였다. 호그와트 전투가 벌어지기 전 해리와 론과 헤르미온느를 비롯한 불사조 기사단 구성원들과 덤블도어의 군대 소속원들이 이 통로를 통해 성으로 들어가 볼드모트에게 저항하는 최후의 결투에 참가했다.

## 숨겨진 물건들의 방

필요의 방은 분명 고귀한 목적으로 이용하게 되어 있으나, 물건을 숨기는 장소로 사용될 때는 주로 어둠의 마법과 관련된 위험한 물건들을 감추는 용도가 된다. 숨겨진 물건들의 방은 세대를 거쳐 이 방을 사용한 학생, 교사, 직원들의 기본적인 필요에 의해 발생했다. 부끄러운 물건을 감추거나 지켜야 했으니 말이다. 이런 목적으로 사용하는 사람에게 방은 늘 같은 형태로 보이며, 안에 물건이 쌓이는 정도에 따라 크기만 커진다. 이 공간에 아무렇게나 버려진 실제 물건들은 (방이 만들어 낸 것들과는 달리) 시간의 흐름에 따라 연식이 쌓이고, 고장 나고, 수명이 끝난다. 방은 혹시나 주인(이나 다른 사람)이 찾으러 올 경우를 대비해서 일종의 중간 지대에 물건들을 보관해 둔다. 물건을 버리는 일은 결코 없다.

호그와트 학생들과 직원들은 오랫동안 놀라운 여러 물건을 숨겨야 할 필요를 느껴 왔기에 방은 대성당 크기만큼 커졌다. 물건들이 쌓인 거대한 풍경은 천창을 통해 들어오는 자연광에 비쳐 마치 하나의 도시처럼 보인다. 이 방에는 수천 권의 책과 엄청난 양의 송곳니 원반, 날개 달린 대포, 마법약, 모자, 보석, 병, 칼, 빗자루, 야구 방망이, 상자, 부서진 트렁크, 가운, 우승컵, 방패, 반짝이는 목걸이, 부서진 가구, 깨진 마법사 흉상, 군데군데 부식된 수납장, 핏자국이 남아 있는 도끼, 용의 알껍데기, 박제한 트롤, 그리고 해리가 보기에 다리가 다섯 개인 동물의 해골(퀸타페드로 판명됐다)이 있었다.

방 안에는 또한 해리가 2학년 때 피브스가 고장 낸 사라지는 캐비닛도 있었다(해리가 5학년 때 프레드와 조지는 이 안에 몬태규를 강제로 집어넣었다). 말포이는 6학년 때 많은 시간을 이곳에서 캐비닛을 고치면서 보냈고, 결국 성공해서 죽음을 먹는 자들이 이 캐비닛을 통해 호그와트로 들어왔다.

시빌 트릴로니는 자신의 음주 습관을 들키지 않기 위해 수많은 셰리주 병을 숨기는 용도로 이 방을 이용했다. 술을 숨기기 위해 이 방을 찾은 트릴로니는 사라지는 캐비닛 작업을 막 마친 말포이와 마주쳤고, 말포이는 페루산 즉석 암흑 가루를 사용해 정체를 숨기고 트릴로니를 방에서 쫓아냈다.

스네이프 교수가 혼혈 왕자의 『고급 마법약 제조』 책을 발견할까 봐 걱정이 된 해리는 이곳에 책을 가져와서 이후에 쉽게 찾을 수 있도록 부식된 캐비닛 안에 넣어 두고 흉상과 가발과 색이 바랜 왕관을 위에 올려 두었다. 해리는 이 왕관이 사실은 볼드모트가 호크룩스로 바꿔 버린 래번클로의 보관이라는 사실을 알지 못했다.

학생 때 이 방을 알게 된 볼드모트(당시 톰 리들)는 자신이 이 공간에 들어오는 법을 아는 유일한 사람이라고 자만했다. 학교를 졸업한 후 볼드모트는 호그와트로 돌아와 덤블도어에게 어둠의 마법 방어법 교수 자리를 달라고 요구했다. 당연히 그저 숨겨진 물건들의 방에 보관을 넣어 두기 위한 구실이었다. 어둠의 마법사는 다른 호크룩스들과는 달리 보관에 어떤 저주나 보호 마법을 걸어 놓지 않았는데, 아마도 넓고 쓸모없는 물건이 널린 이 방에서 보관의 위치를 모르는 자가 그것을 찾아내려면 수년이 걸릴 거라고 생각했던 듯하다.

호그와트 전투 중에 해리와 론과 헤르미온느는 래번클로의 보관을 찾기 위해 이 방에 들어왔고, 드레이코와 크래브와 고일이 이들을 뒤따라서 싸움이 벌어졌다. 싸우던 중에 크래브가 악마의 불 주문을 사용했고, 그 순간 마법의 불길이 방 전체로 퍼져서 보관이 파괴되고 말았다.

## 방의 보호 능력

필요의 방의 목적은 사용자가 원하는 것을 내주는 일이기에 제대로 이용한다면 완벽한 방어와 사생활 보호를 제공한다. 이 방은 알려진 어떤 지도에도 나오지 않는다. 아마도 찾지 못하도록 주문이 걸려 있는 듯하다. 이 주문은 방에 출입하는 사람들에게도 적용되어 방 안에 들어간 사람은 도둑 지도에서도 완전히 사라진다.

해리에게는 상당히 원통하게도 방은 다른 사람이 사용 중일 때의 모습을 보지 못하게 한다. 호기심 많은 개인이라면 이 방이 어떻게 사용되는지 정확하게 질문해야 한다. 해리와 덤블도어의 군대가 이 방을 이용한다는 사실을 잘 알고 있던 장학관 직속 선도부는 방에게 이들이 존재한다는 증거를 요구했고, 그 대답으로 방은 모든 구성원이 서명한 목록을 건네주었다.

그러나 이처럼 허술한 부분은 사용자가 특정 무리를 방에 들어오지 못하게 명시함으로써 막을 수 있다. 네빌은 이 특성을 잘 활용해, 덤블도어의 군대가 아미쿠스와 알렉토 캐로에게서 몸을 피하는 은신처로 이 방을 이용할 때 캐로 지지자들을 절대 안으로 들이지 않도록 방에게 지시했다. 한 사람이라도 그 방에 남아 있는 한 누구도 자신의 목적에 맞게 이 방을 이용하도록 바꿀 수 없기 때문에, 덤블도어의 군대 소속원들은 편하게 방을 오가면서도 침입자로부터 안전할 수 있었다.

이곳이 숨겨진 물건들의 방으로 자주 사용되면서 사생활 보호와 안전 수준이 낮아지기도 했다. 드레이코는 이 방에서 사라지는 캐비닛을 수리하는 동안 방해받고 싶지 않다는 욕망이 강하고 분명했지만, 트릴로니는 드레이코가 안에 있는 상황에서도 그 방에 들어갈 수 있었다. 이때 방은 궁극적인 용도인 안전한 피난처를 제공하는 것을 사용자 개인의 필요보다 더 중요하게 여기는 듯했는데, 드레이코도 이 점을 눈치챈 듯하다. 드레이코는 누가 들어올 가능성을 대비해 크래브와 고일에게 폴리주스를 마시게 한 뒤 경호원으로 세우고, 페루산 즉석 암흑 가루를 챙겨 방해받을 기회를 차단했다.

## 욕망이 충돌할 때는

필요의 방은 근본적으로 사용자의 필요를 충족시키도록 만들어졌다. 가끔 이해하기 쉬운 필요일 경우, 이를테면 해리가 덤블도어의 군대 수업을 위해 호루라기가 필요했을 때는 곧장 호루라기를 하나 제공했다. 그러나 방에는 사용자의 마음을 좀 더 미묘하게 읽어 내는 능력이 있으며, 단번에 여러 사람의 목소리를 들을 수 있다. 방은 덤블도어의 군대 본부로 사용될 때 론과 해리와 헤르미온느의 필요를 종합적으로 파악하고 자체적으로 변신했다. 이처럼 방은 의식적이든 무의식적이든 그들의 모든 욕망을 합체한다. 헤르미온느는 『보편적 저주와 그 반격법』, 『어둠의 마법 뒤통수치기』, 『자기방어를 위한 주문』, 『저주당한 사람들을 위한 저주 마법』을 포함해 여러 책이 꽂힌 선반을 보고 엄청나게 기뻐했으며, 해리와 트라이위저드 대회 연습을 할 때 여러 차례 기절해 버렸던 불쌍한 론은 넘어져도 괜찮도록 쿠션이 깔린 것을 보고 기뻐했다. 이곳에 있는 어둠의 마법 탐지기는 해리가 1년 전 사기꾼 무디의 연구실에서 봤던 광경에서 영감을 받은 듯하다.

사용자가 많아질수록 방은 그들의 욕망을 모조리 수용해야 하기에 보다 복잡해진다. 특히나 각자의 욕망이 충돌하는 경우가 그러한데, 이때 필요의 방은 기존 사용자의 욕망을 새 사용자보다 우선시하는 듯 보인다. 예를 들어 해리가 호그와트의 마지막 학년 때 숨겨진 물건들의 방에 들어왔을 때는 보관을 찾겠다는 의지가 보관을 계속 숨겨 두고 싶다는 볼드모트의 의지를 넘지 못했다. 방이 사용자의 현재 목적(보관 찾기)보다 원래의 목적(물건 숨기기)을 우선시했기 때문에 이때 방에서는 소환 마법을 사용할 수 없었다.

또 다른 예로는 도비가 크리스마스 때 덤블도어의 군대 본부를 "행복한 해리 크리스마스 보내세요"라는 문구가 적히고 해리의 얼굴이 그려진 황금 공과 겨우살이로 장식했을 때가 있다. 해리는 누가 보기 전에 이 장식이 당장 사라졌으면 좋겠다고 간절히 바랐지만 방은 그 소원을 들어주지 않았다. 해리는 결국 그 장식들을 직접 전부 떼어 내야 했다.

## 그 외의 다양한 목적들

필요의 방은 그 역사가 존재하는 동안 수많은 형태로 변해 왔다. 상당수 사용자들이 이 방의 마법적 본성을 제대로 인식하지 못했기 때문에 많은 경우 상당히 유순하게 방을 사용했다. 필치는 청소 도구가 떨어졌을 때 여기서 찾았고, 반대로 조지와 프레드는 필치에게서 몸을 숨기는 용도로 이 방을 빗자루 보관소로 변신시켰다. 이 방을 알았던 다른 이들도 자신의 목적에 따라 이용했다. 1927년 덤블도어는 이 방에 있던 소망의 거울을 찾아 그린델왈드와 함께 있는 자신의 모습을 보았고, 몇 년 뒤 덤블도어가 화장실에 가려고 밤에 복도를 걸었을 때는 방이 요강으로 가득 찼다. 도비는 윙키가 버터 맥주 숙취에서 깰 수 있도록 이 방을 사용했는데, 그때 방은 작은 침대와 알코올 해독제를 주었다. 집요정들 사이에서 필요의 방은 왔다 가는 방으로 알려져 있다. 집요정들은 성을 관리하기 위해 필요한 무언가가 있을 때 이 방을 사용한 것으로 추정된다.

# 지하 감옥

호그와트성 아래에는 여러 개의 횃불로 빛을 밝힌 지하 감옥과 통로를 통해 연결되는 돌로 된 방들이 있다. 이 암울하고 음침한 공간 일부는 쉽게 찾아갈 수 있지만, 다른 방의 경우 마법을 통해서만 갈 수 있다.

## 마법약 수업 교실과 스네이프 교수의 연구실

지하 감옥에서 이루어지는 마법약 수업을 듣기 위해서는 입구 홀(55쪽 참조)의 문을 통해 계단을 내려오면 된다. 교실 자체는 학생 스무 명과 솥과 작업대를 놓을 수 있을 만큼 충분히 크다.

지하 감옥에는 또한 1981년부터 1996년까지 마법약 수업을 담당한 세베루스 스네이프 교수의 연구실이 있다. 어둠침침한 이 방의 벽에는 각기 다른 마법약의 재료로 사용되는 동식물이 들어 있는 유리병들이 늘어선 선반이 쭉 서 있다. 연구실에는 스네이프의 개인적인 재료를 넣어 두는 수납장과 벽난로도 있다. 해리는 1996년 1월에 이 연구실에서 오클루먼시 수업을 듣기 시작하면서 이런 병들이 수백 개 있다는 사실을 알게 되었다. 스네이프는 학교 교장이 되면서 결국 이 방을 비워야 했다.

## 사망 기념일 축하해요, 닉

1992년 10월 31일, 니컬러스 드 밈시 포핑턴 경의 500번째 사망 기념일 파티가 성의 "널찍한 지하 감옥 한 곳"에서 열렸다. 섬뜩한 분위기를 연출하기 위해 이 공간은 검은 벨벳 천으로 장식되었고 샹들리에에도 붉은빛을 내는 검은 초가 달렸다. 목이 달랑달랑한 닉은 해리와 헤르미온느와 론을 파티에 초대했다. (유령은 이 맛만 느낄 수 있기에) 썩고 곰팡이가 핀 음식이 나왔으며, 오케스트라가 음악용 톱으로 연주를 하면서 흥을 돋웠다.

닉의 특별한 파티에는 여러 유령 손님들이 참석했다. (닉의 머리가 완전히 잘려 나가지 않았다는 점을 들어 입회를 거절한 유령 무리인)머리 없는 사냥회의 회장 패트릭 덜레이니 포드모어 경은 우울한 분위기에 농담을 던지며 닉에게 향했어야 할 시선들을 빼앗았다. 호그와트에 사는 다른 유령들도 이 파티에 참석했고, 이마에 화살이 박혀 있는 기사 유령도 왔다. 일부에서는 이 유령이 정복자 윌리엄의 침략을 받고 화살이 눈을 관통해 목숨을 잃은 잉글랜드의 마지막 앵글로색슨 왕인 해럴드 2세라고 추측했다.

## 지하 감옥에 얽힌 일화들

복잡한 구조인 호그와트의 지하에는 여러 공간이 감옥과 가까이 배치되어 있다. 호그와트 주방(70쪽 참조)은 지하 감옥에 있지 않지만 대연회장(56쪽 참조) 바로 아래 자리해 말 그대로 지하에 있다. 주방은 천장이 높다고 묘사된다.

주방과 같은 층에 있는 후플푸프의 휴게실 역시 지하에 위치한다. 후플푸프와 슬리데린 두 기숙사는 지하에 학생 휴게실이 있어 그리핀도르와 래번클로의 휴게실이 탑에 자리한 것과 대조적이다.

비밀의 방은 마법사의 돌이 숨겨진 곳과 마찬가지로 성의 위층 입구를 통해 들어갈 수 있다. 입구는 3층에 있지만 이 방은 실제로는 성 지하에, 호수와 지하 감옥 아래 어딘가에 위치한다.

그렇다면 자연스럽게 이런 궁금증이 든다. 호그와트 지하 감옥에 숨겨진 또 다른 비밀은 무엇일까?

# 비밀의 방

호그와트성의 주요 건축물 깊은 아래에 자리한 비밀의 방은, 수백 년 동안 호그와트에 대한 살라자르 슬리데린의 끔찍한 계획을 고스란히 품은 채로 존재를 숨기고 있었다.

1,000년 전쯤 호그와트성을 지은 뒤에 설립자들이 학생을 뽑는 과정에서 의견 충돌이 발생한다. 처음에는 다름을 추구하면서 네 개의 기숙사를 만들어 각 설립자가 가장 가르치고 싶은 학생을 뽑는 방식으로 해답을 찾으려고 했으나, 시간이 흐르면서 절대로 머글 출신 학생을 뽑지 않겠다는 살라자르 슬리데린의 순수혈통 지상주의가 강해졌다. 고드릭 그리핀도르가 이 편견에 맞섰고, 긴장감이 커진 상태에서 슬리데린은 호그와트를 떠났다. 그러나 그는 떠나기 전에 비밀의 방으로 알려진 지하 공간을 만들어 두었다.

이 방이 원래는 슬리데린이 (설립자들 사이에 불화를 가져온 또 다른 원인인) 어둠의 마법으로 분류된 주문을 학생들에게 가르치기 위해 개인적으로 지은 곳일 수도 있다는 점을 알아야 한다. 슬리데린은 학교를 떠나면서 이곳에 무시무시한 괴물인 바실리스크를 집어넣었고, 자신처럼 뱀의 말을 할 줄 아는 파셀마우스 후계자가 나타나 괴물을 풀어 주면 호그와트에 다니는 머글 출신 학생의 수가 줄어들 것이라고 생각했다.

덤블도어는 비밀의 방이 "온 학교가 알고 있는 완벽한 비밀"이라고 말했지만, 사실 그 존재에 대한 전설은 호그와트에 다니는 모든 이에게 널리 퍼져 있었다. 그러나 해리가 학교에 진학했을 무렵까지 수많은 박식한 마법사들과 호그와트의 교장들이 비밀의 방이 존재한다는 증거를 찾았으나 허탕만 쳤고, 수백 년 동안 비밀의 방은 막다른 골목에 부딪힌 채 그저 전설에 불과하다고만 여겨졌다.

해리가 비밀의 방으로 내려가기 전까지 슬리데린이 두고 간 괴물이 무엇인가에 대해서는 거의 알려지지 않았다. 어쩌면 슬리데린과 그의 후손들은 "그 안의 끔찍한 것"을 둘러싼 미스터리가 풀리지 않기를 바랐던 듯하다. 그들은 마법사들이 자신들의 "반려동물" 바실리스크를 찾아 없애지 못하도록 비밀의 방 전설에 대해 소극적으로 대처했다. 눈빛만으로 사람을 죽일 수 있는 커다란 마법 동물 바실리스크는 슬리데린이 어둠의 마법으로 만들어 낸 생명체로, 뱀의 언어를 할 줄 아는 재능이 있는 파셀마우스 중에서도 슬리데린과 그의 후손의 말만 듣도록 훈련되었다. 이 방은 900년 이상을 사는 바실리스크가 15미터가 넘는 몸을 쭉 펼 수 있을 정도로 크며, 방으로 들어가는 터널에는 작은 척추동물을 먹이로 공급한 흔적이 있다. 해리가 죽인 바실리스크가 슬리데린이 1,000년 전에 데려다 놓은 뱀이라는 확실한 증거다.

초기에는 성안에 설치되어 있던 변기에 숨은 작은 문을 통해서 일련의 마법 지하 터널을 지나가면 비밀의 방으로 가는 입구(와 바실리스크가 성 바닥 아래에서 기어 다니는 장소)가 나왔는데, 18세기가 되고 위생 개념이 발전하면서 호그와트도 배수 시설을 갖추게 되었다. 호그와트 역사에서 이 시기에는 슬리데린의 후손이자 톰 리들의 먼 조상인 코르비누스 곤트가 재학하고 있었다. 미래에 자신들의 목적을 이루기 위해서는 이 방의 비밀을 유지해야 한다고 생각했던 곤트는 건축 계획에 관여해 비밀리에 화장실 부지에 작은 문을 다시 만들어 두었다.

20세기에 접어들면서 바실리스크는 호그와트의 광범위한 배관 체계를 이용해서 눈에 띄지 않고 성을 돌아다녔다. 해리는 2학년 때 벽 내부에서 흘러나오는 목소리를 들었지만, 파셀마우스가 아닌 호그와트 학생들은 그저 씩씩거리는 소리만을 듣고서 200년 된 배관이 내는 소리라고 확신했다. 바실리스크는 비밀의 방으로 통하는 숨은 입구가 있는 2학년 여학생 화장실(82쪽 참조)에서 파이프로 쉽게 접근할 수 있었다. 이 화장실 세면대 중 하나의 수도꼭지에는 작은 뱀 장식이 달려 있는데, 뱀의 말로 열라고 명령하면 수도꼭지가 눈부신 하얀 빛을 내면서 빙글빙글 돌아 세면대가 아래로 내려가고 사람이 타고 내려갈 수 있는 커다란 파이프가 나타난다. 비밀의 방에 들어선 해리는 학교에서 몇 킬로미터 아래로 내려와 있다고 추측했고, 론은 방으로 이어지는 눅눅하고 미끌거리는 터널 벽을 보고서 호그와트 호수(119쪽 참조) 아래에 자리했다고 생각했다.

론의 여동생 지니 위즐리를 찾기 위해 두 친구와 록하트 교수가 내려온 방은 둘러싼 터널이 돌로 되어 있고 서도 될 만큼 컸다. 호수 아래 자리했다면 바닥이 축축하겠지만 바실리스크가 먹고 남긴 뼈다귀와 간간이 보이는 커다란 뱀 허물을 제외하곤 터널은 상당히 비어 있었다. 해리는 에메랄드 눈을 가진 뱀 두 마리가 엉켜 있는 모습이 조각된 돌벽에 이르렀다.

슬리데린은 파셀마우스만이 벽을 열 수 있도록 함으로써 파셀마우스인 자신과 혈족들만이 비밀의 방을 출입할 수 있도록 꾀하였으나, 1998년 론은 비록 몇 차례 실패하긴 했으나 뱀의 말을 흉내 내서 통과할 수 있다는 점을 몸소 보여 주었다. 문을 열라고 명령하면 서로 얽혀 있는 뱀들이 떨어지면서 벽도 둘로 갈라지며 방이 나타난다.

이 길고 높은 공간은 돌기둥이 천장을 받치고 있다. 그러나 빛이 아주 흐려서 해리에게는 천장이 거의 보이지 않았다. 으스스하게 어둡고 녹색 빛이 도는 지하 감옥은 공기마저 차가웠다. 누구의 참견도 받지 않고 내부를 장식할 수 있었던 슬리데린은 모든 기둥마다 가문과 기숙사의 상징이자 진귀하고 특별한 능력을 의미하는 구불구불하게 엉킨 뱀 여러 마리를 조각해 두었고, 마지막으로 천장에 닿을 정도로 어마어마하게 큰 자신의 동상을 비밀의 방 먼 벽에 세워 두었다. 동상에서 그는 가운을 걸치고 거의 바닥까지 내려오는 가는 턱수염이 난 늙은 마법사의 모습으로 묘사되어 있다. 슬리데린의 후계자가 세 번째로 뱀의 말로 명령하면 동상의 입이 열리면서 그 안에 있던 바실리스크가 풀려난다.

슬리데린의 후손 중 얼마나 많은 이들이 세월이 흐르는 동안 이 공간을 사용했는지는 분명하지 않다. 코르비누스 곤트는 확실히 비밀의 방에 접근했으며, 해리도 학교에 다닐 때 수십 년 전에 어떻게 방이 열렸는지 알고 있었다. 그 당시 학생이던 루비우스 해그리드가 말해 줬을 가능성이 크다. 실제로 그때 5학년 슬리데린 학생이자 슬리데린의 후손인 톰 리들(훗날의 볼드모트 경)이 방에 들어가 괴물을 풀어 주었고, 바실리스크는 결국 비밀의 방 입구인 화장실에서 머글 출신 학생 머틀 워렌을 죽였다. 그녀가 바로 유령인 울보 머틀이다.

리들은 한바탕 살인을 저지르려는 계획을 재빨리 바꿨다. 그렇게 하면 학교가 폐쇄되면서 자신이 자란 고아원으로 영영 돌아가야 한다는 점을 깨달았기 때문이다. 리들은 루비우스 해그리드에게 살인죄를 뒤집어씌우는 데 성공했다. 문제의 괴물이 해그리드가 키우던 애크로맨툴라인 아라고그라고 주장했던 것이다. 리들은 영웅으로 칭송받으며 학교에서 특별 공로상을 수상했다. 반면 아라고그는 금지된 숲으로 도망가 남은 생을 그곳에서 보냈고, 해그리드는 퇴학당했다. 해리가 2학년 때 바실리스크가 다시 공격을 시작하면서 비극적이게도 해그리드는 아즈카반 감옥에서 시간을 좀 보내야 했다.

해리와 친구들은 2학년의 대부분을 비밀의 방의 위치와 괴물의 신비를 푸는 일에 몰두했으나, 지니가 쓰던 악령이 씐 일기장의 주인 톰 마볼로 리들이 볼드모트 경으로 알려진 어둠의 마법사의 본명이라는 점만 알게 되었다. 리들이 바실리스크를 풀어 주는 허깨비 같은 기억과 불사조 폭스와 기숙사 배정 모자의 도움으로, 해리는 모자에서 그리핀도르의 검을 꺼내서 괴물을 죽이고 그 송곳니로 일기장을 찔러서 자신도 모르는 사이에 볼드모트의 일곱 호크룩스 중 하나를 파괴했다.

이 일이 있고 난 지 5년쯤 지나 호그와트 전투가 벌어졌는데, 해리가 볼드모트와 최후의 결투를 앞두고 있을 때 론과 헤르미온느가 비밀의 방으로 들어가 바실리스크의 송곳니를 챙겨 또 다른 호크룩스인 헬가 후플푸프의 잔을 없앴다.

2학년 때는 폭스가 지니, 해리, 론, 길더로이 록하트를 데리고 방을 나왔지만, 이번에는 그렇게 해 주지 않아서 론과 헤르미온느는 빗자루를 타고 깊은 지하에서 올라왔다.

# 마법 주문과 보호

수많은 복잡한 마법이 호그와트성을 머글과 마법 침입자로부터 보호하고 있다. 예를 들어 성 근처를 배회하는 머글은 무너진 폐허와 되돌아가라는 표시만 보게 된다. 반면 마법사가 허가받지 않고 마법을 사용해 침입하려는 경우, 여러 경계 장치들과 마주하게 된다. 전쟁 시기에는 이러한 경계 조치들이 한층 더 엄격하게 적용되었다. 헤르미온느의 말에 따르면 『호그와트의 역사』에는 호그와트 안에 집약된 마법이 너무 많아서 머글의 기술로는 감지할 수 없다고 적혀 있단다.

헤르미온느는 해리와 론에게 호그와트성과 주변 대지 안팎으로 순간이동할 수 없다고 입이 닳도록 일렀다. 그러나 이 규칙은 수호 마법에 있어 전혀 고려 대상이 아닌 집요정에게는 적용되지 않는다. 마찬가지로 불사조 폭스도 불꽃을 일으키며 오갈 수 있다. 덤블도어는 코닐리어스 퍼지가 자신을 붙잡으려고 하자 폭스의 꼬리털을 붙잡고 함께 사라짐으로써 몸을 피했다. 이듬해부터 순간이동 수업을 듣는 학생들은 대연회장에서만 순간이동 마법을 사용할 수 있었다.

침입자를 단념하게 만드는 다른 마법 수단으로는 해리가 3학년 때 마법 정부가 아즈카반을 탈옥한 시리우스 블랙으로부터 학교를 보호하기 위해 주변에 디멘터를 푼 일을 들 수 있다. 블랙이 성으로 잠입한 뒤로 보안은 한층 강화되었다. 플리트윅 교수는 이 도망자의 얼굴을 알아볼 수 있도록 학교 정문에게 일러 놓기까지 했다.

3년 뒤 볼드모트가 돌아왔다는 사실이 대중에게 알려지고 코닐리어스 퍼지의 불명예스러운 퇴진에 이어 루퍼스 스크림저가 마법 정부 총리가 되면서, 정부는 호그와트에 오러 태스크포스 팀을 두었다. 성의 기존 보안 정책이 강화되고 추가 안전 조치가 더해졌는데, 여기에는 방어 주문과 일반 마법, 일련의 반격 저주도 포함됐다. 호그와트의 정문에는 덤블도어가 직접 마법을 걸었으며, 벽들은 침입자 방지 저주로 무장했다. 필치는 장난 마법이나 저주, 은폐 마법을 알아낼 수 있는 거짓말 감지기로 학생들이 학교 안팎으로 금지된 물품이나 어둠의 마법 용품을 가지고 다니지 않는지 살폈다. 이후 덤블도어는 해리와 함께 동굴에 갔다가 호그스미드에서 학교로 돌아오는 길에 자신이 건 마법을 해제했다.

호그와트 전투가 벌어지기 전에 맥고나걸 교수는 직원들에게 가능한 모든 보호 조치를 취하라고 지시했다. 플리트윅 교수는 '프로테고 호리빌리스'처럼 복잡한 주문을 써서 땅에 바람이 부는 것 같은 특이한 소리를 만들어 냈다.

# 예술과 유산

호그와트성의 벽과 복도는 유화, 태피스트리, 동상, 갑옷, 흉상 등으로 장식돼 있다. 이들은 주로 유명한 마법사나 마법 역사 속 장면을 묘사하며, 움직이고 말하는 능력과 같은 마법적인 특성을 지니고 있다. 그림 속 대상은 액자를 떠나 성안에 있는 다른 그림을 찾아가거나 자신의 초상화가 있는 다른 장소로 갈 수 있다. 그러나 이런 작품 속 인물이나 그 속에 묘사된 다른 존재들은 살아 있는 생명만큼 지각이 있지는 않다. 초상화가 드러내는 성격과 외부와의 상호 작용은 대상의 힘뿐만 아니라, 얼마나 오랜 시간 그림에게 행동 양식을 가르쳐 자신의 자질과 지혜를 익히게 만들었는지에 달려 있다. 관리인 아거스 필치가 이 예술 작품들을 유지 보수하고 복구하는 책임을 맡고 있다.

성은 또한 수많은 중요한 마법 용품의 보관처이기도 하다. 성 자체로 역사적인 마법 유적지인 이곳은 당대 가장 위대한 마법 정신에 입각해 세워졌고 설립 이후로 영국 마법 사회의 모든 전문가가 거쳐 갔기에, 호그와트가 수백 년 동안 상당한 수집품을 모을 수 있었던 점도 이해가 간다. 마법 세계에서 가장 안전한 곳이기도 한 호그와트는 마법 유산을 안전하게 보관하고 보존하고 연구할 수 있도록 최적화된 환경이다.

### 뚱뚱한 귀부인

뚱뚱한 귀부인이라는 애칭으로 알려진, 분홍색 실크 드레스를 입고 있는 거대한 여성의 초상화는 그리핀도르 탑 입구를 지킨다. 귀부인은 휴게실에 늦게 들어가는 학생들 때문에 잠을 설치면 화를 내면서 암호를 바꿨다고 거짓말을 하기도 한다. 몰리 위즐리는 미래의 남편 아서와 야밤에 산책을 한 뒤 새벽 4시에 휴게실로 들어가려고 하다가 귀부인에게 호되게 혼이 나기도 했다. 뚱뚱한 귀부인은 가끔 밤에 초상화를 떠난다. 해리와 론은 신입생 때 말포이와 결투를 벌이기 위해 몰래 기숙사를 빠져나갔는데, 헤르미온느가 뒤쫓아 갔다가 나중에 와 보니 귀부인이 사라져서 휴게실로 들어갈 수가 없었다.

1993년, 막 탈옥한 범죄자 시리우스 블랙은 핼러윈에 암호를 대지 않고 그리핀도르 탑으로 들어가려고 하다가 뚱뚱한 귀부인이 이를 제지하자 귀부인의 그림을 찢어 버렸다. 귀부인은 두려움과 수치심에 떨며 도망쳤고, 피브스가 4층에서 그녀가 도망가는 모습을 지켜보았다. 나중에 그녀는 3층의 아가일셔 지도(84쪽 참조)에 숨어 있다가 발견되었다. 필치가 그림을 복구한 뒤 귀부인이 추가로 보호를 요청하자 트롤이 그림 곁에서 경비를 섰다.

이듬해에는 해리가 기숙사로 돌아오기 전에 주름이 자글자글한 마녀 바이올렛의 초상화가 뚱뚱한 귀부인에게 해리가 트라이위저드 대회 학교 대표로 뽑혔다고 말해 주었다. 크리스마스에 바이올렛과 뚱뚱한 귀부인은 함께 술이 든 초콜릿을 잔뜩 먹고 취했고, 2년 뒤 크리스마스에는 일반 마법 복도에 있는 술 취한 수도사의 그림 속 와인을 모조리 마시고 다시금 취했다. 끔찍한 숙취를 겪으며 일어난 뚱뚱한 귀부인은 창백한 얼굴로 나타나서는 소음에 민감하게 반응했다(그날 암호는 "절제"였다). 덤블도어가 세상을 떠난 뒤 귀부인은 그의 죽음을 애도하면서 해리가 암호를 대지 않고 휴게실로 들어갈 수 있게 배려해 주었다.

## 캐도건 경

성 8층에 자리한 캐도건 경의 초상화는 갑옷을 입은 땅딸막한 기사가 몸집에 비해 큰 검을 들고 통통한 회색 조랑말을 타고 있는 모습이다. 캐도건 경은 해리가 3학년 때 여러 회화 작품을 건너가면서 해리와 론과 헤르미온느를 점술 수업 교실로 안내하며 처음 등장한다. 기사도 정신이 매우 투철한 그는 자신의 기량을 보여 주고 싶어 안달이 나 있기는 하지만, 임무를 받으면 도움이 된다는 점을 입증했다.

오래전 마법사와 머글이 함께 살던 시절에 그는 마법사 겸 기사였고, 멀린과 우정을 쌓으면서 아서왕의 원탁의 기사가 되었다. 머글의 아서왕 이야기에는 등장하지 않는 캐도건 경은 마법 버전에서는 "다혈질에 성질이 급하고" 상당히 용감하다고 전해진다. 그의 주요한 업적은 용처럼 생긴 마법 생명체인 와이의 와이번을 죽인 일이다. 비록 그 와이번이 캐도건 경의 마법 지팡이를 반으로 부러뜨리고, 그의 말을 잡아먹고, 칼과 투구를 녹여 버렸지만 말이다. 그 운명의 날, 근처 초원에서 한가롭게 풀을 뜯던 뚱뚱한 조랑말을 발견한 기사는 다시 위험 속으로 뛰어들기로 결심하고서 영광스러운 전투에서 죽을 각오로 달려들어 부서진 마법 지팡이로 괴물의 혀를 찔렀고, 와이번은 폭발했다. 이 이야기는 마법계에서 "캐도건의 조랑말을 써라"라는 문구로 자주 활용되는데, 어려운 상황에서 빠져나가기 위해 최선을 다한다는 의미로 쓰인다.

뚱뚱한 귀부인이 시리우스의 공격을 받은 뒤(102쪽 참조), 캐도건 경은 그녀를 대신해 나선 유일한 그림 속 인물인데, 학생들에게 결투 신청을 하고 하루에 두 번씩 새 암호를 만드는 통에 학생들 사이에서는 인기가 없었다. 크리스마스에는 자기 그림 속에서 수도승과 전 호그와트 교장들과 파티를 열었다. 캐도건 경은 나중에 (네빌 롱보텀이 미리 알려 달라고 요청해 적어 두었던) 일주일 치 암호 목록을 가지고 있던 시리우스를 그리핀도르 탑으로 들여보낸 뒤 일자리를 잃었다. 약 4년 뒤, 기사는 호그와트 전투 중에 해리를 응원해 주었다.

캐도건 경은 미겔 데 세르반테스의 작품 속 돈키호테와 좀 비슷한 면이 있다. 갈팡질팡하고 착각에 빠져서 자신이 기사라고 여기며 아무도 없는 곳에서 전투를 벌이는 모습이 그렇다. 영향을 준 또 다른 인물로는 T.H. 화이트의 소설 『바위에 꽂힌 검(The Sword in the Stone)』에 등장하는 펠리노어왕을 꼽을 수 있다. 이 소설은 아서왕 전설을 재해석한 T.H. 화이트의 소설 시리즈 『과거와 미래의 왕(The Once and Future King)』의 첫 이야기로, 펠리노어왕은 의도는 좋지만 행동이 과하고 칠칠치 못한 기사로 괴물을 사냥하는 일에 집착하는 캐릭터로 등장한다. 이는 작가에게 영감을 준 출처라고 한다.

# 호그와트 역대 교장들의 초상화

호그와트의 현 교장이 명예를 이어 갈 수 있도록 돕는, 교장실에 걸려 있는 전 교장들의 초상화는 대상이 죽기 전에 완성된다. 아만도 디핏을 제외한 초상화 주인 모두가 사망할 때까지 교장직을 수행했다. 사직이나 포기(특히 세베루스 스네이프)는 용납되지 않는다. 초상화는 자물쇠로 잠가 두고 주인만 볼 수 있는데, 초상화 속에 기억과 지혜가 스며들도록 "자신을 희미하게 각인"시킨다. 교장실에 초상화로 걸린다는 것은 상당한 명예다.

초상화 속 인물들은 주로 액자 속에서 자고 있는 모습으로 나타나는데, 대화를 몰래 엿듣기 위한 계략이다. 조언을 해 주는 일 외의 다른 임무로는 다른 초상화로 가서 메시지를 전달하거나, 특정 개인이나 사건에 대해 보고하거나, 현 교장이 몸이 안 좋을 때 대신 나서 주는 믿음직한 중개자 역할 등이 있다.

### 피니어스 나이젤러스 블랙

가장 인기가 없는 교장이었다는 블랙은 검은 머리, 검은 눈동자에 뾰족한 턱수염이 난 모습으로 그리몰드가 12번지에 있는 그의 다른 초상화에 자주 나타나 불사조 기사단에게 사건을 알려 주거나 메시지를 전한다. 1995년 그는 볼드모트의 뱀 내기니가 마법 정부에서 아서 위즐리를 공격했다는 소식을 그리몰드가로 전했다. 세 친구가 호크룩스를 찾아 나선 1997년부터 1998년까지 그리몰드가 12번지에 있는 그의 초상화는 세 사람이 도망칠 때 헤르미온느의 구슬 달린 가방 안에 들어 있었다. 블랙은 어쩔 수 없이 그들에게 호그와트에서 벌어지는 일들과 교장 세베루스 스네이프의 위치 정보를 알려 주어 세 사람이 가장 필요로 하던 순간에 스네이프가 그들에게 그리핀도르의 검을 건네줄 수 있게 해 주었다.

### 딜리스 더웬트

세인트 멍고 병원에서 일했던 치료사인 더웬트의 초상화는 1768년부터 교장실에 걸려 있다. 1995년 그녀는 아서 위즐리의 상태를 알아보려고 세인트 멍고 병원에 있는 자신의 초상화를 방문했다.

## 아만도 디핏

덤블도어의 선임으로 교장직을 수행하던 중에 죽지 않은 유일한 사람이다(그가 은퇴한 이유는 알려지지 않았다). 디핏은 위엄 있고 근엄한 표정을 한 마법사로 청색과 황색 가운을 걸치고 있다고 한다.

## 알버스 덤블도어

교장실 의자 뒤에 걸린 덤블도어의 초상화는 1997년 장례식 직후 그 자리에 놓였다. 보통 그는 액자 속에서 잠을 자고 있지만, 새 교장 스네이프에게 그리핀도르의 검을 해리에게 줄 방법을 조언해 준 것으로 유명하다. 이후 호그와트 전투에서 해리는 딱총나무 지팡이와 부활의 돌을 어떻게 할지를 두고 덤블도어와 간단하게 상의했다. 2020년 10월 31일, 덤블도어의 초상화가 이제 마법 정부의 중년 오러가 된 해리가 근무하는 마법 사법부의 사무실로 찾아와서 옛 추억에 관해 이야기를 나누었다.

## 에버라드

에버라드는 마법 정부에 있는 자신의 또 다른 초상화를 방문해서 아서 위즐리가 공격당한 사실을 사람들에게 알렸고, 이후 덤블도어 교장에게 자신이 본 것을 전해 주었다.

## 덱스터 포테스큐

1995년, 포테스큐는 윌리 위더신즈가 "변기 역류" 사건을 벌였으나 가벼운 처벌을 받고 그쳤다는 맥고나걸 교수의 말을 듣고 나서 코닐리어스 퍼지와 덜로리스 엄브리지에게 인정할 수 없다고 의견을 밝히면서, 자신이 살아 있을 적에는 "잡범들과 거래 따위를 하지" 않았다고 말했다. 그는 가끔 보청기를 이용하고, 다이애건 앨리에서 아이스크림 가게를 운영하는 플로린 포테스큐와 먼 친척 관계다.

# 소망의 거울

고대 마법 용품인 소망의 거울이 어떻게 호그와트에 오게 되었는지는 베일에 가려져 있다. 교실 천장까지 닿을 정도로 큰 이 거울은 금테두리로 장식하고 갈고리 모양 다리받침 두 개가 받치고 있으며 "다준 여보 을것 는하망소 이음마 의대그 닌아 이굴얼 의대그"라는 글귀가 각인돼 있다. 거꾸로 읽으면 이런 메시지가 나온다. "그대의 얼굴이 아닌 그대의 마음이 소망하는 것을 보여 준다." 이 말은 소망의 거울이 지닌 진짜 기능을 설명한다. 사용자의 마음속 가장 깊은 곳에 있는 절실한 욕망을 반영해 보여 주는 것이다.

1927년 덤블도어 교수는 필요의 방에 거울을 찾으러 갔다가 검은 벨벳 커튼이 드리워진 거울을 발견했다. 거울 속에서 그는 자신이 과거에 사랑했던 겔러트 그린델왈드의 모습을 보았다. 많은 세월이 흐르고 난 뒤 그는 다시 거울을 보았고, 이번에는 가족 전체가 보였다. 오래전에 돌아가신 아버지, 어머니, 건강을 되찾은 여동생과 남동생이 그와 함께 있는 모습이었다.

1991년~1992년 학기에 거울은 필요의 방에서 사용하지 않는 교실로 옮겨졌고, 해리는 이곳에서 크리스마스 방학 기간에 처음 거울을 보았다. 해리는 거울 속에서 가족들을 보았다. 아버지와 어머니가 다른 여러 가족과 함께 있는 모습이었다. 다음 날 저녁 해리는 론을 데리고 거울로 와서 친구에게 가족들을 소개해 주려고 했으나, 론은 해리의 가족 대신 자신이 학생 회장이자 퀴디치 챔피언이 된 모습을 보았다. 해리는 집착을 보이며 크리스마스 방학 내내 거울을 보러 왔고, 덤블도어는 어느 날 밤 해리가 거울 앞에 멍하니 서 있는 모습을 보았다. 덤블도어는 해리에게 "꿈에 사로잡히지" 말라고 경고하면서 거울은 다른 장소로 옮길 테니 다시 찾지 말라고 타일렀고, 자신은 거울 속에서 양말 한 켤레를 든 자신의 모습을 본다고 말해 주었다.

크리스마스 방학이 끝나고 수업이 다시 시작되자 덤블도어 교수는 소망의 거울을 4층 복도의 작은 문 안으로 집어넣었고, 그곳에서 거울은 퀴럴 교수와 볼드모트 경으로부터 마법사의 돌을 보호하는 최후의 퍼즐 조각 역할을 했다. 마법사의 돌을 찾고는 싶지만 이용하려는 생각은 없는 이에게 보여 주도록 설계된 거울은 해리에게 자기 주머니에서 돌을 꺼내는 장면을 보여 주었고, 그 순간 해리는 주머니에서 갑자기 무게감을 느꼈다.

해리는 덤블도어의 조언을 제대로 받아들여 거울 속 모습에 머물지 않았으나, 1996년 학기 말에 자신의 대부 시리우스가 죽자 시리우스에게서 받은 양면 거울이 소망의 거울과 유사하게 작용하기를 기대했다. 해리는 거울을 통해 시리우스를 보기를 바랐지만, 안타깝게도 거울은 해리의 바람대로 작동하지 않았다. 해리는 세베루스 스네이프에게서 오클루먼시 수업을 받던 중에 소망의 거울을 잠시 떠올렸고, 그로 인해 스네이프는 소망의 거울 속에서 부모님이 손을 흔드는 모습을 보는 해리의 기억을 보았다.

## 사랑을 보다

덤블도어에 따르면 소망의 거울에서 사랑하는 사람을 보는 것은 드문 경우로, 사람들은 대부분 부자이거나 영원히 사는 자신의 모습을 본다고 한다. 볼드모트 경은 영원히 마법 세계를 통치하는 자신의 모습을 보았다. 물론 덤블도어는 그 부분에 있어서 유년 시절에 예외를 보였는데, 그는 (작가가 덤블도어가 사랑했던 사람이라고 밝힌) 겔러트 그린델왈드가 자신을 응시하는 모습을 보았다.

# 태피스트리

호그와트성 내부에 걸린 태피스트리들은 대부분 이름이 없고 글귀가 적혀 있지 않으며, 주로 비밀 통로를 감추는 용도로 사용된다. 성에서 이름이 붙은 태피스트리는 "트롤 태피스트리" 하나뿐으로, 바보 같은 바너버스가 트롤 한 무리를 데려다 놓고 발레를 가르치려 하는 쓸데없는 시도를 담고 있다(트롤들은 그에게 춤을 배우지 않고 곤봉을 휘두른다). 이 태피스트리는 필요의 방 맞은편 8층 복도에 걸려 있다. 슬리데린 기숙사에도 유명한 슬리데린 출신 마법사들의 모험을 담고 있는 이름 없는 중세 태피스트리가 여러 점 걸려 있다.

## 이름이 나와 있지 않은 태피스트리

1991년, 퍼시 위즐리는 그리핀도르 신입생들을 이끌고 그리핀도르 휴게실로 들어가는 두 문을 가린 태피스트리를 들췄다. 나중에 해리와 론과 헤르미온느도 아거스 필치를 피해 달아나다가 우연히 태피스트리 뒤에서 숨은 통로를 찾았다.

이듬해 필치는 진흙 발로 성으로 들어온 학생을 추적해서 태피스트리 뒤에서 나타났다.

해리가 4학년 때 세 친구는 함정이 있는 계단으로 이어지는 태피스트리 뒤의 문을 지름길로 이용했다.

5학년이 된 해리는 태피스트리 뒤로 숨었다가 프레드와 조지 위즐리가 감춰진 문 뒤에서 엿듣는 모습을 보았다.

다음 해, 헤르미온느가 4학년 학생에게서 압수한 송곳니 원반이 그리핀도르 휴게실에 있는 태피스트리를 뜯어 먹으려고 했다.

죽음을 먹는 자들이 호그와트를 점령한 1996년~1997년 학기에는 각 기숙사의 상징이 묘사된 밝은 색 태피스트리들이 필요의 방 벽을 장식했다. 당시 필요의 방은 덤블도어의 군대 소속원 중 남은 인물들이 숨는 장소로 사용됐는데, 슬리데린 기숙사를 의미하는 태피스트리는 확실히 없었다.

호그와트 전투 때 세 친구는 한숨 돌리기 위해 태피스트리 뒤로 숨었다.

# 조각상

호그와트에 있는 조각상은 유명한 마법사뿐 아니라 정문 측면에 배치되어 있는 날개 한 쌍이 달린 멧돼지처럼 동물의 모습도 담고 있다.

해리가 신입생으로 들어왔을 때는 역겨운 그레고리의 동상이 한 비밀 통로의 입구(114쪽 참조)에 있었는데, 프레드와 조지 위즐리는 자신들이 성에 들어온 첫 주에 그곳을 발견했다고 주장했다. 나중에 해리와 론은 흉악한 트롤에 대해서 헤르미온느에게 알려 주려고 할 때 커다란 그리핀 석상 뒤에 숨었다. 가고일 석상은 교장실(73쪽 참조) 입구를 지키고 있으며, 정확한 암호를 대면 옆으로 비켜 준다.

1993년 4층 복도에서 해리는 고스무어의 군힐다라고 생각하는 등뼈가 혹처럼 튀어나온 마녀의 동상을 찾았다. 동상은 허니듀크스의 지하실로 이어지는 비밀 통로 입구였다.

1994년 반장 욕실로 가는 길에 해리는 장갑을 반대로 끼고 멍한 표정을 짓고 있는 벙벙한 보리스 동상을 봤다.

1995년~1996년 학기에 론은 형들에게 놀림을 당하지 않으려고 7층으로 이어지는 계단 꼭대기에 자리한 8층의 날씬한 라클란 동상 뒤에 숨었다. 그해 해리는 교무실(75쪽 참조) 입구를 지키는 가고일 석상 두 개를 보았다. 또한 목이 달랑달랑한 닉에게서 피브스가 그리핀도르 휴게실(63쪽 참조)에서 부엉이장(80쪽 참조)으로 가는 복도 사이에 서 있는 파라셀수스 흉상을 가지고 어떤 장난을 칠 계획을 꾸미는 중이라는 이야기를 들었다. 해리는 아거스 필치의 고양이 노리스 부인이 이 복도를 배회하다가 아쉬워하는 윌프레드의 동상 너머로 사라지는 광경을 목격했다.

1998년, 해리는 흰 대리석으로 만든 실물 크기의 로위너 래번클로의 동상을 그녀의 기숙사 휴게실(65쪽 참조)에서 보았다. 그 유명한 보관을 쓰고 있는 모습이었다. 호그와트 전투 때 미네르바 맥고나걸은 피에르토툼 로코모토르 주문을 외워 학교 내 동상과 갑옷들을 움직여 볼드모트의 힘에 대항했다.

# 펜시브

펜시브는 귀하고 강력한 마법 도구로 마법사들이 기억을 모아 두는 용도로 쓰인다. 호그와트에 다닐 때 해리는 덤블도어의 교장실에서 펜시브를 보고서 수많은 사람과 사건이 어떻게 볼드모트를 부활하게 만들었는지를 이해했다.

## 형태

돌이나 금속으로 만든 넓고 얕은 세면대 같은 형태이며, 아름다운 원석으로 정교하게 장식한 것이 특징이다. 호그와트에 있는 펜시브는 돌로 만들어졌으며 고대 색슨족 룬문자와 상징이 측면에 새겨져 있다. 펜시브가 작동하는 중일 때는 세면대에서 은빛 빛이 뿜어져 나온다. 그래서 밝은 "구름 같은" "흰색에 가까운 은빛" 대상이 끊임없이 그 안에서 움직이는 듯한 착각이 든다. 해리는 이것을 보고 "빛을 액체로 만들었거나, 혹은 바람을 고체로 만든 것" 같다고 묘사했다.

## 작동법

까다로운 펜시브는 일반적으로 강한 힘을 가진 마법사만이 제대로 사용법을 익힐 수 있다. 본질적으로 이런 물건은 소유자의 사적인 기록 보관소와도 같아서 일반적으로 소유주가 죽으면 같이 묻어 준다. 호그와트에 있는 펜시브는 학교 소유물인 관계로 누구에게도 소속되지 않고 교장이 선대의 지혜가 필요할 때 마법 참고 자료로 사용한다.

 펜시브에 저장된 기억은 정확하고, 상황에 대한 사용자의 특정 기억을 토대로 하지 않는다. 다시 말하면 사건이 일어난 상황을 왜곡이나 감정을 담지 않고 그대로 보존한다. 기억이 달라질 수는 있지만, 기억을 왜곡시키려는 시도는 금방 들통 난다.

 펜시브 안에 보관된 기억을 보기 위해서는 사용자가 내용물에 손을 대야 한다. 그러면 자연스럽게 생생한 기억 속으로 들어갈 수 있다.

## 해리 포터와 펜시브

덤블도어는 호그와트의 펜시브를 자신의 사무실 캐비닛 안에 보관해 둔다. 덤블도어는 해리에게, 생각과 기억들이 머릿속에 지나치게 쌓였을 때 자신이 어떻게 마법 지팡이를 사용해 그것들을 "뽑아내" "반복되는 형식이나 연결 고리"를 보다 쉽게 찾아내는지 알려 주었다.

4학년이던 해리는 처음 두 번은 허락을 받지 않고 펜시브를 통해 기억을 보았다. 세면대에서 빙빙 돌고 있던 기억들에 흥미가 생겨 불가항력적으로 그것을 만진 해리는 곧 자신이 덤블도어의 기억을 보고 있다는 사실을 알게 되었다. 이듬해 덤블도어가 해리에게 오클루먼시를 가르쳐 주라고 세베루스 스네이프에게 지시했을 때, 스네이프는 자신의 가장 부끄러운 기억을 숨기기 위해 펜시브를 빌렸다. 그러나 안타깝게도 스네이프가 펜시브를 그대로 놔두고 나갔을 때 해리가 그중 하나를 보게 된다.

1996년~1997년 학기에 덤블도어는 다른 사람들에게서 모은 기억을 담아 둔 작은 크리스털 병을 통해 해리에게 톰 리들이 어떻게 볼드모트 경이 되었는지 보여 주었다. 이 기억 중에는 마법약 교수인 호러스 슬러그혼의 기억도 담겨 있었다. 그의 기억은 마치 "엉겨 있는" 듯이 보여서 해리는 그것이 "상한" 것이 아닐까 의문을 품었다. 그 기억은 또한 이상한 짙은 안개가 끼어 장면을 가렸다. 덤블도어는 이것이 슬러그혼이 기억을 조작한 증거라고 설명했다. 나중에 해리는 편집되지 않은 슬러그혼의 기억을 입수했는데, 거기에는 슬러그혼이 리들에게 호크룩스를 만드는 법을 알려 주는 내용이 들어 있었다.

다음 해 해리는 치명적인 상처를 입은 스네이프가 악쓰는 오두막에서 그에게 준 펜시브를 통해 기억을 보았다. 스네이프가 죽자 "기체도 액체도 아닌 은청색 물질"이 입과 귀, 눈에서 쏟아져 나왔는데, 해리는 마법 지팡이로 그것들을 모아 플라스크에 넣었다. 결국 이 기억들이 해리에게 그가 사실은 호크룩스라는 점을 알려 주었다.

### 전설에 따르면……

호그와트의 펜시브는 원래 설립자들이 학교를 세우기로 한 바로 그 자리에 반쯤 묻힌 채로 발견되었다고 한다.

# 갑옷

호그와트에 있는 수많은 갑옷들은 어느 정도 마법 인지 능력을 가지고 있으며, 자신의 의지로 자주 움직인다. 함정 계단에 빠지는 어리숙한 학생(예를 들어 네빌 롱보텀)을 보고 비웃기도 하고, 자기들 뒤에 숨는 학생이 누군지 보려고 몸을 돌리기도 하며, 밤에 몰래 복도를 다니는 사람을 지켜보기도 한다. 피브스는 노리스 부인을 갑옷 안에 자주 가둬 놓고 혼자 기뻐한다.

마법에 걸린 이 중세 철갑들은 움직일 수 있기는 하지만 성의 특정한 구역에서만 발견된다. 일부는 정문 앞에 모여 있고 다른 일부는 주방, 어둠의 마법 방어법 교실, 함정 계단의 맨 꼭대기에서 볼 수 있다. 갑옷은 또한 소망의 거울이 있는 방 근처, 마법의 역사 수업 교실 옆 모퉁이, 그리고 대리석 계단 맨 위에서도 나타난다. 학생과 직원들은 트로피 전시실(87쪽 참조)로 가기 위해 갑옷이 쭉 진열된 긴 전시실을 지나쳐야 한다.

드물지만 이 금속 옷들이 특별한 취급을 받을 때가 있다. 트라이위저드 대회 전에는 갑옷에 기름칠을 해서 보바통과 덤스트랭 학생들에게 거슬리지 않도록 조용히 성을 돌아다니도록 했으며, 크리스마스 시즌에는 빛과 꺼지지 않는 촛불을 갑옷 안에 넣어 조명 효과를 주고 크리스마스 캐럴을 부르도록 마법을 걸어 둔다. 그러나 가사를 제대로 알지는 못하는지, 피브스는 그 안에 숨어 들어가 자기 멋대로 바꾼 무례한 가사를 덧붙인다. 보바통 챔피언인 플뢰르 들라쿠르는 갑옷이 경이롭지도, 매력적이지도 않다며 "보기 싫은" 것들이라고 불렀다.

호그와트 전투 때 맥고나걸 교수는 피에르토툼 로코모토르 주문을 외워 갑옷에 생명력을 불어넣었다. 칼과 뾰족한 철퇴가 달린 사슬로 무장한 갑옷들은 성을 지키는 임무를 다하기 위해 싸움에 나섰다. 맥고나걸이 스네이프와 결투할 때 갑옷 하나가 스네이프의 방패 역할을 하자 플리트윅은 마법을 걸어 갑옷의 무게로 스네이프를 압살하려고 했다.

# 사라지는 캐비닛

사라지는 캐비닛은 엄청나게 유용한 마법 도구다. 사용자가 이 캐비닛 안으로 들어가면 마법을 통해 상대편 캐비닛으로 이동할 수 있다. 커다란 금색과 검은색 캐비닛이 어떻게 호그와트에 있게 됐는지는 별로 알려지지 않았으나, 이 쌍둥이 캐비닛은 어느 순간 보긴 앤 버크 상점으로 들어왔다. 해리가 2학년 때 목이 달랑달랑한 닉은 피브스를 설득해 사라지는 캐비닛을 필치의 사무실 바로 위에 있는 교실에 떨어뜨려 해리에게 시간을 벌어 주었다. 부서진 캐비닛은 해리가 5학년이 될 때까지 2층에 보관돼 있었는데, 프레드와 조지는 어느 날 그리핀도르의 점수를 깎지 못하게 막으려고 몬태규를 그 안에 집어넣었다. 몬태규는 하루하고 반나절 갇혀 있으면서 호그와트와 보긴 앤 버크에서 오가는 대화들을 모두 들을 수 있었는데, 어느 쪽에서도 그가 하는 말은 듣지 못했다. 몬태규는 결국 순간이동을 시도했지만 5층 변기에 끼어 버렸고, 이 경험에 크게 충격을 받아 이후 며칠 동안 혼란스러워했다. 결국 부모님이 그를 데려가기 위해 학교로 찾아왔다.

이 불행한 사건 후에 사라지는 캐비닛은 2층에서 필요의 방으로 옮겨졌다. 몬태규의 이야기를 들은 말포이는 캐비닛의 쌍둥이 짝이 보긴 앤 버크에 있다는 사실을 알고서 필요의 방(89쪽 참조)에 있는 하나를 고치면 누구의 감시도 받지 않고 호그와트로 사람들을 데려올 수 있다는 점을 깨달았다. 드레이코는 보긴에게 쌍둥이 캐비닛을 안전하게 보관하고 팔지 말라고 지시한 다음, 6학년 내내 필요의 방에 들어앉아서 캐비닛을 고치려고 애쓴 끝에 학기 말에 드디어 성공했다. 드레이코는 캐비닛을 통해 죽음을 먹는 자들을 불러들여 자신이 덤블도어를 죽이는 일을 돕게 했다.

덤블도어가 갑작스럽게 죽자 수리한 캐비닛은 숨겨진 물건들의 방에 그대로 남았고, 크래브가 호그와트 전투 때 악마의 불로 방 안의 물건을 모조리 태울 때 파괴된 것으로 추정된다.

# 학교 안 비밀 통로

호그와트 같은 유서 깊은 마법 학교는 숨은 통로를 포함해 많은 비밀을 갖고 있다.

### 3층
1995년~1996년 학기에 프레드와 조지 위즐리는 교장인 덜로리스 엄브리지를 화나게 할 목적으로 폭죽을 놓고서는 자신들은 태피스트리(108쪽 참조) 뒤에 감춰진 맞은편 문에 숨었다. 4층인 엄브리지의 연구실에서 한 층 아래에 폭죽을 설치했다는 설명으로 볼 때 태피스트리는 3층에 있던 것으로 보인다. 비밀의 방 입구는 3층 여학생 화장실(82쪽 참조)에 있으며, 수도꼭지에 작은 구리 뱀이 달린 세면대를 통해 들어갈 수 있다. 사용자가 뱀의 말로 "열어"라고 말하면 수도꼭지가 하얀빛을 뿜으며 돌아가고 세면대가 바닥으로 내려가 커다란 파이프가 나타난다. 3층에 있는 다른 태피스트리는 5층으로 가는 계단을 감추고 있으며, 이름이 없는 또 다른 태피스트리는 8층으로 가는 계단을 감추고 있다.

### 4층
4층의 1학년 일반 마법 수업 교실 근처 복도 오른쪽에서는 숨겨진 통로를 찾을 수 있다. 해리와 론과 헤르미온느와 네빌은 이 통로를 통해 아거스 필치에게서 도망쳤다. 1996년~1997년 학기에 펠릭스 펠리시스를 마시고서 한밤중에 침대 밖으로 나온 해리는 피브스와 마주치지 않으려고 4층에 있는 지름길을 이용했다.

### 5층
5층에 있는 비밀 계단은 태피스트리 너머에 자리한다. 이 좁은 계단은 한 층이 아닌 두 층을 내려가서 다른 태피스트리 너머의 출구로 가게 해 준다. 한번은 해리도 여기에 갇혀서 필치와 스네이프에게 붙잡힐 뻔했다. 이 지름길은 그리핀도르 학생들에게 휴게실로 가는 지름길로 자주 쓰인다(그러나 사라지는 함정 계단이 있다). 덤블도어가 죽은 직후 스네이프와 다른 죽음을 먹는 자들을 쫓을 때도 해리는 이 지름길을 사용했다.

## 6층

1998년 죽음을 먹는 자가 지배하던 시기에 덤블도어의 군대가 필요의 방을 쓸 때 이곳은 날마다 다른 장소로 학생들을 보내 주었다. 해리와 루나가 들어갔을 때 필요의 방은 그들을 6층으로 안내했다.

## 8층

호그와트 전투 당시 해리와 론과 헤르미온느는 필요의 방 근처 8층 태피스트리 뒤의 계단 꼭대기로 몸을 피했다. 죽음을 먹는 자들이 셋을 찾아내자 헤르미온느는 주문을 외어 계단을 미끄럼틀로 바꿨다. 그렇게 셋은 태피스트리 밖으로 탈출하고, 헤르미온느는 (3층인 듯한) 탈출구를 단단한 벽으로 바꿨다. 이 지름길은 론과 해리가 6학년 때 퀴디치 연습을 마치고 그리핀도르 탑으로 돌아갈 때 쓰던 지름길과 같은 곳으로 보인다. 그들은 3층으로 들어갔다가 지니와 딘이 입을 맞추는 장면을 우연히 목격한 다음 계속 계단을 올라가서 필요의 방 근처로 나갔다.

### 층수가 알려지지 않은 곳에 있는 비밀 통로들

- 호그와트에는 문처럼 보이는 벽과 "공손하게 부탁"하지 않으면 열리지 않는 문 또는 제대로 간질여야 열리는 문이 있다. 1996년 해리는 코맥 매클래건과 라벤더 브라운과 마주치지 않으려고 마법약 교실(60쪽 참조)로 이어지는 벽처럼 보이는 문을 이용했다.
- 신입생일 때 해리와 헤르미온느는 야심한 시간에 노버트(타)를 데리고 천문탑으로 가는 지름길로 들어섰다.
- 1992년에 필치는 해리가 진흙 발로 그리핀도르 휴게실(63쪽 참조)로 갈 때 태피스트리 뒤에서 나타나 해리를 자신의 사무실로 데려갔다.
- 1994년 노리스 부인이 필치에게 가기 위해 아쉬워하는 윌프레드의 동상 뒤로 사라졌다(109쪽 참조). 그러므로 이 동상 뒤에 숨은 통로가 있다는 뜻인데, 아마도 그리핀도르 탑(63쪽)과 부엉이장(80쪽 참조) 사이 어딘가에 위치한 듯하다.

## 제3장

# 학교 대지와 주변

호그와트성보다 더 신비로운 주변 대지는
많은 동물이 사는 장소이고, 마법 마을도
한 곳 자리하고 있다.

호그와트성은 드넓은 대지 위에 세워졌으며, 대지는 학교와 마찬가지로 여러 마법 주문으로 보호되고 있다. 가장 분명한 호그와트성 주변 배치도는 이 책의 저자가 직접 그린 학교 부지 지도에서 확인할 수 있다. 해당 지도는 「해리 포터: 마법의 역사」 전시에서 소개된 바 있다.

성 바로 남쪽에 있는 거대한 호수는 학교가 자리한 절벽 아래쪽으로 흐른다. 매년 신입생을 제외한 호그와트 학생들은 (호그와트 급행열차를 타고 도착한) 호그스미드역에서 세스트럴이 끄는 마차를 타고 호수와 호그스미드 마을을 지나 성 북쪽으로 들어온다. 이곳의 연철로 된 정문 양옆에는 돌기둥이 세워져 있는데, 각 기둥의 꼭대기에는 날개 달린 멧돼지 조각상이 있다. 마차는 계속 진입로를 달려 입구 홀 문 앞까지 간다. 진입로로 들어오면서 마차는 오른쪽으로는 퀴디치 경기장을, 왼쪽으로는 숲지기(해그리드)의 오두막을 지난다. 오두막 너머의 호박 덩굴은 어둡고 거대한 금지된 숲으로 이어진다.

숲지기의 오두막에서 멀지 않은 곳에는 영국에서 가장 폭력적인 나무인 후려치는 버드나무가 서 있다.

성 가까이 동쪽에는 호그와트 주방으로 식자재를 공급하는 텃밭과 약초학 수업에 쓰는 마법 식물들을 키우는 온실이 있다. 퀴디치 경기장과 성 사이에 깔린 잔디에서는 후치 선생이 신입생을 대상으로 비행술을 가르친다.

# 거대 호수

호그와트 신입생들은 노가 아니라 마법으로 프로펠러가 돌아가는 4인용 배에 탄 채로 학교까지 이동한다. 호그와트의 유서 깊은 전통이다. 보트는 담쟁이로 뒤덮인 절벽에 난 구멍을 통과해서 호그와트성이 자리한 곳으로 향한다. 학교 앞쪽으로 암벽 지하 항구가 있는데, 거기서부터 잔디가 깔린 길을 따라 주 출입문으로 걸어간다.

호그와트의 거대한 담수 호수는 유리처럼 매끄럽고 겨울에는 종종 언다고 묘사된다. 그러나 물이 늘 고요한 것은 아니다. 양동이로 들이붓듯 비가 퍼부으면 수위가 높아지며, 해리가 4학년에 올라갈 무렵에는 폭풍이 휩쓸고 지나가면서 신입생인 데니스 크리비가 보트에서 떨어졌으나 호그와트에 사는 가장 덩치가 큰 거주자이자 순한 대왕오징어에게 무사히 구출됐다. 이 오징어는 호그와트 학생들과 친하게 지내서 학생들이 토스트를 주기도 하고 촉수를 간질이며 장난도 친다. 드문드문 학생들과 함께 헤엄도 친다고 알려져 있다.

1994년~1995년 학기에 호그와트에서 트라이위저드 대회를 주최할 때는 호수 한가운데에서 소용돌이가 나타나면서 물속 입구를 통해 덤스트랭의 배가 나왔다. 다른 장소로 가는 입구로써 호수가 사용되는 모습을 보인 것은 이때가 유일하지만, 「위저딩 월드 디지털(Wizarding World Digital)」에서는 마법 선박이 이런 식으로 한 물길에서 다른 물길로 이동할 수 있다는 주장을 펼쳤다.

호수의 어두운 검은 표면은 그 아래 풍성한 세상을 감춰 주지만, 슬리데린의 기숙사 휴게실 창문을 통해서 이 세상을 구경할 수 있다. 해리는 4학년 때 트라이위저드 대회 두 번째 과제를 완수하기 위해 처음 물속으로 뛰어들면서 물속 세상을 알게 되었다. 대왕오징어 외에 호수에 사는 생명체들로는 보바통 챔피언인 플뢰르 들라쿠르를 탈락시킨 뿔 난 수중 괴물인 그린딜로와 인어가 있다. 해리가 트라이위저드 대회의 두 번째 과제를 수행하는 과정에서 만난 인어는 조개 목걸이를 걸고 창으로 무장한 모습이었다. 호수 바닥에는 인어들의 마을이 있다. 인어들은 돌집에서 각자 정원을 가꾸고 그린딜로를 반려동물로 키우며 산다. 그림과 같은 예술 작품으로 집을 장식하고, 마을 광장에는 거대한 인어 조각상이 서 있다. 트라이위저드 대회가 끝나고 2년쯤 흐른 뒤에 인어들은 덤블도어의 장례식 때 수면 바로 아래서 노래를 부른 후에 수면 위로 머리를 내밀고 장례식에 귀 기울였다.

해리는 호숫가에서 두 번 중요한 순간을 경험했다. 첫 번째 순간에는 형체를 가진 (아버지의 패트로누스 형태와 같은) 수사슴 패트로누스를 완성해 디멘터 무리에게서 시리우스와 헤르미온느, 그리고 자기 자신을 구했다. 또한 이곳은 "스네이프의 가장 끔찍한 기억"과 관련된 장소로, 해리는 펜시브를 통해 그 기억을 본 뒤로 부모님과 그 친구들을 보는 관점이 달라졌다.

# 후려치는 버드나무

호그와트 대지에서 유독 눈에 띄는 후려치는 버드나무는 다른 나무와 달리 무단 침입자를 보는 순간 후려칠 만반의 준비를 하고 있다.

2학년 때 해리와 론은 아서 위즐리의 포드 앵글리아를 타고 학교로 돌아오다가 호그와트의 악명 높은 후려치는 버드나무에 부딪혔다. 평범한 나무와 달리 이 마법의 나무는 어느 정도 지각이 있고 공격도 할 수 있다. 무엇이든 근처에 다가오는 것을 싫어하기에 해리와 론이 차로 들이받았을 때 나무는 그 이름에 걸맞게 그들을 후려쳤다. 그 직후 포드 앵글리아가 나무가 닿지 않는 곳으로 피하면서 이들을 구해 주었다(버드나무는 쫓아가려고 했지만 뿌리 때문에 제약이 많았다). 후려치는 버드나무는 충돌로 인해 꽤 상처를 입어 스프라우트 교수에게 보살핌을 받아야 했다. 다음 날 해리는 녹초가 된 버드나무의 가지에 붕대가 감겨 있는 것을 보고 죄책감을 느꼈다. 그런데 이듬해 후려치는 버드나무는 모르는 사이에 자신을 차로 친 해리에게 복수를 했다. 그리핀도르와 후플푸프의 시합 때 디멘터들이 해리를 빗자루에서 떨어뜨린 뒤로 해리가 아끼던 님부스 2000이 버드나무로 날아갔고, 나무는 이 빗자루를 쪼개 버렸다.

스네이프 교수의 말에 따르면, 후려치는 버드나무는 아주 가치가 높은 나무지만 그래서 호그와트에 심은 것은 아니라고 한다. 그 속에는 한 학생의 끔찍한 비밀이 담겨 있다. 해리가 3학년 때 리머스 루핀 교수는 자신이 호그와트에서 공부하던 시절에 나무가 심겼다고 알려 주었다. 당시 늑대인간인 루핀은 학교에 다닐 수 있을지(또는 다녀야 하는지) 의구심이 들었지만, 알버스 덤블도어는 루핀이 꼭 학교에 다녀야 한다고 강하게 주장하면서 다양한 방책을 마련해 주었다. 루핀은 호그스미드에 있는 악쓰는 오두막에 자리를 잡았다. 그곳은 보름달이 뜰 때마다 루핀이 변신해도 되는 안전하고 외딴 장소였다. 그리고 늑대인간으로 변신해 있는 루핀이 누군가와 마주할 기회를 줄이기 위해서 엄청나게 폭력적인 나무를 그 입구에 심어서 근처에 사람이 돌아다니지 못하게 했던 것이다.

해리는 처음 도둑 지도(52쪽 참조)에 나온 비밀 통로를 살필 때 학교 부지에서 호그스미드로 이어지는 비밀 통로는 분명 차단되었을 것이라고 결론지었다. 후려치는 버드나무가 그 위에 자리 잡고 있었기 때문이었다. 그 당시 해리는 나무가 통로를 막고 있지 않으며 오히려 통로를 숨기고 지키기 위해 의도적으로 심긴 것이라는 사실을 알지 못했다.

　방법을 아는 이들이라면 버드나무를 식은 죽 먹기로 지나칠 수 있다. 그저 나무둥치에 있는 옹이를 누르면 된다. 그러면 나무가 일시적으로 전혀 움직이지 못해서 나무뿌리 사이에 난 구멍을 통해 안전하게 통로로 들어갈 시간을 벌 수 있다. (윙가르디움 레비오사처럼 간편한 마법을 써서 수월하게) 막대기로 옹이를 자극하거나, 고양이 또는 니즐에게 옹이를 누르도록 훈련시켜도 된다(크룩생스를 입양해도 좋다).

　루핀이 학생이던 시절, 해리의 대부 시리우스 블랙은 잔인한 "장난"을 칠 목적으로 스네이프에게 보름달이 떴을 때 나무를 통과할 수 있는 방법을 알려 주었다. 매달 루핀이 어디로, 무슨 일 때문에 가는지 궁금했던 스네이프는 나무를 통과해 터널 안으로 들어갔고, 이를 눈치챈 제임스 포터가 그를 안전하게 끌어냈지만 스네이프는 루핀이 늑대로 변신한 모습을 슬쩍 보고 말았다.

　10대 무리에게 위험한 나무에서 떨어져 있으라고 알려 주는 일은 잘 먹히기는 했지만, 이후 나무 몸통을 만질 수 있을 정도로 얼마나 가까이 다가가는가 하는 게임이 생겨났다. 이 게임은 계속되다가 데이비 거전이라는 학생이 나무에 맞아 눈이 돌출될 뻔한 사건이 벌어진 이후로 학생들이 버드나무 근처로 다가가는 행동이 아예 금지되었다.

# 퀴디치 경기장

퀴디치 팀 입단 시험과 연습 및 시합은 모두 호그와트성 언덕에서 아래로 내려간 부지에 자리한 야외 경기장에서 이루어진다. 경기장 각 끄트머리에는 고리가 달린 황금 기둥이 세 개 서 있다. 수백 명이 앉을 수 있는 관중석은 높은 곳에 자리해 관중이 공중에서 이루어지는 경기를 잘 볼 수 있게 해 주지만, 시합의 세세한 부분까지 모두 보고 싶은 일부는 쌍안경을 가지고 온다. 해설자는 연단에 자리를 잡고 마법 메가폰으로 목소리를 크게 해 중계를 한다. 장벽 뒤로는 저층 좌석 구역이 있는데, 학생들이 앉아서 연습 경기를 구경할 수 있다. 해리가 3학년 때 관중의 4분의 3이 그리핀도르를 의미하는 주홍색을 걸쳤고 200명은 슬리데린을 지지하는 녹색으로 무장했다고 묘사한 것으로 봐서, 관중석은 최소 800명을 수용할 수 있는 듯하다.

연습하려는 팀은 미리 경기장을 예약해야 하나, 기숙사 담임의 편지가 있다면 간혹 특별히 허락을 얻을 수 있다. 1992년~1993년 학기에 스네이프는 이러한 방식으로 예외적으로 슬리데린 팀이 새로운 수색꾼인 드레이코 말포이를 훈련시킬 수 있게 도왔고, 당시 그 시간을 먼저 예약해 두었던 그리핀도르 팀은 상당히 실망했다. 이런 상황에서 헤르미온느는 말포이가 팀에 무슨 뇌물을 썼는지 넌지시 지적했고, 몹시 화난 말포이는 그녀를 머드블러드라고 불렀다. 이를 들은 론이 말포이에게 마법을 사용하려고 했지만, 론의 부러진 지팡이가 역효과를 내 잔디 위로 민달팽이만 잔뜩 쏟고 말았다.

경기장 근처에는 학교 소유의 빗자루를 모아 두는 보관소가 있어서 학생들이 빌려 쓸 수 있다. 님부스 2000이 후려치는 버드나무에 맞아 부러진 뒤에 해리는 이곳에서 낡고 덜렁거리는 슈팅 스타를 빌렸다. 해리는 신입생 때 님부스를 이곳에 보관했다.

팀원들은 퀴디치 경기복으로 갈아입고 경기장 끄트머리에 자리한 라커룸에서 연습과 시합 준비를 한다. 그리핀도르 퀴디치 팀 주장인 올리버 우드는 팀을 라커룸에 꽤 오래 묶어 두고서 열정적으로 선수들을 격려하고, 길고 지루하게 전략을 설명했다. 선수들이 쓸 수 있는 샤워 공간도 있다. 해리가 3학년 때 (디멘터들이 경기장에 나타나 해리가 빗자루에서 떨어져서) 그리핀도르가 후플푸프에게 패하자, 프레드는 올리버가 샤워실 한구석에서 익사할지도 모른다고 생각했다. 라커룸 수납장에는 연습용 퀴디치 공이 들어 있으며, 사무실은 주장 전용이다.

1994년~1995년 학기에는 트라이위저드 대회의 세 번째 과제가 퀴디치 경기장에서 펼쳐지면서 이곳이 6미터 높이의 울타리 미궁으로 변신했다. 학교 대표들은 경기 한 달 전 밤 9시에 그곳에서 루도 배그먼을 만났는데, 그때는 생 울타리가 길고 낮은 벽처럼 잔디 전체에 이리저리 얽혀 있었다. 배그먼은 이를 두고 해그리드의 책임이라고 말했다.

해리가 호그와트를 떠나고 세월이 흐른 뒤 델피는 해리의 아들 알버스와 스코피어스 말포이를 데리고 퀴디치 경기장으로 와서 트라이위저드 대회의 세 번째 과제 당시로 돌아가려고 했다. 그녀는 스코피어스를 고문해 알버스가 자신과 함께 과거를 바꾸게 했고, 반장인 크레이그 보커 주니어가 이들을 찾으러 오자 그를 죽였다.

# 야외 교실들

호그와트에서 제공하는 모든 수업이 실내에서 이루어지지는 않는다. 일부 과목의 경우 학생들은 성을 떠나 탁 트인 공간에서 직접 과제에 몰두해야 한다.

### 약초학 온실

약초학 수업은 성 뒤쪽 채소밭 근처에 자리한 온실에서 진행된다. 온실은 그 속에서 재배하는 식물의 난이도에 따라 번호를 매긴다. 예를 들어 1학년생들은 1번 온실에서만 수업을 받는데, 해리는 1992년~1993년 학기에 소리를 지르는 것으로 유명한 위험한 식물 맨드레이크를 2학년들이 3번 온실에서 다루는 모습을 보았다. 약초학 교수인 포모나 스프라우트가 온실의 열쇠를 관리하며, 평소에는 이곳들을 잠가 둔다. 온실에 들어가면 축축한 흙과 비료, 그곳에서 자라는 특이한 식물 냄새가 풍긴다. 3번 온실의 경우 천장에 우산만 한 꽃을 매달아 공기에 향을 더한다. 온실마다 정중앙에 버팀 다리를 단 벤치가 있다. 3월이면 3번 온실에서 자라는 미숙한 맨드레이크들의 성미가 상당히 사나워지는데, 이는 성체기가 온다는 징조다. 4학년 때 해리와 친구들은 3번 온실에 다시 가서, 이번에는 멍울초를 다루었다. 이듬해인 5학년 때에도 이곳에서 수업을 받았다. 온실에 있다 온 학생한테서는 용의 똥 냄새가 강하게 풍기는데, 스프라우트 교수가 특히 좋아하는 비료라 자주 뿌리기 때문이다.

### 마법 생명체 돌보기 수업

마법 생명체 돌보기 수업도 야외에서 열리며, 보통은 해그리드의 오두막 근처와 금지된 숲 가장자리에서 이루어진다. 해리가 3학년 때 학생들은 작은 방목장에서 해그리드가 히포그리프를 소개하면서 처음으로 마법 동물을 보게 되었다. 방목장은 금지된 숲 가장자리에 울타리를 쳐 놓은 공간인데, 해그리드의 집에서 걸어서 약 5분 거리다. 이듬해 트라이위저드 대회가 열렸을 때 해그리드는 오두막 근처에 별도의 임시 방목장을 지어서 보바통의 마차를 끄는 하늘을 나는 말의 거처로 꾸몄다. 그해 학생들은 오두막 뒤 호박밭에서 폭발 꼬리 스크루트를 다루었고, 이후에 해그리드는 자기 집 오두막 앞 흙을 파낸 다음 레프러콘의 금을 숨겨 두고 학생들이 니플러를 이용해 찾게 했다. 베리타세룸을 마신 바티 크라우치 주니어는 변환 마법으로 아버지의 시신을 뼈로 바꾸어 거기 묻었다고 고백했다. 1995년~1996년 학기에 해그리드는 5학년 학생들을 데리고 세스트럴을 관찰하기 위해 금지된 숲으로 들어갔다. 숲은 그의 집에서 걸어서 10분 거리로, 나무가 조밀하게 우거져 있어 눈이 내려도 쌓일 틈이 없으며 극소량의 빛만이 잎사귀를 통과한다.

## 비행 수업

1학년 학생들은 금지된 숲 맞은편의 매끄럽고 평평한 잔디밭에서 후치 선생의 비행 수업을 받는다. 해리의 첫 수업 때 네빌 롱보텀은 빗자루에서 떨어져 손목이 부러졌다. 후치 선생이 네빌을 학교 병동으로 데리고 간 사이에 말포이가 네빌이 떨군 리멤브럴을 나무에 숨기겠다고 위협하면서 들고 날아갔고, 네빌에게는 다행스럽게도 해리가 뒤쫓아 갔다. 맥고나걸 교수는 해리가 날아가 리멤브럴을 잡는 모습을 목격한 직후 잔디밭으로 내려가 해리를 퀴디치 팀의 새 수색꾼으로 발탁했다.

# 해그리드의 오두막

호그와트의 숲지기 루비우스 해그리드는 금지된 숲(130쪽 참조) 가장자리에 있는 작은 오두막에서 보어하운드인 팽과 같이 산다. 오두막 안에는 한 귀퉁이에 퀼트 이불이 깔린 커다란 침대와 옷장, 서랍장, 양동이만큼 큰 머그잔을 넣을 수 있는 큰 찬장이 있다. 원룸 형태인 오두막의 한가운데에는 나무 식탁이 놓여 있다. 해그리드는 주로 구리 주전자에 물을 끓이고 벽난로 위 솥에서 요리하며, 여러 종류의 햄과 꿩고기를 천장에 매달아 둔다. 팽은 바닥에 놓인 바구니에서 잔다. 뒷문은 작은 텃밭으로 이어지는데, 해그리드는 이곳에서 핼러윈 연회(35쪽 참조)에 쓸 호박을 키운다. 쌍안경을 사용하면 집에서 퀴디치 시합을 구경할 수 있다.

해리가 처음 이곳을 찾았을 때는 문 앞에 눈밭용 장화 한 켤레와 석궁이 놓여 있었다. 해그리드는 자주 해리 무리를 오두막으로 초대해 차와 과일 케이크, 담비 고기 샌드위치, 비프 캐서롤, 치아가 부러질 정도로 딱딱한 과자와 씹으면 턱이 붙어 버리는 당밀 사탕을 내줬다. 해리는 교칙 위반을 들키지 않기 위해 해그리드를 찾아갈 때 주로 투명 망토를 썼다.

해리가 신입생이던 해의 봄, 해그리드는 오두막에서 용의 알을 부화시키는 데 성공했다. 해그리드는 이렇게 얻은 노르웨이 리지백 새끼에게 노버트라는 이름을 붙였다. 이내 오두막 안은 브랜디 병과 닭털로 엉망이 되었는데, 해그리드가 너무 빨리 자라는 이 용을 돌보느라 애쓴 흔적이었다. 결국 세 친구는 해그리드를 설득해 노버트가 너무 커져서 더 이상 숨길 수 없어지기 전에 찰리 위즐리의 친구들에게 맡기기로 했다.

다음 해 론이 말포이를 공격했다가 마법이 역작용해 민달팽이를 계속 토하자 세 사람은 해그리드를 찾아갔고, 그는 민달팽이를 전부 토해 낼 수 있게 구리 양동이를 내줬다. 해그리드는 전날 근처에서 지니를 만났는데, 해리를 보고 싶어 오두막에 들른 것 같다고 귀띔했다. 이후 헤르미온느가 돌로 변하자 해리와 론은 해그리드에게 비밀의 방이 마지막으로 열린 때가 언제인지 물으러 갔는데, 그때 해그리드가 비밀의 방과 연관이 있으리라고 생각해 그를 아즈카반으로 데려가기 위해 찾아온 알버스 덤블도어와 마법부 총리 코닐리어스 퍼지와 마주쳤다. 그 직후 루시우스 말포이가 학교 이사회의 서명이 담긴 정직 명령서를 가지고 와서 덤블도어를 교장직에서 밀어냈다.

1993년~1994년에 해그리드는 히포그리프인 벅빅이 사형을 선고받은 뒤에 그의 오두막에 벅빅을 데리고 있었다. 처형이 예정된 날, 헤르미온느는 해그리드의 우유 통에 숨어 있는 스캐버스를 발견했다. 덤블도어와 퍼지, 위험 생물 처분 위원회 위원, 사형 집행인이 해그리드의 오두막으로 들어가 공식 처형서를 읽는 사이, 타임 터너의 도움으로 시간을 거슬러 온 해리와 헤르미온느가 벅빅을 안전하게 구해 냈다. 이후 친구들은 늑대인간으로 변한 루핀을 피하기 위해 해그리드의 빈 오두막에 숨었다.

해리가 4학년 때, 마법 생명체 돌보기 수업에서 폭발 꼬리 스크루트를 다루던 학생 여럿이 해그리드의 오두막으로 몸을 피했다. 리타 스키터가 해그리드에게 거인족의 피가 흐른다는 사실을 폭로한 뒤 엄청난 수치심을 느낀 해그리드는 집 안에 틀어박혀 바깥으로 나오지 않았다. 해리와 론, 헤르미온느가 문을 두드리자 해그리드와 이야기를 나누던 덤블도어가 문을 열어 주었고, 모두가 해그리드에게 일을 그만두지 말라고 설득했다.

해리가 5학년으로 올라가고 첫 몇 달 동안 해그리드의 오두막은 비어 있었다. 해그리드가 돌아왔다는 소식에 세 친구는 그를 보러 달려갔으나, 덜로리스 엄브리지가 갑자기 나타나 해그리드에게 어디를 다녀왔는지 캐물었다. 이후 천문학 보통 마법사 등급 시험(O.W.L.)의 실기시험을 치르던 학생들이 엄브리지가 다섯 오러와 함께 해그리드의 오두막으로 가는 모습을 목격했다. 해그리드는 그들을 쫓아내고 팽과 함께 도망쳤다.

다음 해 해그리드는 아끼던 애크로맨툴라인 아라고그에게 주려고 오두막에 커다란 유충을 잔뜩 가져다 두었다. 아라고그가 죽자 해그리드는 사랑하던 반려 거미의 장례식을 열었고, 호박밭에 묻어 주었다. 해그리드는 해리와 호러스 슬러그혼과 함께 오두막 안에서 아라고그를 추억하며 잔을 들었다. 그날 밤 해리는 펠릭스 펠리시스 마법약의 도움을 얻어 슬러그혼에게 수십 년 전 그가 톰 리들과 호크룩스에 관해 나눈 이야기를 있는 그대로 들려 달라고 설득했다.

덤블도어가 살해당한 뒤 도주 중이던 죽음을 먹는 자 소르핀 롤은 해그리드의 오두막에 불을 질렀다. 해그리드는 안으로 들어가 팽을 구했고, 해리가 그를 도와 불길을 잡았다. 1997년~1998년 학기에 해그리드는 오두막에서 "해리 포터를 응원합니다" 파티를 열었고, 덕분에 체포를 피했다.

## 그린 맨

작가에 따르면 해그리드는 중세 시대 자연과 부활을 상징하는 인물인 그린 맨에게서 영감을 받았다고 한다. 해그리드의 오두막이 있는 자리는 문명과 야생 사이에 있는 그의 성격을 반영하고 있다. 해그리드는 호그와트성 안에 살지 않는 유일한 호그와트 교직원으로, 대지의 끄트머리이자 금지된 숲 옆에 살면서 학교에 소속되어 있는 동시에 학교와 분리되어 있기도 하다. 해그리드에게 거인족의 피가 절반 흐르는 점 역시 그의 이중성을 담고 있다. 그는 마법 세계의 일원이지만 그의 어머니는 거인족이다. 해그리드는 다른 어떤 인간들보다 금지된 숲에서 사는 동물들과 끈끈하게 교감한다. 그의 오두막은 학교의 규칙과 질서와 숲의 어두운 신비 사이에서 문턱 또는 경계로 기능하면서 해리가 켄타우로스, 애크로맨툴라, 용에 대해 배우고 직접 만나는 완벽한 공간이 되어 주었다.

# 금지된 숲

호그와트 대지 안에 있는 금지된 숲은 학교의 경계선 역할을 한다. 많은 위험한 생명체들이 사는 곳이라서 학생들은 마법 생명체 돌보기 수업(과 간간이 방과 후 징계)을 할 때를 제외하고는 이곳에 출입할 수 없다. 숲은 너도밤나무, 오크, 소나무, 단풍나무, 주목으로 빽빽하며 아래에는 마디풀과 가시덤불이 나 있고, 안으로 들어갈수록 울창해진다. 능력이 출중한 학생도 이곳에서는 방향 감각을 잃으며, 특히 밤에는 길 찾기가 더욱 힘들다. 프레드와 조지 위즐리는 어릴 때 여러 번 숲에 들어가 보려고 했다.

1992년 겨울, 그리핀도르 퀴디치 팀이 후플푸프를 꺾고 승리한 뒤에 해리는 스네이프가 저녁 시간에 몰래 금지된 숲으로 들어가는 모습을 목격하고 얼른 빗자루를 타고 날아가 그 뒤를 쫓았다. 해리는 스네이프 교수가 금지된 숲에서 퀴럴 교수와 나누는 대화를 엿들었다.

같은 해 5월, 해리는 헤르미온느, 네빌 롱보텀, 드레이코 말포이와 함께 밤늦게 돌아다닌 벌로 금지된 숲으로 가야 했다. 이들이 받은 벌은 해그리드와 함께 숲으로 들어가서 두 그룹으로 나뉘어 다친 유니콘을 찾는 일이었다. 해리, 헤르미온느, 해그리드가 한 팀, 말포이, 네빌, 팽이 다른 한 팀이 되었다. 숲속에서 해리, 헤르미온느, 해그리드는 켄타우로스인 로넌과 베인을 만났고, 그들은 숲이 얼마나 위험한지 특히 해리에게 주의를 주었다. 말포이와 네빌 사이에 실랑이가 벌어지자 네빌을 대신해 해리가 말포이와 팽과 한 팀이 되었다. 해리와 말포이는 어둠 속에서 후드를 쓴 인물이 바닥을 기면서 죽은 유니콘의 피를 마시는 끔찍한 광경을 목격했다. 팽과 말포이는 공포에 질려 도망쳤고, 해리는 다행스럽게도 켄타우로스 피렌지에게 구조되었다.

1993년 5월, 해리와 론은 비밀의 방에 대해 알아내기 위해 팽과 함께 숲으로 들어갔다. 호그와트를 떠나 숲으로 향한 거미들을 따라간 두 친구는 애크로맨툴라의 족장인 아라고그와 만났고, 아라고그는 해그리드의 퇴학과 학교 안에 사는 괴물에 대해 말해 주었다. 해리와 론은 아라고그의 정보로부터 울보 머틀이 비밀의 방과 연관되어 있음을 알아냈지만, 그 과정에서 두 소년은 아라고그의 많은 자녀들에게 목숨을 잃을 뻔했다.

1993년~1994년 학기 말에 세 친구는 스네이프, 리머스 루핀, 시리우스 블랙과 막 정체가 드러난 피터 페티그루(일명 스캐버스)를 악쓰는 오두막에서 만났다. 이들이 터널을 지나 달빛이 비치는 바깥으로 나왔을 때 루핀은 자신이 투구꽃 마법약을 마시지 않았다는 사실을 깨달았고, 보름달이 뜨자 늑대인간으로 변했다. 일행은 공포에 빠졌다. 페티그루는 애니마구스인 쥐로 변해서 도망쳤고, 시리우스는 개로 변해 아이들을 지키기 위해 루핀에게 맞섰으며, 이내 루핀은 쏜살같이 숲으로 들어갔다. 이 사건 이후로 해리와 헤르미온느는 타임 터너를 써서 벅빅을 사형에서 구한 뒤 이 히포그리프를 숲에 숨겼다.

해리가 4학년 때 트라이위저드 대회의 첫 과제에 사용될 용들이 사람들의 눈길을 피해 숲 가장자리로 옮겨졌고, 해리가 살아남을 기회를 높이기 위해 해그리드는 해리를 숲 근처로 데려가 그가 곧 마주하게 될 동물을 보여 주었다. 그해 말 해리와 덤스트랭 대표인 빅토르 크룸은 숲 근처를 걷다가 제정신이 아닌 듯한 바티 크라우치와 마주쳤다. 해리는 얼른 학교로 가서 도움을 청했지만, 덤블도어와 함께 돌아왔을 때 크라우치는 사라졌고 크룸은 의식을 잃은 상태였다.

1995년~1996년 학기에 해그리드는 해리를 포함해 마법 생명체 돌보기 수업을 듣는 5학년 학생들을 데리고 금지된 숲으로 가서 호그와트에서 키우는 세스트럴 무리를 보여 주었다. 이후 해그리드는 해리와 헤르미온느를 숲으로 데려가서 그의 배다른 형제인 그룹을 소개해 주었다. 그리고 얼마 지나지 않아 두 친구는 덜로리스 엄브리지가 켄타우로스 무리를 보고 겁에 질리기를 바라며 교수를 금지된 숲으로 데리고 갔다. 켄타우로스들에게 편견이 있던 엄브리지는 그들을 "잡종"이라고 부르며 모욕했고, 켄타우로스들은 보복으로 그녀를 깊은 숲속으로 끌고 들어갔다.

호그와트 전투 때 볼드모트 경과 그의 추종자인 죽음을 먹는 자들은 아라고그의 옛 터전에 베이스캠프를 차렸고, 두 거인이 그 앞을 지켰다. 양 진영에서 부상자를 치료하고 죽은 이들을 수습하기 위해 전투가 잠시 멈췄을 때, 해리는 스스로를 희생하기 위해 투명 망토를 걸치고 볼드모트의 캠프로 향했다. 가는 길에 해리는 첫 퀴디치 시합 때 잡은 골든 스니치를 여는 법을 알아내고서 그 안에 든 부활의 돌과 접촉했는데, 그러자 해리의 어머니, 아버지, 시리우스, 리머스가 숲에서 그를 에워싼 채로 나타났다. 유령 같지도 실제 모습 같지도 않은 모습이었다. 그들은 해리를 격려하고 위로하며 함께 캠프로 향했고, 해리는 투명 망토를 벗고 볼드모트가 자신을 향해 지팡이를 휘둘러 거의 죽일 수 있도록 허락했다. 볼드모트의 주문에 맞은 해리는 킹스크로스역과 비슷한 중간 지대로 보내졌고, 곧바로 의식을 되찾았다. 나르시사 말포이가 해리가 죽었는지 확인하기 위해 접근했을 때 해리는 드레이코가 아직 살아 있다고 그녀에게 알렸고, 나르시사는 볼드모트에게 거짓말로 해리가 죽었음을 보고했다. 볼드모트는 해그리드에게 명령해 해리를 학교로 데려가도록 지시했다.

수십 년 뒤 해리의 아들 알버스 포터와 스코피어스 말포이와 델피는 트라이위저드 대회 최종 과제에서 죽은 세드릭 디고리를 구하기 위해(또는 그런 척을 하면서) 훔친 타임 터너로 여행할 준비를 하며, 금지된 숲 근처에서 무장해제 마법을 연습했다. 아들의 계획을 알게 된 해리는 론과 함께 서둘러 숲으로 가서 학생들이 시간 여행을 떠나지 못하도록 막으려 했다. 그들은 숲을 살피다가 켄타우로스 베인을 만났고, 베인은 해리에게 그의 아들이 검은 구름에 둘러싸여 별이 된 환영을 보았다고 말해 줬다. 알버스를 찾지 못하면 영원히 그 아이를 잃을 수도 있다는 뜻이었다. 론은 숲 가장자리에서 알버스와 스코피어스에게 접근했으나, 그 순간 알버스가 타임 터너를 써서 자신과 스코피어스와 델피를 1994년 트라이위저드 대회의 첫 과제가 열리던 때로 데려갔다. 알버스와 스코피어스는 덤스트랭 학생들로 변장한 뒤 세드릭을 무장해제시키고서 현재의 호그와트가 있는 금지된 숲 끝자락으로 돌아왔는데, 그곳에는 론 말고 아무도 없었다.

그해 말 스코피어스는 다른 미래의 헤르미온느와 론과 스네이프와 함께 첫 과제 때로 되돌아갔다. 다른 미래에서 온 헤르미온느는 원래의 미래가 있는 세계로 되돌리기 위해 알버스의 무장해제 마법을 막았고 결국 그들은 성공했지만, 그 과정에서 디멘터에 둘러싸인 채 금지된 숲에 도착했다. 다른 미래의 론과 헤르미온느는 목숨을 바쳐 스코피어스와 스네이프에게 임무를 마칠 기회를 주었다.

## 금지된 숲에 사는 생명체들

### 애크로맨툴라

숲에 사는 가장 위험한 동물로, 1943년 비밀의 방이 열린 이후로 애크로맨툴라들은 이곳에서 100마리 이상의 대가족을 이루었다. 아라고그와 그의 반려 모새그, 그리고 그들의 자손들은 숲 한가운데 돔 형태의 둥지에서 살고 있다.

### 켄타우로스

숲에는 최소 50명의 켄타우로스가 살고 있는데, 대부분 인간을 피하고 인간사에 엮이지 않는다. 이들과 소통하려면 점성술을 통하거나 아리송하게 대화해야 한다. 켄타우로스들은 해그리드에게는 정중히 대했는데(덕분에 그는 많은 켄타우로스의 이름을 알고 있다) 1995년 그가 그룹을 숲으로 데리고 오면서 사이가 멀어졌다. 켄타우로스 무리 중 하나인 피렌지는 1996년 점술 수업 교수 자리를 승낙하면서 무리로부터 추방당했다. 피렌지를 제외한 켄타우로스들은 1998년 5월 2일 벌어진 호그와트의 첫 전투에 참가하지 않았다. 숲에서 볼드모트가 해리에게 살해 저주를 걸고 난 후 해그리드는 켄타우로스들이 자신들의 보금자리를 지키지 않았음을 질타했고, 무리는 볼드모트가 승리를 선언하는 모습을 나무 근처에서 지켜봤다. 그 후 켄타우로스들은 호그와트 전투 2차전에서 죽음을 먹는 자들과 맞서 싸웠고, 해리가 볼드모트를 꺾고 승리하자 무리는 피렌지를 다시 받아 주었다.

### 세스트럴

호그와트의 숲은 영국 내 가장 큰 규모의 세스트럴 군락지로 최소 100마리가 이곳에서 살고 있다. 해골처럼 생긴 이 동물은 죽음을 목격한 사람만이 볼 수 있으며, 5학년생들은 마법 생명체 돌보기 수업 첫 시간에 이들에 대해 배웠다. 1995년~1996년 학기 말에 해리, 론, 헤르미온느, 지니, 네빌, 루나는 세스트럴에 올라타고서 마법부에 있는 시리우스 블랙을 구하러 런던으로 떠났다.

### 유니콘

숲속에는 유니콘 무리가 살고 있으며, 이들은 털갈이를 하는 것으로 알려져 있다. 유니콘의 털에는 특별한 힘이 담겨 있어 해그리드가 이 털을 모아다가 다친 동물의 붕대로 사용한다.

## 그 밖의 거주자들

### 포드 앵글리아
1992년 9월 1일 런던에서 호그와트로 날아온 뒤로 아서 위즐리의 날아다니는 포드 앵글리아는 숲으로 도망쳤고, 결국 그곳에서 돌아다니게 되었다. 나중에 이 차가 아라고그 가족들에게 잡아먹힐 위험에 처한 해리, 론, 팽을 구해 주었다.

### 그롭
해그리드의 배다른 형제 그롭은 해리가 5학년 때 해그리드가 올랭프 막심과 거인 부족을 방문하고 돌아온 뒤부터 금지된 숲에서 살기 시작했다. 호그와트 전투에서 그롭은 볼드모트의 거인들과 싸우고 학교를 지키는 일에 앞장섰다. 그는 전투에서 살아남았고, 자기 입으로 음식을 던져 주는 학생들에게 웃음으로 보답했다.

# 호그스미드

호그와트가 설립된 이후 중세 시대 어느 시점엔가 세워진 호그스미드는 영국 안에서 마법사들을 위해, 마법사가 지은 유일한 마을이다. 설립자인 우드크로프트의 헹기스트는 머글의 박해를 피할 장소를 찾다가 이곳에 마을을 세웠다. 엮은 초가지붕과 흥미로운 상점가로 유명한 호그스미드는 호그와트 학생들과 교직원들에게 필요한 물건을 공급하고 학교에서 일일 여행지로 가기 좋을 정도로 가까이 위치한다.

3학년 이상 학생들은 학년 내내 특정한 주말에 부모님이나 보호자의 허락을 받으면 호그스미드로 놀러 갈 수 있다. 해리는 3학년에 올라가기 전 여름 방학 때 더즐리 가족에게서 방문 허가서 서명을 받지 못했지만, 투명 망토를 쓰고 여행에 나섰다. 허락을 받은 학생이더라도 학기 중에 그 특권을 박탈당할 수 있다. 네빌 롱보텀은 1993년~1994년 학기 중에 그리핀도르 탑 암호를 적어 놓은 종이를 잃어버렸는데, 그걸 시리우스 블랙이 찾아냈던 사실이 알려져 호그스미드 방문을 금지당했다. 해리는 1995년~1996년 학기에 일시적으로 특권을 박탈당했다. 그러나 이들의 권리는 덜로리스 엄브리지가 학교를 떠나면서 복권되었다.

호그스미드에는 다음과 같은 여러 곳의 레스토랑, 상점, 역사적인 건물이 있다.

- 더비시 앤 뱅스
- 글래드래그스 마법사 의류 전문점
- 호그스 헤드
- 허니듀크스
- 우체국
- 푸디풋 부인의 찻집
- 스크리븐샤프트의 깃펜 가게
- 악쓰는 오두막
- 스리 브룸스틱스
- 종코의 장난감 가게

해리와 친구들은 호그와트 마법 학교에 다니면서 이 장소들을 다 가 봤는데, 일부는 자세한 설명이 나와 있지 않다.

특히나 잘 나오지 않는 곳은 더비시 앤 뱅스다. 이곳은 큰길 끝에 자리한 마법 용품점으로 스니코스코프와 같은 "마법 도구"들을 팔고 수리한다. 1994년~1995년 학기에 해리는 애니마구스로 변장한 시리우스 블랙을 "더비시 앤 뱅스를 지나서" 마을 외곽으로 이어지는 길을 따라 있는 동굴에서 만났다. 이듬해 죽음을 먹는 자들이 아즈카반을 탈옥하자 이들의 얼굴이 담긴 포스터가 이 가게 쇼윈도에 붙었다.

그 밖에 마을에서 잘 알려지지 않은 가게로는 글래드래그스의 마법사 의류 전문점이 있다. 이곳은 런던과 파리에도 지점이 있다고 한다. 1995년 해리는 글래드래그스에서 도비에게 주기 위해 "요란한" 스타일의 양말 여러 켤레를 샀다.

마지막으로 덜 알려진 상점으로는 스크리븐샤프트의 깃펜 가게를 들 수 있다. 고급스럽고 독특한 깃펜을 전문적으로 파는 곳이다. 1995년 10월, 헤르미온느는 이곳에서 검정과 금색 꿩 깃펜을 샀다. 해리가 덤블도어의 군대에 관심을 가지는 아이들과 첫 번째 모임을 가진 뒤였다. 나중에 론은 순간이동을 연습할 때 목적지를 푸디풋 부인의 찻집으로 정했는데, 스크리븐샤프트 상점 밖에 도착하고 말았다.

이곳에는 "부엉이 우체국"이라고 불리기도 하는 우체국도 있다. 최소 300마리의 부엉이가 편지와 소포를 배달하는 곳으로, 부엉이는 속도에 따라 분류한 색상표로 구성된 각자의 자리에 앉아 있다.

## 호그스미드역

작가가 그린 지도를 보면 호그스미드역은 마을에서 호그와트성 맞은편에 자리한다. 호그와트 급행열차를 운행하기 위해 9와 4분의 3번 승강장과 함께 지은 이 역은 작고 어둡다고 전해진다. 호그와트 급행열차를 타고 도착한 학생들은 역에서부터 호그와트성까지의 짧은 거리를 다양한 교통수단을 이용해 움직인다.

해리와 친구들이 호그와트를 떠나고 많은 세월이 흐른 뒤에 중년의 론은 호그스미드에서 네빌과 술을 마시다가 해리의 아들 알버스가 델피와 같이 있는 모습을 보았다. 이 정보는 나중에 델피가 알버스와 스코피어스 말포이를 납치했을 때 쓸모가 있었다.

## 호그스 헤드 여관

호그스 헤드 여관은 "흥미로운 손님"들을 위해 봉사한다. 알버스 덤블도어의 동생인 애버포스 덤블도어가 최소 20년 이상 이곳에서 바텐더를 하고 있다. 큰길에서 한두 거리 뒤쪽에 자리한 이 여관의 커다란 나무 간판에는 흰 면포 위에 피를 흘리며 놓여 있는 멧돼지 머리가 그려져 있다.

바는 작고 더럽다. 창문은 "불투명에 가깝고" 때가 끼어 바닥재가 제대로 보이지 않는다. 고객들은 톱밥으로 뒤덮인 바 뒤에 놓인 "오래된 나무 계산대"에서 계산을 한다. 해리는 바 뒤에 놓인 행주조차 더럽고, 애버포스가 잔을 닦으니 잔이 더 더러워지는 광경을 보았다. 애버포스는 혼자 여길 꾸려 나가는 중이다. 플리트윅 교수는 헤르미온느에게 친구들과 거기에 갈 생각이면 잔을 직접 챙겨 가라고 일러 주기도 했다.

바 뒤편 나무 계단을 올라가면 거실이 나온다. 커튼이 드리워진 창문 너머로 아래 거리가 내려다보이며, 벽난로 위에는 아리아나 덤블도어의 초상화 액자가 걸려 있다. 필요의 방(89쪽 참조)으로 통하는 비밀 통로가 1998년 봄 이 초상화 뒤에서 나타났다. 3층에 있는 손님방은 다른 공간과 마찬가지로 더럽다. 트릴로니 교수가 해리에게 빈대를 조심하라고 일러 줬을 정도다.

스리 브룸스틱스(140쪽 참조)와 비교하면 호그스 헤드는 저렴하지만, 대부분 거의 비어 있다고 한다. 그러나 사람이 적기 때문에 비밀스러운 만남이나 대화의 장소로 이용된다.

1980년 초, (아직 호그와트 교수가 되기 전에) 시빌 트릴로니는 호그스 헤드에서 알버스 덤블도어에게 볼드모트 경과 아직 태어나지 않은 아이에 대한 예언을 들려주었다. 그녀가 하는 이야기를 세베루스 스네이프가 엿들으면서 결국 그 사건이 릴리와 제임스 포터의 죽음으로 이어졌다. 그들의 아이 해리에게는 선택받은 자를 의미하는 표식이 새겨지면서, 볼드모트의 첫 번째 몰락을 상징하게 되었다.

1992년 봄, 루비우스 해그리드는 호그스 헤드에서 만난 어떤 변장한 마법사에게서 용의 알을 얻었다. 이 마법사는 나중에 퀴리누스 퀴럴로 알려졌는데, 그는 해그리드를 잘 꼬여서 마법사의 돌에 대한 정보를 흘리게 만들었다.

1995년 가을, 해리와 헤르미온느는 볼드모트에게 반항하는 데 관심 있는 학생은 누구든 호그스 헤드로 오라고 모집했고, 그렇게 그곳에서 덤블도어의 군대가 결성되었다.

1998년 5월, 세 친구는 순간이동으로 호그스미드로 이동했다. 죽음을 먹는 자들이 경보음 마법으로 이들을 잡아내려고 할 때 애버포스는 호그스 헤드에 해리, 론, 헤르미온느가 숨을 장소를 마련해 주었다. 그때 세 사람은 아리아나의 초상화 뒤편에 있는 비밀 통로를 이용해 호그와트로 들어가서 호그와트 전투(42쪽 참조)가 벌어지기 전에 학생들과 불사조 기사단이 무사히 이동할 수 있도록 조치했다.

## 1612년 고블린 반란과의 연관성

1612년 고블린 반란은 호그스 헤드 또는 스리 브룸스틱스에서 비롯되었다는 이론이 지배적이다. 헤르미온느에 따르면 이 반란은 호그스미드에 있는 "여관"에 본부를 두었는데, 이 두 곳이 마을에 있던 유일한 여관이었다. 호그스 헤드는 사람이 많이 모이지 않기 때문에 고블린들이 세간의 눈을 쉽게 피하기 위해 이곳을 본부로 선택했을 수도 있다.

## 이곳을 다녀간 수상한 손님들

- **돌로호프** 죽음을 먹는 자이자 강한 마법사. 페이비언과 기디언 프루잇(몰리 위즐리의 남자 형제들)을 살해한 무리 중 하나로 제1차 마법 전쟁에서 싸웠으며, 아즈카반에서 종신형을 살다가 탈옥한 후 제2차 마법 전쟁에 참여. 호그와트 전투에서 필리어스 플리트윅에게 패배함.
- **물키베르** 초창기 죽음을 먹는 자 중 한 사람. 제1차 마법 전쟁에 참가.
- **먼덩거스 플레처** 사기꾼이자 도둑 (호그스 헤드에서 평생 출입 금지를 당했지만 여전히 변장하고 들락거리는 중).
- **노트** 초창기 죽음을 먹는 자 중 한 사람. 제1차 및 제2차 마법 전쟁에 참가.
- **로지어** 초창기 죽음을 먹는 자 중 한 사람. 제1차 마법 전쟁에서 싸움.
- **윌리 위더신즈** 영국 마법사로 머글을 골탕 먹이는 장난을 벌임.

## 허니듀크스

호그스미드의 큰길가에 다른 상점들과 함께 자리한 허니듀크스는 눈부시게 매력적인 간식들로 가득한 인기 만점 사탕 가게다. 암브로시우스 플룸과 그의 아내가 운영하는 이곳의 선반에는 "상상을 초월할 만큼 흥미로운 과자"들이 가득하다.

암브로시우스의 이름은 그리스 신화 속 식량과 음료의 신인 "암브로시아"에서 따온 것이다. 호그와트에 다니던 시절에 암브로시우스가 호러스 슬러그혼이 가장 좋아하던 학생이었다는 점을 생각하면, 마법약을 만드는 그의 기술이 참을 수 없을 만큼 근사한 마법 과자들을 만드는 데 영향을 주었을지도 모른다.

이 사탕 가게는 주말에 마을을 찾은 호그와트 학생들로 엄청나게 붐빈다. 엄청 입맛이 까다롭다고 알려진 퍼시 위즐리조차 허니듀크스의 사탕이 "괜찮은 편"이라고 인정한다.

## 고스무어의 군힐다 동상 뒤의 비밀 통로

허니듀크스의 지하 저장소에 놓인 상자들 틈에는 호그와트로 가는 비밀 통로로 이어지는 문이 있다(114쪽 참조). 호그와트 쪽 통로 끄트머리는 등뼈가 혹처럼 튀어나온 외눈 마녀 치료사로 용 수두 치료제를 개발한 고스무어의 군힐다 동상으로 가려져 있다. 우연의 일치지만 군힐다는 허니듀크스에서 파는 개구리 초콜릿 안에 들어 있는 카드에도 등장한다.

## 스리 브룸스틱스

스리 브룸스틱스는 호그와트에 있는 유명한 여관 겸 주막으로 호그와트 학생들과 교사, 고블린, 호그스미드 주민뿐 아니라 오거들까지 모여드는 곳이다. 이곳에는 바와 테이블, 벽난로가 있고 버터 맥주, 파이어위스키, 아가미수, 데운 벌꿀술, 적건포도 럼주, 오크통에 숙성한 벌꿀술과 우산 장식을 꽂아 주는 체리 시럽이 들어간 탄산음료와 같은 여러 종류의 마실 거리를 판다.

스리 브룸스틱스의 주인은 로즈메르타 부인이다. 론은 풍성한 몸매를 지닌 매력적인 술집 주인에게 첫눈에 반해 자주 그녀의 시선을 끌고 농담을 던져 웃게 만들려고 노력했다. 부인은 코닐리어스 퍼지와 호그와트 교수진들과 잘 아는 사이라 그들의 대화에 끼어 제임스와 릴리 포터의 비밀 수호자였던 시리우스 블랙에 대해 이야기를 나누기도 했다. 1996년~1997년 학기에 드레이코 말포이는 호그와트 학생들과 소통하는 그녀를 이용하기 위해 임페리우스 저주를 걸어 저주가 걸린 목걸이를 여자 화장실에 있는 케이티 벨에게 주도록 강제하였고, 벌꿀술에 독을 타게 만들었다. 말포이는 마법을 건 동전을 사용해서 1년 내내 그녀와 소통했고, 부인은 덤블도어가 성을 떠났을 때 말포이에게 그 사실을 알려 주었다. 덤블도어가 죽던 날 밤, 로즈메르타 부인은 덤블도어와 해리에게 성 위에 난 어둠의 표식에 대해 알려 주었고, 그들이 호그와트로 돌아갈 수 있도록 빗자루 두 개를 내주었다.

해리와 친구들은 자주 스리 브룸스틱스를 방문했지만, 두 번은 남들의 눈을 피해야만 했다. 처음은 허가서 없이 몰래 호그스미드에 갔을 때인데 맥고나걸, 플리트윅, 해그리드, 코닐리어스 퍼지가 술집으로 들어와 해리는 테이블 아래 숨어서 커다란 크리스마스트리 가지 너머로 그들의 모습을 살피며 대화를 엿들었다. 이때 해리는 시리우스 블랙이 자신의 부모를 배신했다고 믿게 되었다. 두 번째는 트라이위저드 대회의 학교 대표가 됐을 때였는데, 남들의 이목을 끌지 않기 위해 투명 망토를 사용했다. 그러나 무디가 그런 해리를 발견했고, 해그리드는 해리에게 밤에 용을 보러 오라고 넌지시 말했다.

스리 브룸스틱스는 사람들과 어울리고 대화를 엿듣기에 좋은 장소다. 그래서 리타 스키터가 트라이위저드 대회(1994년~1995년)에 대한 기사를 쓴답시고 1년 내내 여기서 죽치고 있었는지도 모르겠다. 해리는 첫 과제 전까지는 그곳에서 리타와 마주쳐도 거의 피하지 않았다. 그러나 리타가 이곳에서 해그리드와 긴 인터뷰를 진행해 그 내용을 발표한 후로는 친구들과 함께 스리 브룸스틱스에서 리타와 다시 마주쳤을 때 그녀에게 대항했다. 그때 리타는 루도 배그먼의 뒤를 캐려고 했는데 해리와 헤르미온느는 해그리드를 그런 식으로 다룬 것을 항의하며 리타에게 맞섰고, 이듬해 헤르미온느는 지저분한 기사를 쓰는 리타가 스리 브룸스틱스로 돌아와 해리와 볼드모트의 귀환에 대해 인터뷰를 하려 하자 화를 냈다.

해그리드 역시 스리 브룸스틱스 단골이었으나 리타가 해그리드의 거인 혈통을 폭로한 뒤로 해리는 그곳에서 그를 볼 수 없었다. 다음 해, 해리는 그롭과 싸워 상처투성이인 채로 홀로 술을 마시면서 혈통과 가족의 중요성에 대해 주절거리는 해그리드를 발견했다. 그는 수년 동안 여러 차례 다른 교수들과 함께 이곳을 찾았다.

호그스미드에서 보내는 주말마다 이 술집은 호그와트 학생들로 가득 찼다. 해리는 이곳에서 '세드릭 디고리를 응원합니다!' 배지를 단 어니 맥밀런과 해너 애벗이 개구리 초콜릿 카드를 교환하는 모습을 보았다. 또한 초 챙과 래번클로 친구들도 보았고, 프레드와 조지가 루도 배그먼을 불러 세우려는 모습도 목격했다. 케이티 벨과 친구 리앤, 루나 러브굿, 블레이즈 자비니, 리 조던도 볼 수 있었다. 루도 배그먼은 이곳에서 해리와 마주치자 트라이위저드 대회 두 번째 과제를 도와주겠다고 제안하기도 했다. 해리는 블랙 가문의 가보를 애버포스에게 팔려고 술집 밖에 있던 먼덩거스 플레처와 맞섰다.

덤블도어는 호크룩스를 찾기 위해 학교를 떠나는 사실을 숨기려고 스리 브룸스틱스에서 술에 취한 척을 한 적이 있다. 헤르미온느는 엄브리지와의 갈등을 피하려고 스리 브룸스틱스를 포함한 여러 곳에서 덤블도어를 찾아보았다고 주장했으나, 엄브리지는 온 부처에서 자신을 찾고 있다는 사실을 아는 그가 술집에서 어슬렁거릴 리가 없다고 재빨리 지적했다.

볼드모트가 호그와트를 장악한 뒤, 스리 브룸스틱스는 정기적으로 죽음을 먹는 자들이 감시하러 나오는 곳이 되었다. 해리와 론과 헤르미온느가 순간이동으로 마을로 이동했을 때 경보음 마법이 울리자 죽음을 먹는 자 열두 명이 세 친구를 찾아서 술집 밖으로 뛰쳐나왔다.

## 푸디풋 부인의 찻집

해리가 우울해하며 "행복한 연인들의 소굴"이라고 묘사했던 푸디풋 부인의 찻집은 북적거리지는 않으나 김이 모락모락 올라오는 주전자와 연인들의 열기로 후끈한 곳이다. 검은 머리를 단정하게 말아 올린 키가 작은 푸디풋 부인이 주로 손님을 대접하며, 스크리븐샤프트의 깃펜 가게(136쪽 참조)를 지나 옆길에 자리한다. 덜로리스 엄브리지의 연구실처럼 가게도 프릴과 리본으로 장식되어 있다. 또한 천장에 채색화가 있고, 문을 열 때마다 종소리가 나며, 작고 둥근 탁자(딱 2인용)가 대략 50센티미터 간격으로 쭉 들어서 있다.

밸런타인데이에 푸디풋 부인은 탁자 위로 황금빛 천사들이 날아다니도록 가게를 꾸몄는데, 이 천사들은 차나 커피를 마시는 손님에게 이따금 분홍색 색종이 조각을 뿌려 주었다. 이 축하용 색종이는 (미처 이를 눈치채지 못했거나 신경 쓰지 않는) 손님들의 눈이나 커피에 들어가기도 했다. 1996년 밸런타인데이에 찻집은 손을 잡은 연인들로 가득 찼다. 거기서 해리가 알아본 손님 중에는 로저 데이비스와 그의 금발 데이트 상대도 있었다. 해리와 초 챙은 그들 옆자리에 앉았고, 가게 창가 자리의 데이트는 엉망으로 변했다. 남자 친구였던 세드릭 디고리가 살해당해 감정적으로 예민해진 초 앞에서 해리가 부주의하게 헤르미온느를 만나야 한다는 말을 꺼내 버린 것이다. 초는 눈물을 흘리면서 뛰쳐나갔고, 해리는 남아서 계산하느라 초를 쫓아가지 못했다.

알고 보니 호그스미드로 외출할 수 있는 주말에 초와 세드릭은 이 찻집에 온 적이 있었다. 해리는 지니 위즐리와 딘 토머스도 여기서 시간을 보냈을 것이라는 씁쓸한 예측을 했다(물론 실제로 증거는 없었지만). 해리는 찻집의 지나치게 달콤한 분위기와 애정을 공공연하게 드러내야 한다는 압박감에 질색했다.

이후 론이 호그스미드에서 순간이동 추가 수업을 받을 때, 그는 푸디풋 부인의 가게 앞으로 이동하기를 바랐지만 근처인 스크리븐샤프트로 이동했다. 그러나 론은 처음치고는 순간이동이 잘되었다며 상당히 뿌듯해했다.

## 종코의 장난감 가게

종코의 장난감 가게는 놀거리와 장난을 즐기는 호그와트 학생들에게 인기 있는 목적지로 똥 폭탄, 딸꾹질 사탕, 개구리알 비누, 악취가 나는 총알, 코를 깨무는 찻잔 등을 판다. 이 가게는 호그스미드의 중심 도로에 자리하고 있다.

호그와트 3학년 때 호그스미드 방문을 허락받지 못한 해리는 투명 망토를 쓰고 종코의 장난감 가게로 몰래 들어갔다. 고객들이 너무 많아서 돌아다니기 어려웠기에 해리는 론에게 몰래 금화를 주고 물건을 사 달라고 부탁했는데, 실수로 드레이코 말포이에게 모습을 들켜 급하게 호그와트로 돌아가려고 할 때에 가게에서 산 물건들이 그를 곤란하게 만들었다. 스네이프 교수가 해리에게 자신의 연구실로 와서 주머니에 있는 것을 꺼내라고 했을 때 해리는 지금 가지고 있는 종코 물건들은 론이 예전에 호그스미드에 갔다가 샀던 것을 전해 준 것이라고 주장했고, 론도 이 말을 뒷받침해 주려고 애썼다. 루핀 역시 해리의 편을 들면서 도둑 지도는 그저 종코에서 파는 장난감일 뿐이라고 주장했다.

종코의 장난감 가게는 "프레드와 조지의 가장 황당무계한 꿈까지도 실현해 줄 장난감과 도구"들을 가지고 있는 곳이라고 묘사된다. (결국 이곳의 단골이던 쌍둥이는 종코를 뛰어넘는 자신들만의 장난감 가게를 만들었다.) 프레드, 조지, 리 조던은 호그스 헤드에서 열린 덤블도어의 군대 첫 회의에 종코에서 산 물건들이 든 가방을 들고 왔는데, 그중 하나를 해리의 주장에 반대하며 거만하게 굴던 학생인 재커라이어스 스미스를 위협하는 용도로 썼다. 쌍둥이는 상점에서 산 기다란 금속 도구를 가지고 스미스의 귀를 청소해 주겠다고 제안했다(아니면 그걸 찔러 넣을 수 있는 다른 부위라든지).

알 수 없는 이유로 1996년에 종코 가게가 문을 닫자 프레드와 조지는 그 자리를 사들여 위즐리 형제의 위대하고 위험한 장난감 가게를 확장할 궁리를 했다. 그러나 안전상의 이유로 호그와트 학생들의 호그스미드 방문이 금지되자 이 아이디어 역시 시들었다.

## 악쓰는 오두막

"영국에서 가장 유령이 많이 나온다는 집"으로 알려진 악쓰는 오두막은 수년간 비명과 울음소리, 짐승의 울부짖음으로 가득하다는 악명을 얻었고, 호그스미드 거주민들은 폭력적인 유령들이 이러한 소리를 낸다고 결론지었다. 덤블도어는 보다 위험한 진실을 감추기 위해 이 헛소문이 퍼지도록 장려했다. 사실 오두막은 리머스 루핀이 학생 시절 매달 늑대로 변신했을 때 몸을 숨기던 장소였다. 악쓰는 오두막은 지하 통로를 통해 호그와트성의 후려치는 버드나무 밑으로 연결되는데, 루핀은 이 통로를 이용해 매달 변화가 일어나기 전에 오두막으로 몸을 피할 수 있었다.

악쓰는 오두막에서 시작되는 길은 판자로 막은 창문과 부서진 가구가 놓인 방으로 연결되어 늑대인간이 된 루핀의 폭력성을 잘 보여 준다. 2층에는 먼지투성이 천이 걸린 커다란 사주식 침대가 놓인 방이 있다.

루핀이 호그와트에 다니던 시절에 폼프리 선생은 매달 변신할 때마다 루핀을 악쓰는 오두막으로 데리고 왔고, 그러면 그가 안에서 문을 걸어 잠그고 자신을 물어뜯고 공격하면서 다시 인간으로 돌아올 때까지 머물렀다. 루핀의 친구인 제임스 포터와 시리우스 블랙과 피터 페티그루는 루핀이 변신해 있는 동안 함께 지내기 위해 직접 애니마구스가 되는 법을 익혔고, 그가 다른 동물과 함께 있을 때 더 온순해진다는 점을 알게 되었다. 늑대인간의 형상일 때 루핀은 친구들과 함께 오두막을 나와 밤에 호그와트성 부지와 호그스미드를 돌아다녔다. 어느 날, 시리우스는 루핀이 변신해 있는 시기에 세베루스 스네이프가 악쓰는 오두막으로 향하도록 위험한 장난을 쳤다. 스네이프가 오두막에 도착하기 전에 제임스가 그를 도로 데려갔으나, 스네이프는 터널 끝의 방에 있는 루핀의 모습을 슬쩍 보고 말았다.

해리가 학교에 다니던 시기에 악쓰는 오두막은 호기심 많은 호그와트 학생들의 관광 명소가 되었다. 프레드와 조지는 호그스미드의 다른 곳보다 높은 지대에 자리하고 길게 웃자란 풀로 뒤덮인 정원과 판자로 막힌 창문이 으스스한 분위기를 더해 주는 이 오두막으로 들어가려고 시도했으나 입구가 완전히 막혀 있었다(아마 마법을 걸어 둔 것으로 보인다).

해리와 론은 호그스미드에 갔을 때 이 집을 보았고, 해리는 기회를 틈타 투명 망토를 쓰고 유령인 척하면서 드레이코 말포이, 빈센트 크래브, 그레고리 고일을 놀라게 하려고 했다. 해리는 그들에게 진흙을 던지고 나뭇가지에 걸려 넘어지게 만들었지만, 크래브에게 장난을 칠 때 겁먹은 슬리데린 학생이 실수로 해리의 옷을 잡아당겨 머리가 드러나고 말았다.

　그해 나중에 개로 변신한 시리우스가 론과 피터 페티그루를 끌고 악쓰는 오두막의 2층으로 올라갔다. 해리와 헤르미온느가 그 뒤를 따라갔고, 이내 루핀과 스네이프도 합류했다. 이곳에서 해리는 피터 페티그루가 지난 13년 동안 위즐리 가족의 반려 쥐로 위장해 있었고, 그가 바로 부모님을 배신한 인물이라는 사실을 알게 되었다.

　호그와트 전투(42쪽 참조) 때 볼드모트는 악쓰는 오두막에 몸을 숨기고 멀리서 전투를 지켜보면서, 마법 보호망을 쳐서 그가 기르는 뱀 내기니를 안전하게 데리고 있었다. 루시우스 말포이도 잠시 그와 함께 있었으나 볼드모트가 스네이프를 쫓으라고 말포이를 보냈다. 해리, 론, 헤르미온느는 비밀 통로를 타고 악쓰는 오두막으로 와 낡은 상자 너머로 내기니가 볼드모트의 명령을 받아 스네이프를 죽이는 광경을 목격했다. 볼드모트가 떠난 뒤 그들은 방 안으로 들어가서 스네이프의 기억을 뽑아내 옮겼다.

# 제4장

# 학교생활

순수한 학문적 성취부터 특별 활동에 이르기까지,
호그와트는 7년 동안 배우고 즐길 것들로 가득하다.

# 학업

호그와트의 시간표는 매년 9월 2일 기숙사 담임이 학생들에게 전달한다. 이때 시간표는 학생이 선택한 과목들을 고려해 짜인다.

학생들은 각 과목을 일주일에 1~3회 정도 정식으로 교육받는다. 물론 두 배의 기간이 걸리는 일도 흔하다. N.E.W.T. 등급이 되기 전까지 각 수업은 네 기숙사 중 한두 곳의 학생들만으로 구성되는데, 관리할 수 있는 수업 규모를 만들기 위해 학생들을 두 그룹으로 나눈 것이다. 아침 수업들 사이에 짧은 쉬는 시간이 있고, 정오에 대연회장에서 점심을 먹고 나면 오후 수업이 시작된다. N.E.W.T.를 준비하는 학생들은 자유 시간을 이용하는 특권을 즐길 수 있는데, 대부분은 이 시간을 휴식을 취하는 데 보내지만 헤르미온느처럼 일부 열정 넘치는 학생들은 공부하는 시간으로 활용한다.

# 학사 일정

## 가을

**9월 1일** - 오전 11시에 호그와트 급행열차가 9와 4분의 3번 승강장에서 출발해, 연례 기숙사 배정식에 참석할 신입생들을 태우고 온다. 배정식 이후 연회가 이어진다.

**9월 2일** - 수업이 시작된다. 흥미로운 점은 해리가 5학년 때인 1995년에는 이날이 토요일이었으나, 책에서는 월요일이라고 언급되었다.

**9월 초** - 퀴디치 선수 선발식이 시작된다. 모든 기숙사 팀이 매년 선발식을 열지는 않으며, (『해리 포터와 마법사의 돌』에서처럼) 항상 둘째 주도 아니다. 일반적으로 학기 초에 열린다.

**10월 31일** - 핼러윈 연회가 열린다. 해리가 재학할 당시에는 극적인 사고가 많이 벌어져 파티가 자주 중단됐다.

**11월 –** 퀴디치 시즌이 시작된다. 해리가 치른 첫 퀴디치 시합에서 그리핀도르는 슬리데린을 170점 대 60점으로 이겼다. 11월 9일에 열린 경기였다.

**10월~11월 –** 첫 학기가 중간 정도 지난 시점으로, 학기 중 처음으로 호그스미드 방문이 허락된다. 해리가 4학년 때는 이날이 트라이위저드 대회의 첫 과제 전 토요일이었다(1994년 11월 19일).

## 겨울

**12월 말 –** 크리스마스 방학이 시작된다. 학생들 대부분이 집으로 돌아간다.

**12월 25일 –** 학교에 남은 학생과 직원을 위해 크리스마스 정찬이 나온다.

**1월 초 –** 크리스마스 방학이 끝난다.

**2월 14일 –** 밸런타인데이다. 해리가 5학년 때는 이날이 호그스미드에서 보내는 두 번째 주말과 겹쳤다. 하지만 그 두 번째 주말은 때로 12월 초에 있기도 하다.

## 봄

**3월/4월 –** 부활절 휴가가 시작되고 끝난다. 학생들은 집으로 돌아가거나 학교에 남을 수 있다.

**5월 –** 퀴디치컵 결승전이 열린다.

## 여름

**6월 –** 모든 학년의 학기 말 시험이 시작된다. O.W.L.과 N.E.W.T.도 이때 치러진다.

**6월 경 –** 학년 중 마지막으로 호그스미드에서 보내는 주말이 이때 있다. 해리가 3학년 때 이날은 시리우스 블랙이 벅빅을 타고 탈출한 후 돌아온 토요일이었다.

**6월 말 –** 학년 말 연회에서 기숙사 우승컵 수여식이 치러진다.

**6월 말 –** 학년 말 연회가 끝난 다음 날 호그와트 급행열차가 호그스미드에서 런던 킹스크로스역으로 출발한다.

**7월/8월 –** 여름 방학. 모든 학생이 집으로 돌아간다.

# 학용품

매년 학기가 시작되기 전 여름에 학생들은 호그와트에서 생활하는 동안 필요한 물품이 적힌 편지를 교감(해리가 다니던 때는 맥고나걸 교수)에게서 받는다. 교과서를 제외하고 필요한 학용품은 호그와트 교복과 교육에 필요한 의류와 도구들이다.

교수들 대부분은 같은 도구와 참고 서적을 계속 쓰는 것을 좋아하기 때문에 2학년부터 학용품 목록은 일반적으로 교과서로 구성되는데, 여기에는 학년별로 나뉘어 나오는 미란다 고스호크의 『마법 주문에 관한 표준 교과서』도 포함된다. 톰 리들이 어둠의 마법 방어법 교수 자리를 얻는 데 실패한 뒤로(많은 이들은 이 일로 이 자리가 저주받았다고 믿고 있다) 매번 새로운 교수가 올 때마다 교과서 취향도 달라졌다. 호그와트 교과서에 대한 보다 자세한 정보는 160쪽에서 알 수 있다.

### 교복

호그와트 교복은 검정 단색의 "평상복" 가운과 단정한 검정 뾰족 모자로 이루어진다. 필요한 경우 용 가죽이나 비슷한 재질로 만든 보호 장갑과 은색 단추가 달린 검정 겨울 코트를 입을 수 있다.

1994년에 4학년 이상 학생들은 트라이위저드 대회 크리스마스 무도회에 참석할 수 있었다. 이해에 이들의 준비물 목록에는 공식 행사용 정장 로브가 포함되어 있었다(호그와트가 트라이위저드 대회를 주최하는 다른 해에도 그럴 것으로 여겨진다).

학생들은 가운 세 벌만 가져오게 되어 있으므로, 학생들로 가득한 성에서 계속 빨래하는 일은 호그와트 집요정들에게는 꽤 큰 작업임을 짐작할 수 있다. 그래서 모두가 각자의 옷에 이름표를 달라는 이야기를 듣는가 보다.

# 학년별 교과 과정

교과 과정은 해리, 론, 헤르미온느가 호그와트에 다니는 1991년부터 알려져 있다. 어둠의 마법 방어법 수업의 경우 매년 교수가 바뀌기에 어떤 수업이 표준인지 규정하기가 어렵다. 학생들은 3학년부터 선택 과목을 최소 두 가지 들어야 하며, 낙제하거나 O.W.L. 이후로 계속 듣기를 원하지 않는 경우 그만둘 수 있다. 특정 과목은 특정 직업 분야로 진출할 수 있도록 하는 목적이므로 N.E.W.T.를 치르기 위해 꼭 들어야 한다.

## 1학년

**천문학** 망원경으로 밤하늘을 보며 천체의 이름과 행성의 움직임에 대해 배운다.
**알려진 숙제:** 별자리표 완성하기.
**일반 마법** 공중 부양 마법(윙가르디움 레비오사)을 배우면서 손목을 휙 돌리고 튕기는 법을 익히고 깃털에 주문을 거는 법을 배운다.
**어둠의 마법 방어법** 이 교과 과정에서는 악령의 저주를 비롯해 늑대인간에게 물렸을 때 치료하는 법을 익힌다.
**비행술** 빗자루 타는 법을 배운다.
**약초학** 마법 식물과 악마의 덫과 같은 균류에 대해 배우고, 이들을 어떻게 사용하고 다루는지 익힌다.
**마법의 역사** 이 수업에서는 정치, 전쟁, 다른 마법 종족과 마법사에 이르기까지 마법 세계 전반의 역사를 배운다.
**마법약** 종기 치료를 포함해 기본적인 마법약을 다룬다.
**변환 마법** 1학년은 바꾸기 마법 주문과 성냥을 바늘로 바꾸는 법을 익힌다.

## 2학년

비행술을 제외하고 1학년 교과 과정이 2학년에도 이어진다. 특정 교과는 일부 주제만 알려져 있다.
**어둠의 마법 방어법** 길더로이 록하트는 학생들에게 콘월 픽시와 싸우고 자신의 책에 나오는 과정을 재연하는 수업을 진행했다. 인간화 마법으로 늑대인간을 다시 사람으로 되돌리는 법과 수다 저주에 걸린 마을 사람을 치료하는 법 등이었다.

**알려진 숙제**: 록하트가 와가와가 늑대인간을 물리친 일에 대한 시 써 오기(1등을 한 사람에게는 『마법 같은 나』 저자 사인본 증정).

**약초학** 학생들은 직접 맨드레이크를 분갈이하고 아비시니아 쪼글쪼글 무화과의 가지치기 작업을 한다.

**마법의 역사** 빈스 교수가 1289년 국제 고위 마법사 총회에 대해 가르쳐 준다.

**알려진 숙제**: "중세 유럽 마법사들의 의회"에 관해서 90센티미터 길이로 작문해 오기.

**마법약** 부풀리기 물약과 머리카락 곤두세우기 마법약을 만드는 법을 배운다.

**변환 마법** 딱정벌레를 단추로, 토끼를 슬리퍼로 변신시키는 법을 배운다.

### 3학년

학생들은 2학년 때 배우던 필수 과목에 추가로 선택 과목을 두 가지 듣는다.

### 천문학

**알려진 숙제**: 별자리표 완성하기.

**일반 마법** 학생들이 짝을 이루어 서로에게 기분을 좋아지게 하는 마법을 연습한다.

**어둠의 마법 방어법** 루핀 교수는 리디큘러스를 가르치면서 학생들을 보가트와 대적시켜 웃음으로 퇴치하도록 수업을 진행했다. 그 외에 그린딜로, 힝키펑크, 갓파, 레드캡, 뱀파이어, 늑대인간 등을 배웠다.

**알려진 숙제**: 보가트에 관한 장을 읽고 요약해 오기.

**약초학** 학생들은 펑펑 꼬투리에서 콩을 수확해야 한다.

**마법의 역사**

**알려진 여름 방학 숙제**: "14세기에 이루어졌던 마녀 화형은 전혀 무의미한 짓이었다. 이에 관해 논하시오"라는 주제로 글쓰기.

**마법약** 수축 물약 만드는 법을 배운다.

**알려진 숙제**: 검출 불가 독극물에 대해 작문하기.

**변환 마법** 애니마구스에 대해 배운다.

## 선택 과목

**고대 룬문자** 이 과목은 학생들에게 옛 마법 작문 체계를 해석하는 법을 가르쳐 준다.

**숫자점** 이 수업에서는 숫자와 그 속의 마법적 특성부터 수비학까지 다룬다. 숫자 차트를 사용한다. (숫자점은 숫자를 이용해 미래를 예측하는데, 점술을 싫어하는 헤르미온느로서는 아이러니한 선택이었다.)

**마법 생명체 돌보기** 학생들은 눈을 쳐다보고, 인사하고, 그쪽에서도 인사하기를 기다리면서 히포그리프에게 접근하는 법을 비롯해, 플로버웜에게 양상추를 먹이며 돌보는 방법을 배웠다. 샐러맨더가 잔뜩 든 모닥불을 살피기도 했다.

**점술** 1학기는 찻잎 읽기에 집중한다. 2학기는 손금, 수정 구슬 들여다보기, 불길한 징조 읽기를 익힌다.

**머글학** 머글 사회에 대해 배운다.

**알려진 숙제**: "머글들에게 전기가 필요한 이유를 설명하시오"라는 주제로 글 써 오기.

## 4학년

학생들은 기존의 필수 교과목과 3학년 때 고른 선택 과목을 계속 배운다. (헤르미온느는 필요 이상으로 선택 과목을 수강했기 때문에 그중 점술과 머글학을 그만두었다.)

**마법 생명체 돌보기** 해그리드는 맨티코어와 불게를 결합해 폭발 꼬리 스크루트를 만들어 냈다. 학생들은 스크루트에게 여러 음식을 주면서 무얼 먹는지 찾고, 어떤 행동을 하는지 기록하고, 목줄을 채워 산책시키고, 동면을 하는지 살피기 위해 베개와 담요가 들어 있는 상자로 안내했다(이들은 동면하지 않는다). 해그리드를 대신해 부임한 그러블리 플랭크 교수는 학생들에게 성체 유니콘을 소개해 주었다. 해그리드는 돌아오고 나서 새끼 유니콘을 교실로 데려왔다. 봄에는 니플러를 이용해 땅속에 숨겨 둔 레프러콘의 금을 찾았다.

**일반 마법** 소환 마법(아씨오)과 쫓아 버리기 마법(디펄소)을 연습한다.

**어둠의 마법 방어법** 무디 교수(실제로는 변장한 바티 크라우치 주니어)는 학생들에게 용

서받지 못하는 저주에 대해 가르치면서 임페리우스 저주, 크루시아투스 저주, 살해 저주를 거미에게 시현해 보였다. 또한 임페리우스 저주를 학생에게 걸어 어떤 느낌이고 어떻게 저항할지 알려 주었다.

**점술** 점성술에 대해 배우고 자신이 출생한 시간대의 행성 위치표를 완성한다. 이 작업을 하려면 시간대를 잘 알고 각을 계산할 수 있어야 한다.

**알려진 숙제:** 다음 달 행성의 움직임이 자신에게 어떤 영향을 미칠지 개인의 별자리 차트를 토대로 자세하게 분석하기.

**약초학** 여드름 치료용으로 사용되는 멍울초 고름을 모은다. 희석하지 않은 고름이 피부에 닿으면 해로우니 손을 보호하는 용 가죽 장갑을 꼭 껴야 한다. 또한 파닥파닥 덤불의 가지치기를 하고 탱탱 알뿌리를 분갈이해 준다.

### 마법의 역사

**알려진 숙제:** 18세기 고블린 반란에 관해서 매주 글 써 오기.

**마법약** 해독제와 초롱초롱 마법약을 만드는 법을 배운다.

**알려진 숙제:** 해독제에 관해 조사하기.

**변환 마법** 고슴도치를 바늘꽂이로, 뿔닭을 기니피그로 변신시키는 법을 배운다.

**알려진 숙제:** 하나의 종을 다른 종으로 변환시킬 때 적합한 마법 주문을 예시를 들어 설명하기.

## 5학년

학생들은 (아마도) 필수 과목과 선택 과목을 그대로 공부하고 보통 마법사 등급 시험, 즉 O.W.L.을 준비한다.

### 천문학

**알려진 숙제:** 목성의 위성에 관한 작문과 별자리표 완성하기.

**마법 생명체 돌보기** 학생들은 수업 시간에 보우트러클을 스케치하고 신체 구조를 익혔다. 학년 말에는 크럽과 세스트럴을 다뤘으며 날, 니즐, 폴락도 이 시기에 일반적으로 다룬다.

**일반 마법** 소환 마법을 다시 연습하고, 침묵 마법(실렌시오)을 황소개구리나 까마귀 같은 동물에게 적용해 보고, 찻잔에 다리가 자라게 마법을 걸어 본다.

**알려진 숙제:** 해제 마법 연습.

**어둠의 마법 방어법** 덜로리스 엄브리지는 교과서의 이론만 읽히고 실제 지팡이 사용은 하지 못하도록 막았다.

**점술** 트릴로니 교수가 해몽하는 법을 가르쳤다. 트릴로니는 1995년~1996년 학기에 엄브리지 교수로 인해 직위를 잃었다.

**알려진 숙제:** 한 달 동안 꿈 일기 쓰기.

트릴로니 대신 수업을 맡은 피렌지는 아주 개인적인 상황을 행성의 움직임과 연결하는 인간의 점술의 모호함과 허무함을 강조했다. 학생들은 샐비어와 마법 아욱을 태워 연기 속에서 형상과 상징을 찾았다.

**약초학** 학생들은 꽥꽥 나무 묘목을 다룬다.

**알려진 숙제:** 스스로 거름을 주는 관목에 관해 글쓰기.

**마법의 역사** 빈스 교수가 거인 전쟁에 대해 강의한다.

**알려진 숙제:** 거인 전쟁에 관해 90센티미터 길이로 작문해 오기.

**마법약** 안정 물약과 강화 용액 만드는 법을 배운다.

**알려진 숙제:** 월장석 사용에 관해 90센티미터 길이 분량의 작문 써 오기, 혼란 및 정신착란 마법약에 대해 조사하기, 다양한 독약 치료제에 대해 글쓰기.

**변환 마법** 사라지는 주문을 차츰 복잡한 동물을 상대로 연습해 본다. 달팽이부터 시작해서 쥐, 새끼 고양이로 넘어간다.

**알려진 숙제:** 무생물 생성 마법에 대해 글쓰기.

## 6학년

학생들은 O.W.L.을 친 뒤에 공부할 과목을 선택할 수 있으며, 교수에 따라서는 O.W.L.에서 일정 수준 이상의 점수를 받은 학생만이 N.E.W.T.를 준비하기 위한 수업을 들을 수 있다. 연금술처럼 특별 과목의 경우 충분한 수요가 있는 경우에만 6학년과 7학년이 수업을 받을 수 있다.

**일반 마법** 식초를 와인으로 바꾸고 물 만들기 주문(아구아멘티)을 익힌다. 무언 주문도 배울 수 있다.

**어둠의 마법 방어법** 학생들은 무언 주문 마법을 배우면서 짝을 지어 말없이 저주 마법을 걸고, 역시 말없이 그 마법을 방어했다.

**알려진 숙제:** 디멘터와 가장 잘 싸우는 방법과 임페리우스 저주에 저항하는 법에 관해 글쓰기.

**약초학** 올가미나무 둥치 안에 있는 꼬투리를 줍기 위해 장갑, 보호안경, 마우스피스로 무장하고서 안에 있는 덩이줄기가 드러나도록 날카로운 물건으로 꼬투리를 찌른다.

**마법약** 호러스 슬러그혼은 학생들에게 베리타세룸, 폴리주스 마법약, 아모르텐시아, 펠릭스 펠리시스를 보여 주었다. 학생들은 살아 있는 죽음의 물약을 만들어야 했고, 가장 잘 만든 학생이 펠릭스 펠리시스가 든 약병을 얻었다. 해독제와 골팔로트의 세 번째 법칙(혼합 독극물에 대한 해독제는 성분 각각의 해독제의 총 양과 같거나 많다) 역시 다룬다.

**알려진 숙제:** 영원의 영약에 대해 조사해 오기.

**변환 마법** 학생들은 새가 나오게 하는 마법(아비스)을 익히고 사람의 눈썹 색상을 바꾸면서 인간에게 변환 마법을 적용해 본다. 무언 주문을 할 수 있어야 한다.

**알려진 숙제:** "재물질화의 원칙"에 관한 작문(아마도 변환 마법 과제일 것으로 짐작됨).

## 7학년

해리, 론, 헤르미온느는 학교가 죽음을 먹는 자들의 손에 들어가 있었던 터라 마지막 학년에 수업을 듣지 않아서 알려진 바가 거의 없다.

**어둠의 마법 방어법** 1997년~1998년 학기에 아미쿠스 캐로는 방과 후 징계를 받는 학생을 대상으로 크루시아투스 저주를 연습하도록 지시했다.

**머글학** 알렉토 캐로가 이제 필수 과목(이전까지는 선택 과목)이 된 이 수업을 1997년~1998년 학기에 맡아 반머글 사상을 가르쳤다.

# 시험

학기 말이 되면 학생들은 모든 수업의 시험을 통과해야 다음 학년으로 넘어갈 수 있다. 수업마다 필기시험을 치르며, 일부는 실기시험도 포함한다. 시험지에는 부정행위 방지 마법이 걸려 있고 자동 정답 깃펜, 리멤브럴, 탈부착 커닝 옷소매, 자동 수정 잉크는 금지된다. 1학년부터 4학년 때까지의 성적은 수치와 퍼센트로 나온다. 헤르미온느는 학생이 시험에서 100퍼센트 이상의 점수를 받을 수 있다는 점을 보여 주었다. 반대로 O.W.L.과 N.E.W.T.를 치르는 5학년과 7학년은 통지표 형식이다.

### 1학년 시험

**일반 마법:** 파인애플이 책상 위에서 탭댄스를 추게 만들어야 한다.
**마법의 역사:** 저절로 젓는 솥단지를 발명한 가스파드 쉰글턴에 관한 학생들의 지식을 시험한다.
**마법약:** 책을 보지 않고 건망증 물약을 만들 수 있는지 시험한다.
**변환 마법:** 쥐를 코담뱃갑으로 변신시켜야 한다. 담뱃갑이 얼마나 예쁘냐에 따라 추가 점수가 주어지며, 담뱃갑에 쥐 수염이 남아 있으면 감점을 받는다.

### 2학년 시험

1992년~1993년 학기의 기말시험은 비밀의 방이 다시 열리고 여러 학생이 돌로 변한 관계로 취소되었다.

### 3학년 시험

**마법 생명체 돌보기:** 플로버웜을 한 시간 동안 살려 둘 수 있는지 시험 한다.
**일반 마법:** 학생들은 짝을 지어 격려 마법을 포함해 여러 가지 마법을 실행해야 한다.
**어둠의 마법 방어법:** 학생들은 그린딜로가 있는 깊은 웅덩이를 가로지르고 레드 캡이 우글거리는 구덩이를 지나는 장애물 코스를 완주한 다음 힝키펑크가 가르쳐 주는 잘못된 방향을 무시하고 마침내 보가트와 결투를 벌여야 했다.

**점술**: 수정 구슬을 들여다보며 보이는 것을 읽어야 한다.
**마법의 역사**: 중세 마녀사냥에 대한 학생의 지식을 점검한다.
**머글학**: 필기시험으로, 헤르미온느는 여기서 320퍼센트를 받았다.
**마법약**: 학생은 책을 보지 않고 혼돈 혼합물을 만들어야 한다.
**변신술**: 찻주전자를 거북이로 만드는 것부터 여러 가지 과제를 완수해야 한다.

### 4학년 시험

1994년~1995년 학기의 4학년 기말시험에 대해서는 알려진 부분이 거의 없다. 해리는 트라이위저드 대회의 학교 대표로 뽑히면서 시험을 치지 않았다.

### 5학년 O.W.L. 시험

2주간 시험이 치러지며 이론 필기시험은 오전에, 실기는 오후에 치른다. 5학년과 7학년은 대연회장에서 같은 시간에 시험을 본다. 기숙사별 테이블을 치우고 그 자리에 책상이 들어차서 교직원 테이블과 마주한다.

**고대 룬문자**: 룬문자를 영어로 번역한다.
**천문학**: 이론 시험은 목성의 위성에 관한 지식을 살핀다. 실기의 경우 학생이 밤하늘을 관측해 별자리표를 채워야 한다.
**마법 생명체 돌보기**: 고슴도치 사이에서 날을 제대로 골라 낼 수 있어야 한다.
**일반 마법**: 이론 시험은 공중 부양 마법에 관한 내용이다. 실기시험에서는 에그 컵을 옆으로 재주넘기하게 만들고, 공중 부양 마법과 색깔 바꾸기 마법을 시연해야 한다.
**어둠의 마법 방어법**: 1976년 O.W.L. 필기시험은 늑대인간임을 알 수 있는 증거 다섯 가지를 대는 것이었다. 해리는 실기시험으로 보가트를 사라지게 만들었고, 패트로누스까지 만들어 내서 추가 점수를 받았다.
**약초학**: 송곳니 제라늄을 다룬다.
**마법의 역사**: 리히텐슈타인의 마법사와 국제 마법사 연맹에 대한 지식을 평가한다. 해리는 시험 중에 시리우스 블랙이 미스터리 부서에서 고문을 당하는 환영을 보는 바

람에 자리를 일찍 떴다.

**마법약**: 이론 시험은 폴리주스 마법약에 대한 학생의 지식을 평가한다.

**변환 마법**: 이론 시험에서는 바꾸기 마법 주문의 정의에 대해 질문한다. 실기시험에서는 동물을 사라지게 만들 수 있는지 평가한다.

## 6학년 시험

O.W.L.을 통과한 학생들만 수업을 들을 수 있으며, 교수들은 각자 N.E.W.T.에 맞도록 높은 수준의 수업을 준비한다. 1996년~1997년 학기에는 덤블도어가 세상을 떠나면서 모든 시험이 연기되었다.

## 7학년 시험

호그와트에서 가장 까다로운 시험으로 학생이 마법사로서 어떤 경력을 쌓아 나갈지를 결정한다. 6학년부터 공부해 온 과목으로 시험을 치며, 시험 대부분이 필기와 실기를 모두 포함한다.

### O.W.L.과 N.E.W.T. 점수표

| 합격 등급 | 불합격 등급 |
| --- | --- |
| 뛰어남(O) | 열악함(P) |
| 기대 이상(E) | 끔찍함(D) |
| 평균(A) | 트롤급(T) |

# 교과서

학년마다 호그와트 학생들은 부엉이 우편을 통해 학용품과 교재 목록을 받는다. 교수들은 수업 계획에 따라 책을 선택한다(어둠의 마법 방어법 수업은 매년 교수가 바뀌는 탓에 교과서도 달라진다).

『고급 마법약 제조』 1946년경 리바티우스 보리지가 펴낸 이 책은 N.E.W.T. 마법약 수업 교재다. 1976년부터 교재로 사용됐는데, 해리가 6학년 때 쓰던 책에는 필기 흔적이 남아 있었다. 알고 보니 세베루스 스네이프가 적어 둔 메모들이었다.

『고급 룬문자 번역』 N.E.W.T.를 준비하는 학생용이다.

『입문자를 위한 변환 마법』 에머릭 스위치가 쓴 책으로 1학년과 2학년 학생들의 교과서다. 1992년 여름 방학 때 루시우스 말포이가 톰 리들의 일기장을 지니의 이 중고 교과서에 몰래 끼워 넣었다.

『밴시와의 휴식 시간』, 『굴과 굴러다니기』, 『마귀할멈과의 휴일』, 『트롤과의 일상 탈출』, 『뱀파이어와 항해하기』, 『늑대인간과 나돌아 다니기』, 『설인과 보낸 365일』 길더로이 록하트가 쓴 책들로, 1992년~1993년 학기에 어둠의 마법 방어법 교재로 사용됐다. 책에는 여러 위험한 동물을 다룬 작가의 개인적 일화가 담겨 있으나, 이후 이것들이 다른 사람의 경험을 가져다가 사기로 날조된 내용이라는 사실이 밝혀졌다.

『얼굴 없는 자들과 대결하는 법』 1996년~1997년 학기에 세베루스 스네이프가 가르친 어둠의 마법 방어법 N.E.W.T. 수업 교재다.

『어둠의 힘: 자기방어를 위한 안내서』 퀜틴 트림블이 쓴 책으로 1991년~1992년 퀴럴 교수가 어둠의 마법 방어법 수업 때 교과서로 사용했다.

『방어 마법 이론』 윌버트 슬링크하드가 쓴 책으로 1995년~1996년 학기에 어둠의 마법 방어법 수업 교재로 사용되었다. 각 장의 내용은 「초보자를 위한 기초」, 「일반 방어 이론과 그 유래」, 「마법 공격에 대한 비공격적 반응의 사례」, 「복수하는 대신 협상하기」이다.

『꿈의 신탁』 이니고 이마고가 쓴 책으로 트릴로니 교수가 5학년 점술 수업 시간에 해몽법에 대해 알아보고자 교재로 사용했다.

『신비한 동물 사전』 1927년 뉴트 스캐맨더가 옵스큐러스북스를 통해 출간한 책으로 마법 생명체와 마법 정부의 생명체 분류 등급, 마법동물학 분야를 자세하게 다루고 있다. 1학년 학생들이 사용하는 교과서다.

『세계의 육식 나무들』 N.E.W.T.를 준비하는 6학년 학생들의 약초학 교재다.

『고급 변환 마법 지침서』 변환 마법을 공부하는 학생들이 사용하는 N.E.W.T. 준비용 책이다.

『마법의 역사』 바틸다 백숏이 쓴 이 책은 마법 세계에서 가장 유명한 책으로 꼽힌다. 19세기까지의 마법 역사를 모조리 정리하고 있다. 해리 포터는 호그와트에 입학하기 전 이 책에서 영감을 얻어 자신의 흰올빼미에게 헤드위그라는 이름을 붙여 주었다.

『영국 머글들의 가정생활과 사회적 관습』 1987년 윌헬름 위그워디가 리틀레드북스를 통해 출간한 책으로, 선택 과목으로 머글학을 고른 3학년 학생들이 쓰는 교과서다.

『중급 변환 마법』 3~5학년 학생들용 교재다.

『마법의 약』 아시니어스 지거의 책으로 1학년용 마법약 수업 교재다.

『마법 상형문자와 기호』 5학년 고대 룬문자 수업 교재로 추정된다. 1996년 3월 어느 저녁, 헤르미온느가 그리핀도르 기숙사 휴게실에서 이 책에 대해 언급했다.

『마법 이론』 애덜버트 워플링의 저서로 1학년용 교과서다. 마법의 기본 법칙들을 다룬다.

『괴물들에 관한 괴물 책』 1993년 마법 생명체 돌보기 수업에서 사용한 3학년 교과서다. 이 책은 특이하게도 읽는 사람의 손을 물어뜯으려고 하므로 책등을 쓸어내려 펼쳐야 한다.

『수비학과 문법』 숫자점을 선택 과목으로 고른 학생들이 보는 교과서다.

『1,000가지 마법 약초와 버섯』 1학년이 마법약 수업을 들을 때 필요한 교재다.

『스펠먼의 룬문자 읽기』 고대 룬문자를 선택 과목으로 정한 5학년과 6학년이 보는 교재다.

『마법 주문에 관한 표준 교과서: 1~7학년용』 미란다 고스호크가 집필한 교재로, 학년이 올라갈 때마다 시리즈의 다음 등급 책이 필요하다.

『미래의 안개 걷어 내기』 유명한 예언가인 카산드라 바블라츠키가 썼다. 손금 보기, 수정 구슬 들여다보기와 새 창자 점을 다룬다.

# 도서관 소장 도서

호그와트 도서관에 있는 수천 개의 선반 위에는 수를 알 수 없는 어마어마한 양의 책들이 꽂혀 있다. 그중 극히 일부만이 해리가 호그와트를 다니던 시절에 여러 사건과 관련되어 우리 앞에 나타났다.

### 제목이 알려진 도서관 책들과 대출한 인물

해리, 론, 헤르미온느는 니콜라 플라멜에 대해 조사할 때 다음의 두꺼운 책들을 참고했다(안타깝지만 그중 어느 책에도 플라멜에 대한 정보는 없었다).

- 『마법학의 최근 발전상에 관한 연구』
- 『20세기의 위대한 마법사들』
- 『현대의 중요한 마법적 발견들』
- 『우리 시대의 주목할 만한 마법계 인물 백과』

해그리드는 노르웨이 리지백인 노버트(타)를 돌보는 법을 알기 위해 용과 관련한 다음 책들을 참고했다.

- 『즐거움도 주고 돈벌이도 되는 용 기르기』
  세부 내용: 필수 장비, 용의 알 구별하기, 전 세계의 용(지도), A부터 Z까지 질병에 관한 모든 것.
- 『영국과 아일랜드의 용』
- 『알에서부터 불지옥까지: 용 사육을 위한 안내서』

헤르미온느가 비행술과 관련해 참고한 책은 다음과 같다.

- 『퀴디치의 역사』 1952년 위즈하드북스에서 출간한 케닐워디 위스프의 저서다. 빗자루를 타고 하는 스포츠와 퀴디치에 대한 1,000년이 넘는 역사를 다루고 있으며 퀴디치 선수의 각 포지션, 공, 장비, 반칙과 여러 프로 팀에 대해서도 살핀다.

론은 벅빅을 구하기 위해 다음 책들을 참고했다.
- 『조류인가 오류인가? 히포그리프의 야만성 연구』 히포그리프와 관련한 역사적 사건들을 살펴본다.
- 『히포그리프 심리 안내서』 히포그리프 가이드북이다.

해리와 헤르미온느가 용을 이기는 주문을 찾을 때 본 책은 다음과 같다.
- 『급하고 곤란한 사람들을 위한 기초 공격 마법』 여러 주문이 담긴 책이다.
- 『용을 지나치게 사랑하는 사람들』 용 전문가들에 대한 심리적 연구서다.

해리와 친구들이 물속에서 숨을 쉬는 방법을 찾기 위해 살펴본 책들은 다음과 같다.
- 『18세기 마법 선집』 일반 마법 참고서다.
- 『중세 마법 안내서』 역사 참고용 서적이다.
- 『심연에 서식하는 섬뜩한 생물들』 바다 생물 지침서다.
- 『미친 마법사들을 위한 무분별한 마법』 마법 주문에 관한 책이다.
- 『옛 시절의 잊힌 주문과 마법』 마법 주문에 관한 책이다.
- 『전에는 몰랐던 능력과 그 능력을 알게 된 지금 당신이 해야 할 일』 마법 주문에 관한 책이다.
- 『사기꾼 같은 사람들을 위한 심술궂은 속임수들』 마법 주문에 관한 책이다.
- 『묘한 마법의 딜레마와 그 해결법』 마법 지침서다(곱슬거리는 코털이 자라게 하는 주문이 들어 있다).
- 『지팡이가 있는 곳에 길이 있다』 마법 주문에 관한 책이다.

헤르미온느는 제한 구역에서 다음과 같은 책들을 찾아냈다.
- 『극도로 사악한 마법들』 중세 시대 고델롯이 쓴 어둠의 마법 참고서다. 제한 구역을 포함해 호그와트 도서관을 통틀어 호크룩스를 언급한 단 한 권뿐인 책이지만, 자세한 내용은 없고 그저 "마법적 발명 중 가장 사악한" 것이라고만 설명하고 있다. 이 책을 쾅 덮으면 "유령처럼 울부짖"는 소리가 흘러나온다. 훗날 헤르미온느는 마법 정

부 총리가 되었을 때 이 책의 사본을 자기 사무실에 두었다.
- 『최강의 마법약』 폴리주스 마법약 제조법을 포함해 고급 마법약 만드는 법을 삽화와 함께 수록한 지침서다.

해리가 마법약 수업을 위해 공부한 책은 다음과 같다.
- 『아시아의 해독제』 치료약 참고 서적이다.

## 호그와트의 역사

헤르미온느가 가장 좋아하는 『호그와트의 역사』는 1,000페이지짜리 책으로 호그와트를 둘러싼 1,000년의 역사를 담고 있다. 이 책에는 다음과 같은 내용이 들어 있다.
- 대연회장의 마법에 걸린 천장.
- 머글들로부터 호그와트를 숨기는 법. 머글이 우연히 이곳에 오더라도 오랜 폐허와 "위험, 들어가지 마시오, 안전하지 않음"이라고 적힌 표지판만 보게 된다고 한다.
- 호그와트 안팎으로 순간이동하는 것과 관련된 규칙(주로 할 수 없다는 내용).
- 머글 전자 제품이 호그와트에서는 작동하지 않는다는 점.

특이하게도 책에서는 호그와트의 집요정에 대해서는 다루고 있지 않다.

# 교칙

학교는 어린 마법사들이 마법 능력을 발휘하는 곳이므로 호그와트는 다소 무른 질서 의식을 유지하기 위해 교칙을 정해 두었다고 밝혔다. 일부 교칙은 모든 학생에게 적용되며, 다른 일부는 연령이나 외부 세계의 사건에 따라 결정된다. 해리는 호그와트에서 공부하면서 알려진 교칙을 모조리 어겼다.

## 모든 학생에게 적용되는 교칙

### 통금

엄격하게 실시하지만 가장 흔히 위반되는 교칙으로, 학생들이 밤에 기숙사 밖으로 나가지 못 하게 하는 규칙이다. 필치는 밤에 복도를 돌아다니며 감시하는 일에 너무나 열심이어서 거의 잠을 자지 않는다. 5학년부터는 통금 시간이 9시로 바뀌는데, 그전까지는 몇 시인지 정확하지 않다. 학생들은 해가 진 뒤로 몇 시든 가급적 성을 나가지 못하는데(확실히 금지된 경우를 제외하고), 특히 바깥세상의 위험이 커지는 시기에는 더욱 엄격히 적용되었다. 그렇지만 해리는 학창 시절 밤에 투명 망토를 쓰고 열다섯 번이나 나갔다 왔다. 그를 걱정하는 선생님에게 딱 한 번만 잡혔다는 사실이 놀라울 뿐이다. 처벌은 꽤나 심한 편이다. 미네르바 맥고나걸은 그리핀도르 기숙사 점수를 150점 깎았고 해리, 헤르미온느, 네빌에게 방과 후 징계를 주었다.

### 금지된 숲

그 이름이 모든 걸 말해 준다. 학생들은 마법 생명체 돌보기 수업 때나 방과 후 징계를 받을 때 교수나 직원과 함께여야만 이곳에 들어갈 수 있다.

### 반입 금지 물품

필치는 학교에서 쓸 수 없는 물건의 광범위한 목록을 혼자 다 관리하는 듯하다. 위즐리 형제가 위대하고 위험한 장난감 가게를 공식적으로 열고 난 뒤 필치는 그들의 가게에서 파는 모든 물건을 금지 목록에 추가했다. 이 목록에는 송곳니 원반과 똥 폭탄도 포함되어 있다. 필치는 학기가 시작될 때마다 덤블도어에게 반입 금지 물품을 학생들에게 주지시켜 주기를 요청하지만, 덤블도어가 그렇게 열성적으로 돕지 않아서 호기심 넘치는 학생들은 필치의 사무실 문 앞에 길게 줄을 서게 된다. 필치는 금지 항목을 자기 마음대로 정할 수 있는 듯하다. 1996년 초에는 그리핀도르가 퀴디치 경기에서 지자 학교 복도에서 "위즐리는 우리의 왕" 노래를 부르지 못하도록 금지시켰다. 1996년~1997년 학기에는 모든 학생의 소지품과 우편물을 수색해 위험한 물건을 학교 안으로 들이지 않는지 감시했다. 필치는 학생들을 수색할 때 거짓말 감지기를 쓰며, 압수한 물건 중에는 쪼그라든 머리도 있었다.

### 도서관 규칙

도서관에서 책을 볼 때 지켜야 하는 규칙에 관해서는 도서관 항목(67쪽)을 참고하라.

## 연령에 따른 교칙

### 빗자루

1학년은 캠퍼스에 자기 빗자루를 가져올 수 없다. 해리는 1학년 때 기숙사 팀에서 연습할 수 있도록 빗자루를 받으면서 이 규칙을 깼다.

### 호그스미드 방문 허가서

3학년이 시작되면 학생들은 부모나 보호자의 서명을 받은 방문 허가서를 소지하면 호그스미드에 갈 수 있다. 1993년 해리는 허락 없이 몰래 호그스미드로 갔다.

### 학교 밖에서의 마법 사용

마법 세계에서 17세 이하의 어린 마법사들은 학교 밖에서 마법을 쓸 수 없다. 어린 마법사들에게는 모두 추적 마법이 걸려 있어 아이가 있는 곳에서 마법이 발생하지 않는지 감시할 수 있는데, 이 주문은 정확도가 꽤 낮아서 마법을 쓴 대상이 누군지 정확하게 집어내지 못한다.

# 특정 연도에만 적용된 교칙

### 4층 복도

1991년~1992년 학기에 오른쪽 4층 복도는 "굉장히 고통스러운 죽음을 맞고 싶"지 않은 모두에게 출입이 금지되었다. 복도 자체는 그저 알로호모라 주문으로 간단히 열 수 있으나, 이 같은 위협은 학생들의 발길을 돌리기 충분했다.

### 더 엄격해진 통금 시간

1992년~1993년 학기에 비밀의 방이 열리고 헤르미온느와 페넬러피 클리어워터가 연달아 돌로 변하자 학교는 통금 시간을 보다 엄격하게 관리하고 많은 주의를 기울였다. 학생들은 저녁 6시까지 기숙사 휴게실로 돌아가야 했고, 교실이나 화장실에 갈 때는 선생님과 함께 가야 했다. 퀴디치 시합과 연습을 비롯해 모든 저녁 활동이 취소됐다.

### 교육 법령

1995년~1996년 덜로리스 엄브리지가 호그와트로 부임했을 때 마법 정부는 덤블도어가 학교를 통제하지 못하도록 막기 위해 일련의 교육 법령을 추가했다. 첫 스물한 개의 법령은 알려지지 않았으나, 8월 30일을 시작으로 교육 법령 제22조는 "현 교장이 교수 후보자를 제공할 수 없는 경우 정부가 반드시 적절한 인물을 선택"할 수 있도록 했다. 9월에 엄브리지가 호그와트 장학사로 임명된 것은 교육 법령 제23조에 의한 것으로, 그녀는 다른 교수들의 수업을 감시하고 그들을 자르거나 보호 관찰 처분을 내릴 수 있었다. 덤블도어의 군대가 처음 호그스 헤드에서 모임을 가진 뒤로 교육 법령 제24조가 통과되어 "어떠한 학생 조직, 학회, 팀, 모임, 동호회도 장학관에게 신고하여 허가받기 전에는 존재할 수 없다"라고 규정했다. 이 법령으로 덤블도어의 군대 소속원들은 퇴학당할 위기에 처했으며, 퀴디치 팀도 재구성을 위한 허가서를 받아야 했다.

교육 법령 제25조는 엄브리지에게 다른 교사가 내린 징계를 바꿀 권한을 주었고, 엄브리지는 해리와 프레드와 조지가 퀴디치 팀에서 뛰지 못하도록 금지했다. 아즈카반에서 죽음을 먹는 자 열 명이 탈출하자, 교육 법령 제26조는 "교사는 급여를 받고 지도하는 과목과 밀접하게 연관되지 않은 어떠한 정보도 학생에게 전달할 수 없다"라고 명시했다. 그 뒤를 이어 재빨리 교육 법령 제27조가 나와 학생들은 『이러쿵저러쿵』을 읽지 못하게 되었는데, 이로 인해 오히려 더 많은 학생이 해리의 인터뷰를 보고 싶어 했다. 덤블도어가 덤블도어의 군대를 대신해 책임을 졌을 때 엄브리지는 교육 법령 제28조에 의해 교장이 되었다. 필치는 해리에게 앞으로 교육 법령 제29조가 나오면 학생들을 자기 사무실로 데려가 발목에 끈을 달고 거꾸로 매달아 둘 것이라고 위협했다.

### 의무 출석

죽음을 먹는 자들이 호그와트를 점령한 1997년~1998년 학기에 호그와트에서 출석은 의무가 되었다. 출석은 곧 모든 어린 마법사들을 통제하고 머글 출신을 색출하는 도구가 되었다.

# 처벌

다른 학교들처럼 호그와트 학생들도 교칙 위반을 피해 갈 수 없다. 위반 정도에 따라 처벌 범위는 기숙사 점수 감점부터 방과 후 징계, 심하면 퇴학까지 다양하다.

### 기숙사 점수

기숙사 점수 감점은 보편적으로 이뤄지는 처벌로, 점수를 크게 깎아 먹은 학생은 반 친구들의 분노를 사는 경우가 많다. 그러나 이 체제에는 사적인 감정이 작용할 수 있다. 특정 기숙사 담임(대표적으로 스네이프)은 자신의 기숙사보다 다른 기숙사의 점수를 더 많이 깎으려고 한다. 예를 들어 해리가 호그와트를 다닐 때 스네이프는 그리핀도르에서 267점을 감점했으나 슬리데린의 점수는 단 1점도 깎지 않았다.

### 방과 후 징계

잘못이 상당히 큰 경우 많은 교사가 방과 후 징계를 준다. 어떤 징계들은 학교 병동의 변기 청소, 뿔두꺼비 내장 제거하기, 쥐의 뇌 절여 놓기, 썩은 플로버웜 골라내기(이 모든 벌칙을 스네이프가 내렸다니 놀랍지도 않다)처럼 구역질을 유발하고, 어떤 징계들은 반성문 쓰기, 필치의 서류들 사본 만들기, 은제품 광내기, 길더로이 록하트의 팬레터에 답장하기처럼 지루하기 짝이 없다. 밤에 금지된 숲으로 가서 유니콘을 살해한 대상을 찾는 일과 같은 위험한 임무도 있다. 방과 후 징계는 무례한 말 쓰기, 숙제 내지 않기, 밤에 침대 밖으로 나오기 같은 하찮은 규칙 위반부터 이를테면 나는 차를 타고 학교에 오기, 디멘터인 척하기, 복도를 늪으로 변환시키기, 금지된 저주 사용하기, 암호 목록을 잃어버려 도망친 범죄자가 기숙사 휴게실로 들어오게 만들기처럼 보다 심각한 규정 위반에도 적용된다.

전반적으로 미네르바 맥고나걸, 세베루스 스네이프, 덜로리스 엄브리지가 방과 후 징계 벌칙을 가장 빈번하게 주었다. 스네이프와 엄브리지는 특히 불쾌한 과제를 주면서 기간도 길게 잡았다.

### 퇴학

퇴학은 종종 위협용으로 쓰이지만, 아주 드물게 정말로 시행되기도 한다. 퇴학당한 학생은 마법 지팡이를 반으로 부러뜨려야 하는데, 이는 그들이 마법 사회의 변두리로 쫓겨난다는 의미이다. 이 수치스러운 결과에 대한 두려움으로 헤르미온느는 퇴학을 당하느니 차라리 죽는 게 났겠다고 믿었다.

호그와트에서 쫓겨난 것으로 알려진 학생은 두 명뿐이다. 1914년경 뉴트 스캐맨더는 불법 마법 생명체를 데리고 있는 위험한 학생이라는 이유로 쫓겨났는데, 덤블도어가 퇴학 처분만은 강하게 반대한 덕에 스캐맨더는 지팡이를 지킬 수 있었다. 1943년 루비우스 해그리드는 비밀의 방을 열었다는 이유로 퇴학 처분을 받았다. 덤블도어는 아만도 디핏에게 해그리드가 숲지기로 일하도록 허락을 받았지만, 해그리드는 지팡이를 반으로 부러뜨려야 했다.

학생이 다른 사람의 목숨을 위태롭게 하거나 마법 법칙을 깼을 때 퇴학을 받는 듯하다. 학교 밖에서 마법을 사용하는 일은 비밀 유지 법령을 심각하게 위법하는 행위로, 이 규칙을 두 번 위반한 학생은 자신을 방어하기 위해 그랬다고 입증하지 않는 이상 퇴학을 면할 수 없다.

### 잔인하고 보기 드문 처벌

덜로리스 엄브리지가 호그와트 교장으로 있을 때 처벌 강도는 극한으로 치달았다. 엄브리지에게 방과 후 징계를 받은 학생(대표적으로 해리)은 그녀가 특별히 발명한 깃펜으로 반성문을 써야 했는데, 피를 잉크로 먹은 펜이 학생의 손등에 글씨를 새겼다. 엄브리지는 또한 해리, 프레드, 조지가 시합 말미에 드레이코 말포이와 싸웠다는 이유로 다시는 퀴디치 경기를 못 하도록 금지했다. 그리고 필치에게 쌍둥이를 매질할 권한을 줬으나 둘은 필치에게 붙잡히기 전에 달아났다.

1997년 가을, 죽음을 먹는 자들이 학교를 점령하자 아미쿠스와 알렉토 캐로는 방과 후 징계를 받은 학생을 대상으로 다른 학생들에게 크루시아투스 저주를 연습하도록 했다. 거부하거나 수업 시간에 무례한 말을 한 학생은 물리적으로 상처를 입었다. 그들은 학생들에게 쇠사슬을 채우고 이들을 보호하려는 사람은 무조건 고문했다.

# 특별 활동

호그와트에서 보내는 일정은 마법을 연습하고, 교실을 찾고, 맛있는 음식을 먹느라 아주 바빠서 자유 시간을 내기가 참 힘들다. 호그와트에는 동호회나 단체가 그리 많지 않지만, 그래도 학생들은 많은 즐거움을 누린다.

주말이나 방학 때 학생들은 기숙사 휴게실에서 폭발하는 카드 게임, 곱스톤 또는 마법사 체스를 즐긴다. 특별 활동을 할 때는 곱스톤과 마법 사용이 허가된다.

사회 운동에 관심이 많은 학생은 집요정 복지 증진 협회에 참여할 수 있다. 가입비는 2시클이다.

퀴디치는 호그와트에서 사랑받는 스포츠로, 재능 넘치는 학생은 각자의 기숙사 팀에 합류할 수 있다. 다른 학생들은 퀴디치 경기장이 비어 있을 때 언제든 내려가서 비행 연습을 할 수 있다. 땅에 발을 붙이고 있기를 더 좋아하는 학생이라면 안전하게 관중석에 앉아서 자기 팀을 응원하며 즐기면 된다.

퀴디치 팀보다 더 독점적인 모임은 바로 민달팽이 클럽인데, 슬러그혼 교수가 만든 이 엘리트 집단은 재능 넘치는 학생들을 초대해 끈끈하게 교류한다. 슬러그혼은 이 클럽 회원들을 대상으로 크리스마스 파티를 여는데, 해리는 1996년 모임에 참석했다.

3학년 이상인 학생은 미리 허락을 받아 주말에 호그스미드 마을로 놀러 갈 수 있다(혹시 비밀 통로를 안다면 언제든 마음 내킬 때 갈 수 있다). 이때 학생들은 사탕, 장난감, 학용품, 버터 맥주를 잔뜩 쟁여서 다음번 호그스미드 방문 주말까지 버틴다.

1992년~1993년 학기에는 스네이프 교수와 록하트 교수가 결투 동아리를 주최했으나 이들의 어울리지 않는 파트너십은 한 번의 치명적인 수업을 끝으로 사라졌다.

순간이동을 배우고 싶은 6학년 학생들은 윌키 트와이크로스의 수업을 들을 수 있다.

참여할 수 있는 동호회, 그룹, 팀, 이벤트에 관한 공지는 기숙사 휴게실의 공지 게시판에서 찾아볼 수 있다.

# 퀴디치

마법 세계의 많은 이들로부터 사랑받는 퀴디치는 호그와트에서도 인기 있는 스포츠다. 여러 교사를 포함해 거의 전교생이 시합을 보러 나와 각자의 기숙사 팀을 응원한다. 시합에서 앞서고 있을 때는 해당 퀴디치 팀 선수가 가끔 복도에서 상대편 팀에게 저주 마법을 당하기도 하고, 기숙사 담임은 평소보다 훨씬 편파적으로 굴기도 한다. 시합이 끝나면 이긴 선수들은 왕족처럼 대접받으며 기숙사 휴게실에서 대대적으로 큰 파티를 벌여 명예를 자축한다. 반대로 진 경우에는 부끄러워서 기숙사 친구들을 피해 숨는다.

각 기숙사에서 오로지 일곱 명만이 퀴디치 선수로서 뛸 수 있다. 1학년은 선발 시험에 나올 수는 있지만 자기 빗자루를 가져오지 못하는 관계로 팀에 합격하는 경우가 거의 없다. 그런데 해리 포터는 이 규칙에 예외가 있을 수 있다는 점을 입증했고, 신입생임에도 새로운 수색꾼이 간절하게 필요한 그리핀도르 팀에 들어가게 되었다. 그렇게 해리는 100년 만에 최연소 수색꾼이 되었다.

어떤 선발전을 언제 칠 것인지는 전적으로 퀴디치 팀 주장이 결정한다. 현 팀원에 만족하는 주장은 그해에 선발전을 치르지 않기도 하며, 빈자리를 채우기 위해 한 포지션만 뽑을 때도 있다. 선발전에서 최고인 사람을 주장이 뽑지 않을 수도 있다는 점을 알면 놀랄 것이다. 예를 들어 앤젤리나 존슨은 비키 프로비셔와 제프리 후퍼가 아닌 론 위즐리를 뽑았다. 비키는 너무 많은 다른 동아리 활동을 하고 있고, 제프리는 징징거리기 때문이었다. 해리는 헤르미온느의 혼돈 마법 덕에 이런 선택을 피할 수 있었다. 그 마법에 걸린 코맥 매클래건은 선발전에서 론보다 좋은 기량을 보이지 못했다.

대부분의 머글 스포츠팀과 달리 퀴디치 팀은 연습하는 중에 주전 선수가 부상을 당하면 교체할 수 있는 후보 선수를 두고 있지 않다. 주전 선수 중 한 사람이 뛰지 못하면 주장은 선발전에서 잘했던 다른 학생을 선택해 교체한다. 해리가 1학년 때 최종 시합을 앞두고 다리를 삐었을 때처럼 주장이 선발전에서 뽑을 만한 괜찮은 사람을 찾지 못하면, 그저 운이 없는 팀이 되어 한 사람이 모자란 채로 경기를 계속해야 한다. 이 전략은 팀에게 불리하게 작용한다. 퀴디치는 폭력적인 스포츠라 선수들이 계속해서 다치기 때문이다.

이런 규칙과 조건들로 인해 퀴디치는 호그와트에서 배타적인 스포츠가 되었다. 호그와트 재학 7년 동안 한 기숙사에서 오직 일곱 명의 선수만이 뛸 수 있고, 1학년들의 기본 비행 수업 말고 다른 활동들도 있기에 선수가 아닌 학생들이 기술을 연습할 충분한 공간이 없기 때문이다. 그래서 자기 빗자루로 이 스포츠를 배우고 연습하며 자란 마법 가문 출신 학생들이 기숙사 선발전에서 강한 이점을 가진다. 그렇기 때문에 더즐리 가문에서 자란 해리가 그렇게 어린 나이에 팀에 들어간 일은 상당히 놀라운 사건이었다. 머글 가정에서 자란 또 다른 유명한 선수로는 6학년 때 추격꾼 후보 선수였던 딘 토머스가 있다.

## 퀴디치 연습

퀴디치 팀은 일주일에 세 번 연습한다. 큰 경기를 앞두고 일부 주장들은 매일 밤 연습하라고 재촉하기도 한다. 기숙사 팀이 연습하려면 퀴디치 경기장을 예약해야 하는데, 이 예약은 교수가 서명한 서류를 내미는 다른 팀에게 빼앗길 수도 있다. 팀에 소속되지 않은 학생은 연습을 구경할 수 있지만 항상 가능하지는 않다. 주장들이 다른 기숙사 소속이 몰래 정찰하러 온 것은 아닌지 간혹 의심하기 때문이다.

각 퀴디치 팀 주장은 사실상 코치의 역할을 해서 팀 훈련을 주도하고 새로운 전략을 짠다. 올리버 우드는 특히 이 임무를 진지하게(일부는 지나치게 진지하다고도 말한다) 받아들여 자신의 팀을 새벽 일찍 불러내서 긴 연설을 하고, 수업 쉬는 시간에 복도에 서조차 잔소리를 해 댔다.

## 퀴디치 시합

시합 전 선수들은 라커룸에서 퀴디치 선수복으로 갈아입고 주장에게서 격려 연설을 듣는다. 그런 다음 경기장으로 나가고 각 팀의 주장이 서로 악수한다. 심판의 호루라기 소리가 울리면 모든 선수와 심판이 각자의 빗자루에 올라타고 하늘로 날아오르면서 경기가 시작된다.

시합의 심판은 주로 후치 선생이 맡는다. 그녀는 공정하고 규칙에 따라 편파 없이 판결하지만, 노골적인 반칙을 싫어한다고 알려져 있다. 해리가 신입생 때 어느 경기에서는 스네이프가 대신 심판을 본 적도 있다. 비록 상당히 대놓고 슬리데린을 편애하는 스네이프이지만, 이때는 해리를 지켜보면서 퀴리누스 퀴럴의 저주로부터 보호하기 위해 이 일을 맡았다.

각 퀴디치 시합에는 또한 학생 해설자가 있어 마법 메가폰을 통해 경기를 중계한다. 해리가 호그와트에서 보낸 첫 5년 동안은 리 조던이 해설을 맡았다. 그는 역동적이고 몰입하는 아나운서지만, 간혹 그리핀도르 팀에게 편파적이었으며 자신이 아는 선수들의 개인적인 소식과 빗자루에 대한 의견도 전달했다. 리가 졸업한 뒤에는 재커라이어스 스미스가 중계를 맡았는데, 그 역시 편파적이었고 특히 그리핀도르 팀을 비방했다. 루나 러브굿이 그 후 중계를 이어받았는데, 그녀는 게임에 대해 별로 아는 것이 없었지만 자신만의 즐거운 감상과 관찰 평을 더했다. 맥고나걸 교수는 중계자를 지켜보다가 편파적인 표현을 쓰거나 쓸데없이 옆길로 새는 경우에 자주 주의를 주었다.

퀴디치 시합은 어느 정도 기숙사 점수에 영향을 미친다. 해리가 1학년 때 그리핀도르는 퀴디치 시합에서 이겨 50점을 따면서 기숙사 점수에서 앞서 나갔다. 1992년에도 마찬가지로, 퍼시 위즐리는 해리가 골든 스니치를 잡아서 50점을 따서 이긴 것이라고 말했다. 골든 스니치를 잡은 것이 기숙사 팀 점수에 들어가는지, 아니면 시합의 다른 내용까지 고려해 기숙사 점수가 바뀌는지는 알 수 없다. 이 부분에 관해서 이야기가 나오는 건 해리가 3학년 때뿐인데, 이때 그리핀도르는 퀴디치컵 시합에서 보인 성과에 힘입어 기숙사 우승컵을 땄다.

## 퀴디치 시즌

기숙사별 퀴디치 경기에서 모든 기숙사는 다른 기숙사와 한 번씩 맞붙는다. 그러니까 1년 동안 각 기숙사는 다른 기숙사들과 세 번 경기를 하고 세 번 관람하게 된다. 퀴디치컵의 점수 체계는 개별 시합에서 가장 많이 이긴 기숙사가 승리하는 식이다. 두 기숙사가 승률이 같으면 점수를 비교해서 자리를 가린다. 그러나 이 증거는 책마다 모순되기에 다른 점수 체계가 사용될 가능성도 있다(작가가 산수를 어려워한다고 인정한 관계로 그쪽에서 실수했을 가능성이 크다).

퀴디치 시즌은 매년 상당히 꾸준하게 진행된다. 시합은 늘 아침 식사를 마친 토요일 오전에 열린다. 시즌 중 첫 퀴디치 시합은 11월 초에 열리고, 일반적으로 그리핀도르 대 슬리데린의 경기가 펼쳐진다. 두 번째 시합은 래번클로와 후플푸프의 경기이며 11월 말이나 12월 초에 이루어진다. 겨울 방학을 보내고 난 1월 중순에는 슬리데린과 래번클로의 경기가 이어진다. 2월 말이나 3월 초에 그리핀도르와 후플푸프가 맞붙고, 시즌의 다섯 번째 경기는 3월 말이나 4월 초 슬리데린과 후플푸프의 대결이다. 이 시합은 부활절 휴가 기간에 따라 시기가 조절될 수도 있다. 여섯 번째이자 마지막 시합은 그리핀도르와 래번클로의 경기다. 5월 말이나 6월 초에 기말고사 전이나 후에 치른다.

이 일정이 완전히 고정된 것은 아니다. 해리가 3학년 때 그리핀도르 대 슬리데린의 경기는 그리핀도르 대 후플푸프의 경기로 바뀌었다. 드레이코 말포이가 부상을 입었다는 이유였다. 선수가 부상당한 경우는 아주 많았지만 경기 일정이 바뀐 적은 처음이었다. 일각에서는 시기 때문일지도 모른다고 말한다. 해리 역시 1학년 마지막 경기 때 부상을 입은 상황이었는데, 그때는 다른 팀들이 이미 다 시합을 마쳤기 때문에 스케줄을 바꿀 수 없었다는 것이다. 어쩌면 영향력과 관련이 있을 수도 있다. 슬리데린 기숙사 담임인 스네이프가 자기 팀을 위해 특별히 야단법석을 떨었을지도 모른다.

일정 자체가 전적으로 공평하다고는 말할 수 없다. 퀴디치 경기는 어떤 날씨에도 진행되며, 스코틀랜드의 겨울은 하늘을 날기에 좋은 시기가 아니다. 그리핀도르 팀은 세 시합 중 두 번을 날씨가 가장 좋은 시기에 치르는데 이 점이 더 많이 득점할 가능성을 높일 수도 있다. 그리핀도르와 래번클로 역시 보통은 마지막으로 경기하는 장점을 누리기에 퀴디치 우승컵을 차지하려면 몇 점이 필요한지 정확히 알 수 있어서 그에 맞춰 전략을 짤 수 있다.

## 응원과 축하

시합 날 학교에 있는 거의 모든 사람이 각자의 기숙사 색상, 또는 이기기를 바라는 기숙사의 색으로 맞춰 입고 경기장으로 나온다. 예를 들어 루나 러브굿은 그리핀도르와 슬리데린의 경기에 포효하는 거대한 사자 모자를 쓰고 왔다. 서로 붙는 학생들은 시합 결과를 두고 은밀하게 내기를 하기도 한다. 선수의 친구들은 깃발, 장미 모양 리본, 배너나 색이 반짝거리는 마법을 건 팻말을 들고 있다. 관중석에서 기숙사 간에 싸움이 벌어지기도 한다. 드레이코 말포이는 아마도 호그와트에서 가장 협조적인 공격을 주도한 인물일 것이다. 그가 부르는 "위즐리는 우리의 왕"이라는 노래는 론이 실수를 저질러 슬리데린 팀을 도와준 내용을 비꼬고 있다. 말포이는 여기에 어울리는 왕관 형태의 배지도 달았다. 그러나 론이 실력을 드러내면서 나중에 이 노래는 그리핀도르 팀의 것이 되었다.

## 시합은 계속되어야 한다

호그와트에서 교내 수준으로 친선 경기를 한다고 해도 퀴디치 시합은 최대한 진지하게 이루어진다. 선수들은 부상을 입거나 위험에 처해도 교수나 심판이 평가하는 동안 시합을 멈추거나 취소하지 않는다. 시합을 그만둘지는 오로지 주장이 결정하고, 그렇게 할 경우 자동으로 패배하기 때문에 많은 선수가 이를 원치 않는다. 해리는 저주받은 빗자루를 타고 경기를 하고, 불량 블러저에 쫓기고, 디멘터의 공격도 받기도 했다.

### 이름이 알려진 퀴디치 선수들
#### 그리핀도르

**미네르바 맥고나걸**(포지션은 알 수 없음, 대략 1954년 활동)

**제임스 포터**(추격꾼, 최소 1975년~1976년 활동)

**찰리 위즐리**(수색꾼, 1986년~1990년 활동 추정, 최소 1년간 주장을 맡음)

**올리버 우드**(파수꾼, 1988년~1994년 활동 추정, 최소 1990년~1994년까지 주장을 맡음)

**앤젤리나 존슨**(추격꾼, 1990년~1996년, 1995년~1996년 주장)

**케이티 벨**(추격꾼, 1991년~1997년) → **딘 토머스**로 교체(1996년 ~1997년 시즌 중간)

**얼리샤 스피넛**(추격꾼, 1991년~1996년, 1990년~1991년 시즌 후보 선수)

**프레드 위즐리**(몰이꾼, 1990년~1996년) → **앤드류 커크**로 교체(1995년~1996년 시즌 하반기)

**조지 위즐리**(몰이꾼, 1990년~1996년) → **잭 슬로퍼**로 교체(1995년~1996년 시즌 하반기)

**해리 포터**(수색꾼, 1991년~1997년, 1996년~1997년 주장) → **지니 위즐리**로 교체(1995년~1996년 시즌 하반기, 1996년~1997년 시즌 마지막 경기)

**론 위즐리**(파수꾼, 1995년~1997년) → **코맥 매클래건**으로 교체(1996년~1997년 시즌 중 한 경기)

**지니 위즐리**(추격꾼, 최소 1996년~1997년 활동) → **딘 토머스**로 교체(1996년~1997년 시즌 마지막 경기)

**드멜자 로빈스**(추격꾼, 최소 1996년~1997년 활동)

**지미 피크스**(몰이꾼, 최소 1996년~1997년 활동)
**리치 쿠트**(몰이꾼, 최소 1996년~1997년 활동)

## 래번클로
**로저 데이비스**(추격꾼 겸 주장, 최소 1993년~1996년 활동)
**초 챙**(수색꾼, 최소 1993년~1997년 활동)
**브래들리**(추격꾼, 최소 1995년~1996년 활동)
**챔버스**(추격꾼, 최소 1995년~1996년 활동)

## 후플푸프
**세드릭 디고리**(수색꾼 겸 주장, 최소 1993년~1994년 활동)
**재커라이어스 스미스**(추격꾼, 최소 1995년 ~1997년 활동)
**서머비**(수색꾼, 최소 1995년~1996년 활동)
**캐드월래더**(추격꾼, 최소 1996년~1997년 활동)

## 슬리데린
**레귤러스 블랙**(수색꾼, 1975년 활동 추정)
**마커스 플린트**(추격꾼 겸 주장, 최소 1991년~1994년 활동)
**테런스 힉스**(수색꾼, 최소 1991년~1992년 활동)
**마일스 블레츨리**(파수꾼, 최소 1991년~1996년 활동)
**에이드리언 퓨시**(추격꾼, 최소 1991년~1996년 활동)
**드레이코 말포이**(수색꾼, 최소 1992년~1997년 활동) → **하퍼**로 교체(1996년~1997년 시즌 중 최소 한 경기)
**볼**(몰이꾼, 최소 1993년~1994년 활동)
**데릭**(몰이꾼, 최소 1993년~1994년 활동)
**워링턴**(추격꾼, 최소 1993년~1996년 활동)
**몬태규**(추격꾼, 최소 1993년~1996년 활동, 1995년~1996년 주장)
**빈센트 크래브**(몰이꾼, 최소 1995년~1996년 활동)
**그레고리 고일**(몰이꾼, 1995년~1996년)
**어커트**(추격꾼 겸 주장, 최소 1996년~1997년 활동)
**베이지**(추격꾼, 최소 1996년~1997년 활동)
**스코피어스 말포이**(수색꾼, 다른 미래에서 2020년경 )

# 순간이동 수업

학생과 교사는 호그와트 안팎으로 순간이동(마법으로 한 곳에서 사라져 다른 곳에 나타남)을 할 수 없다는 규칙은 잘 알려져 있다. 그러나 덤블도어는 순간이동 수업 시간에만 잠시 호그와트 안 순간이동 금지 마법의 경계를 낮춰 놓는데, 수업 시간 동안 교실에서만 그렇게 할 수 있을 뿐이지 성과 부지에는 적용되지 않는다.

해리가 6학년 때 이 과목은 12주 수업으로 정규 수업 시간이 아닌 매주 토요일에 야외에서 열렸으며 12갈레온을 내야 참여할 수 있었다. 1997년 8월 31일 자로 17세 이상이어야 수업을 들을 수 있는데, 순간이동 시험을 치고 자격증을 딸 수 있는 나이가 17세이기 때문이다(또한 영국 머글이 운전면허에 응시할 수 있는 나이기도 하다).

이 수업은 원래 야외에서 진행될 예정이었으나 사나운 2월 날씨 때문에 첫 수업은 실내로 옮겨져 대연회장(56쪽 참조)에서 진행됐다. 모든 학생은 낡은 나무 고리를 받은 후 이 고리 뒤에 서서 각자 순간이동 수업 강사인 윌키 트와이크로스가 가르치는 대로 고리 안으로 순간이동을 연습했다.

순간이동은 완전히 안전한 이동법은 아니다. 수전 본즈는 첫 수업에 순간이동을 하다가 신체의 일부를 남기는 사고를 냈다. 다행히 수업이 상당히 중요한 터라 모든 기숙사 담임 교수들이 지켜보고 있었고, 수전은 무사히 떨어진 다리를 되찾았다.

학생들은 이내 쉽사리 순간이동을 깨우치기가 힘들다는 점을 알게 되었고, 학습 열정은 좌절로 뒤바뀌었다. 트와이크로스가 강조하는, 순간이동을 하기 위해 꼭 유념해야 하는 3D는 바로 "목적지(Destination), 확신(Determination), 신중함(Deliberation)"이다!

# 결투 동아리

1992년 12월, 콜린 크리비가 슬리데린의 유산인 바실리스크를 보고 돌로 변하면서 호그와트에 결투 동아리가 형성되었다. 최근 공격에 겁을 먹은 터라 거의 전교생이 대연회장에 모여 첫 모임을 가지고 스스로를 방어할 궁리를 했다.

교장 알버스 덤블도어가 길더로이 록하트 교수에게 결투 동아리를 조직할 권한을 주었으나, 록하트는 학생의 안전보다는 관객들이 자신을 바라본다는 짜릿함을 보다 중시했다. 그는 스네이프의 도움을 받았는데, 스네이프 역시 안전보다는 록하트에게 저주나 공격 마법을 날리는 데 더 관심이 많았다.

모임은 교수들의 결투 시범으로 시작됐다. 해리는 이때 처음으로 앞으로 자주 사용할 주문을 목격했다. 바로 무장해제 마법인 엑스펠리아르무스 주문이었다. 결투 시범을 본 다음 참석자들은 짝을 이루어 무장해제 마법을 연습했고, 현장은 혼란에 빠졌다. 해리와 말포이는 재빨리 공격 주문으로 변경했고, 밀리선트 벌스트로드는 헤르미온느의 머리를 겨드랑이에 끼고 졸랐다.

록하트는 막아 내기 주문을 가르치기 위해 말포이와 해리를 시현 대상으로 뽑았는데, 그의 어설픈 시범 탓에 해리는 어떻게 해야 할지를 모른 채로 말포이가 불러낸 뱀과 마주하고 말았다. 본능적으로 해리는 뱀과 소통하기 시작했고, 그렇게 그가 뱀의 말을 할 줄 안다는 사실이 드러났다. 이로 인해 학급 친구들에게 의심받게 되지만(파셀마우스는 주로 어둠의 마법과 결탁하므로), 이 능력은 시리즈가 전개되는 동안 해리에게 상당히 중요하고 유용하게 작용했다.

결투 동아리에 대한 다른 기록은 없지만, 첫 모임이 엉망진창으로 끝난 뒤에 두 번째 모임이 있었던 것 같지는 않다. 역동적인 결투는 마법 세계에서는 잘 알려진 활동이나(플리트윅 교수가 젊을 때 결투 챔피언이었다는 소문이 있다) 호그와트에서 다른 시간대에 비슷한 동아리나 모임이 존재했다는 기록은 없다. 상당히 왕성하게 활동했던 덤블도어의 군대는 예외적인 경우다.

# 폭발하는 카드 게임

폭발하는 카드 게임은 머글들이 하는 카드 게임보다 살짝 화력이 있는 버전으로, 특정한 마법약 교수를 폭발시키는 일과는 아무 상관이 없다. 이 말을 하는 이유는 초기 독일어판에서 이 게임을 잘못 번역해서 "스네이프 폭발 게임"이라고 불렀기 때문이다 (이후 수정되었다).

경쟁이 없는 게임이라고 말할 수는 없지만(머글용 게임을 해 본 사람이라면 누구든 알 것이다) 이 게임을 하는 호그와트 팀이나 챔피언이 있다는 기록은 없다.

이 게임은 단순히 시간을 때우는 오락용 수단인 듯하다. 해리는 호그와트에서 런던으로 가는 세 번의 여정에서 이 카드 게임을 했고, 론은 눈썹에 상당한 손상을 입을 정도로 폭발하는 카드 탑을 높게 쌓았다.

# 곱스톤

곱스톤은 구슬치기처럼 각 선수가 열다섯 개의 곱스톤을 가지고 상대의 곱스톤을 따내면 이기는 게임이다. 매번 곱스톤을 잡을 때마다 돌이 진 사람의 눈에 악취가 나는 액체를 뿌린다.

곱스톤은 보통 돌로 만들지만, 해리가 다이애건 앨리에서 눈독을 들인 금으로 만든 세트처럼 귀한 금속으로 만든 제품도 있다.

호그와트 학생들은 호숫가에서 친선 경기를 즐긴다고 알려져 있으나, 곱스톤 게임 열성주의자들은 무슨 일이 있어도 이를 편안하게 즐기지 못한다. 마법 정부에는 공식 곱스톤 협회 사무실이 있다. 성인들은 경쟁하며 거의 학구적인 수준으로 즐긴다. 스네이프의 어머니인 아일린 프린스가 호그와트 곱스톤 팀의 회장이었다.

# 민달팽이 클럽

민달팽이 클럽은 마법약 교수인 호러스 슬러그혼이 직접 뽑은 학생들로 구성된 독자적인 집단으로 학생과의 교감, 재능 또는 잠재적인 다른 지표를 토대로 선발한다. 슬러그혼은 이 학생들과 가까운 관계를 유지하며, 일반적으로 성공한 삶을 사는 이 클럽 출신 학생들은 그에게 선물, 정보, 자만심을 충족시켜 준다. 민달팽이 클럽 회원은 저녁 만찬 파티와 다른 모임에 초대를 받으며 서로 교류를 쌓는다. 이 교류회에서는 호평 받는 졸업생, 이를테면 퀴디치 선수나 작가, 정부 공직자들을 만날 수 있다. 슬러그혼은 1996년 호그와트로 돌아와 이 클럽을 부활시켰다.

### 알려진 회원(1996년~1997년)
**마커스 벨비***
**멜린다 보빈**
**헤르미온느 그레인저**
**네빌 롱보텀***
**코맥 매클래건**
**해리 포터**
**지니 위즐리**
**블레이즈 자비니**

### 유명한 졸업생
**에이버리**(볼드모트와 동년배)
**더크 크레스웰**(고블린 교섭과 과장)
**바너버스 커프**(『예언자일보』 편집장)
**릴리 에번스**
**암브로시우스 플룸**(허니듀크스 상점의 주인)

**그웨녹 존스**(홀리헤드 하피스 팀의 주장)
**레스트레인지**(볼드모트와 동년배)
**톰 리들**(볼드모트)
**엘드리드 워플**(『피를 나눈 형제들: 뱀파이어들과 함께한 나의 삶』 저자)
**마커스 벨비의 삼촌 데모클리스**(투구꽃 마법약 발명가로 멀린 훈장 수상)
**코맥 매클래건의 삼촌 타이베리우스**(마법 정부 총리인 루퍼스 스크림저의 친구)

*호그와트 급행열차에서 있었던 첫 번째 만남에만 참석함

# 마법사 체스

마법사 체스는 머글 체스와 비슷한 게임이지만 말이 선수의 명령에 따라 직접 움직인다는 차이가 있다. 세 친구 중 가장 체스를 잘 두는 론은 할아버지한테서 물려받은 낡은 체스 한 벌을 가지고 있으며, 말들은 그를 믿고 따른다.

1991년~1992년 학기에 맥고나걸 교수는 마법사 체스 세트를 마법사의 돌을 보호하는 수단으로 변신시켜 두었다. 체스판은 공간을 가득 채울 만큼 크고 말들은 세 친구보다 컸다. 도전자는 검은 말을 사용해 흰 말을 이겨야 관문을 통과할 수 있었는데, 말이 하나 잡힐 때마다 상대가 말을 심하게 으깨 부순 다음 판에서 치워 버렸다. 기사 말을 탄 론은 해리에게 비숍을, 헤르미온느에게는 룩의 역할을 맡으라고 지시했다. 론은 체스판을 능숙하게 움직이며 흰 말을 처리해 나갔고, 친구들을 어려움에서 구했다. 해리가 킹을 잡으려면 론이 상대 퀸에게 자신을 희생해야 하는 상황에서 론은 스스로를 희생했고, 킹은 해리의 발 앞에 왕관을 던지고 몸을 숙여 인사한 다음 해리와 헤르미온느를 통과시켰다. 이후 덤블도어는 론이 수년간 호그와트에서 최고의 체스 게임을 보여 준 점을 높이 사 그리핀도르 기숙사에 50점을 주었다.

### 중세 마법 체스

아서왕의 여러 로맨스 이야기에는 마법 체스 게임이 등장한다. 네덜란드에서 전해지는 『가웨인 경의 사랑』에서는 가웨인이 나는 체스판과 만나고, 『퍼시벌 이야기』에서는 퍼시벌이 스스로 움직이는 체스에서 패한다. 그리고 『랜슬롯의 성배』, 또는 『불가타 연작』에서 랜슬롯은 천하무적 체스판을 이겨 낸다.

# 반려동물

학생들은 호그와트로 반려동물을 한 마리 데려올 수 있는데 고양이, 부엉이 또는 두꺼비 중에서 선택해야 한다. 그러나 이 규칙이 강제는 아닌지 다른 동물을 데려오는 학생도 있다. 대부분의 반려동물은 학생과 함께 기숙사에서 살지만, 부엉이는 학교 부엉이장(80쪽 참조)에서 지내야 한다. 일부 교직원들도 반려동물을 키우는데, 호그와트에 다니는 동안 해리는 여러 마리를 만나 보았다.

**알려진 반려동물과 주인**
**밀리선트 벌스트로드** - 고양이
**알버스 덤블도어** - 폭스(불사조)
**아거스 필치** - 노리스 부인(고양이)
**해그리드** - 팽(보어하운드), 복슬이(머리가 세 개 달린 개), 노버트(노르웨이 리지백 용), 벅빅(히포그리프), 아라고그(애크로맨툴라)
**헤르미온느 그레인저** - 크룩섕스(고양이/니즐)
**리 조던** - 타란툴라(반려동물로 키우는 것인지 다른 용도인지 확실치 않음)
**네빌 롱보텀** - 트레버(두꺼비)
**드레이코 말포이** - 수리부엉이
**해리 포터** - 헤드위그(흰올빼미)
**지니 위즐리** - 아널드(피그미 퍼프)
**퍼시 위즐리** - 헤르메스(가면올빼미)
**론 위즐리** - 스캐버스(쥐/애니마구스), 피그위전(소쩍새)

# 호그스미드에서 보내는 주말

학기 중에 3학년 이상이 되면 특정 주말에 지역 마을인 호그스미드(135쪽 참조)를 방문할 수 있다. 학생들은 마을로 가기 위해 부모님이나 보호자로부터 허가서에 사인을 받아야 한다. 사인을 받았다고 해도 기숙사 담임 교수와 교장이 징계의 일종으로 학생이 가지 못하게 막을 수 있다. 호그스미드에서의 주말은 언제고 열릴 수 있지만, 주로 명절이나 기념일과 겹치게 잡는다.

호그스미드 마을로 하루 놀러 나가고 싶은 학생은 허가서에 서명을 받은 후 방문자 명단에 이름을 올린다. 저녁 식사 전에 성으로 돌아오기만 한다면 하루 중 언제든 성을 나갈 수 있다. 마을에 들어가면 학생들은 마을 내에서는 어디든 갈 수 있다. 큰길가에는 상점들이 즐비한데, 그중 두 곳이 특히 유명하다. 바로 허니듀크스 사탕 가게와 종코의 장난감 가게다. 학생들은 또한 더비시 앤 뱅스나 스크리브샤프트의 깃펜 가게를 가거나, 스리 브룸스틱스에 들러 따뜻한 버터 맥주를 한잔 마시거나, 큰길 바로 옆 푸디풋 부인의 찻집에 들러 로맨틱한 데이트를 즐기기도 한다. 용감한 학생들은 마을의 관광 명소인 악쓰는 오두막에 갔다가 걸어서 호그와트로 돌아오기도 한다.

### 호그스미드 방문 주말에 발생한 주요 사건들

#### 1993년~1994년

해리는 허가서에 서명을 받지 못해 처음에는 외출을 할 수 없었으나, 프레드와 조지에게서 호그스미드로 통하는 비밀 통로가 나와 있는 도둑 지도를 받았다. 그중 한 통로는 애꾸눈 마녀 동상을 통해 곧바로 허니듀크스의 지하 저장소로 이어졌다. 해리는 허니듀크스에서 론과 헤르미온느를 발견했고, 세 친구는 버터 맥주를 마시러 스리 브룸스틱스로 향했다.

마지막 호그스미드 방문 주말에 루핀 교수는 어둠의 마법 방어법 교수 자리를 그만두고 연구실에서 짐을 쌌다.

#### 1994년~1995년

트라이위저드 첫 번째 과제를 앞둔 주말에 첫 호그스미드 방문 날짜가 잡혔다. 해리는 원치 않는 시선을 피하고 싶은 마음에 투명 망토를 쓰고 나갔다.

두 번째 여정은 크리스마스 방학 뒤에 있었다. 세 친구는 스리 브룸스틱스에서 루도 배그먼을 만났는데, 배그먼은 해리에게 황금 알의 수수께끼를 풀 단서를 주겠다고 은밀히 제안했다. 해리는 여기서 리타 스키터와 마주치는 바람에 기자의 질문 공세를 피해 얼른 자리를 떴다.

그해 마지막 나들이에서 해리는 글래드래그스 마법사 의류 전문점을 방문해 도비에게 줄 새 양말들을 샀다. 그런 다음 세 친구는 산속 동굴에 머무는 시리우스 블랙을 직접 만나려고 마을 외곽으로 향했다.

### 1995년~1996년

1995년에 처음 호그스미드로 외출을 한 날 덤블도어의 군대는 호그스 헤드에서 첫 회동을 가졌다. 다음 여정은 밸런타인데이에 있었다. 해리는 초 챙과 함께 호그스미드로 가서 푸디풋 부인의 찻집에서 커피를 마셨다. 데이트는 둘 사이의 말싸움으로 끝났고, 해리는 스리 브룸스틱스에서 헤르미온느를 만났다. 그곳에서 그는 리타 스키터와 작년 말 리틀 행글턴 무덤에서 겪은 경험에 대해서 인터뷰했다. 이 인터뷰가 나중에 『이러쿵저러쿵』에 실렸고, 엄브리지 교수는 남은 해 동안 해리의 호그스미드 외출을 금지했다.

### 1996년~1997년

첫 호그스미드 방문 주말에 말포이가 로즈메르타 부인에게 임페리우스 저주를 걸어 조종한 탓에 케이티 벨이 저주 걸린 오팔 목걸이의 저주를 받았다. 이 사건으로 주말 외출이 금지되었고, 위즐리 쌍둥이는 종코의 장난감 가게를 매수하려던 계획을 취소했다. 외출이 취소된 주말 중 한 번은 론의 생일날이었다.

# 특별 행사

호그와트에서 학교생활을 하는 동안 방학과 중요한 날에는 정기적으로 축하 행사가 열린다. 해리가 다니던 시절에는 트라이위저드 대회(39쪽 참조)처럼 드물게 열리는 행사도 몇몇 개최되었다.

### 퀴디치

퀴디치 시합에서 큰 승리를 거둔 후에는 주로 기숙사 휴게실에서 파티 형식의 축하연이 열린다. 이런 파티가 얼마나 즉흥적으로 벌어지는지는 확실하지 않다. 6학년 때 짜릿한 승리를 얻은 뒤 해리는 셰이머스 피니건이 "휴게실에서 파티를 할" 것이라고 알렸다는 이야기를 듣는데, 막상 그 자리에 참석하자 음료수 탁자가 준비되어 있었다. 어느 정도 미리 준비를 해 두었다는 증거라고 볼 수 있다.

이런 식의 파티는 학생들이 서로 어울릴 수 있는 신나는 환경을 제공한다. 론과 라벤더 브라운이 한 귀퉁이에서 키스하다가 목격된 파티가 이 자리였고, 덕분에 해리의 친구 집단 안에서 여러 사건이 벌어졌다.

시합 후에 열리는 또 다른 파티에서 해리는 스네이프 교수에게서 방과 후 징계를 받느라 전체 경기를 보지 못하고 휴게실로 돌아왔다. 해리가 들어가자 지니 위즐리가 뛰어와서 그에게 입을 맞추는 바람에 축하 자리가 잠시 중단됐다. 그 직후 두 사람은 파티장을 나와 야외에서 둘만의 시간을 가졌다.

### 민달팽이 클럽 파티

민달팽이 클럽 모임은 주로 열두 명 정도의 소그룹이 친교를 나누는 자리로 슬러그혼 교수가 직접 초대한다. 해리가 6학년 때 교수는 큰 크리스마스 파티를 열었고, 해리는 루나 러브굿과 함께 참석했다. 슬러그혼은 "에메랄드색, 진홍색, 황금색 벽걸이"로 천장과 벽을 장식해서 텐트와 같은 공간을 연출했다. 장식이 달린 금색 램프도 천장에 매달고 진짜 요정이 빛을 내뿜었다. 슬러그혼은 또한 노래와 만돌린을 연주하는 음악 공연도 준비하고, 호그와트의 집요정들을 웨이터로 써서 페이스트리와 벌꿀 음료를 나르도록 했다. 더 자세한 정보는 181쪽의 민달팽이 클럽을 참고해 보자.

### 트라이위저드 대회 크리스마스 무도회

호그와트가 트라이위저드 대회를 주최할 때마다 벌어지는 이 파티에 대한 자세한 사항은 41쪽에서 알아볼 수 있다.

### 덤블도어의 장례식

해리가 6학년일 때 알버스 덤블도어의 예기치 못한 장례식이 어두운 분위기 아래 진행되었다. 장례식으로 인해 수업과 시험이 취소되었고, 여러 학생이 장례식이 시작되기도 전에 걱정하는 부모님에게 이끌려 학교를 완전히 떠났다. 덤블도어와 알고 지낸 수십 명의 마법사들이 장례식에 참석할 수 있도록 호그와트 출입을 허락받았다. 해리가 참석한 다른 공식적인 장례식이 없었기에 장례식 그 자체가 마법 세계에서 치러지는 전형적인 형식인지는 확실치 않다.

장례식은 호숫가에서 열렸다. 수백 개의 의자가 일렬로 바닥에 놓이고 중앙 통로는 대리석 재단으로 이어졌다. 호수에 사는 인어들은 자기들의 언어로 추모곡을 불렀고, 해그리드가 덤블도어의 시신을 돌 제단 위로 가져다 놓았다. 무슨 말인지 이해할 수는 없었지만 해리는 인어들의 노래가 "아주 분명하게 상실감과 절망을" 말하고 있다고 느꼈다.

예식이 끝난 후 덤블도어의 시신은 불길에 휩싸이며 흰 연기가 낯선 형태로 피어올랐고, 불길이 사그라든 뒤 하얀 대리석 무덤 안에 시신이 안치되었다.

### 볼드모트의 날

『해리 포터와 저주받은 아이』의 여러 평행 우주 세계 중 한 곳에서 볼드모트는 해리를 물리치고 호그와트를 장악한다. 그 암울한 시대에서 기념하는 볼드모트의 날에는 내기니를 모델로 삼은 것으로 보이는 뱀을 묘사한 녹색 배너를 학교 사방에 걸어 두고 축하한다.

## 제5장

# 호그와트 성에 사는 이들

이 신성한 마법 학교에는
여러 다채롭고 독특한 인물들이 산다.

# 교장

호그와트는 오랜 세월을 거치면서 다양한 개성을 지닌 수많은 교장을 배출했다. 해리는 호그와트에서 공부하는 동안 이들 중 일부와 소통하거나 초상화를 통해 이들을 바라보았다.

### 딜리스 더웬트 (18세기에 활동)

더웬트는 1722년 세인트 멍고 병원에서 치료사로 일을 시작했으며, 병원을 떠난 후 1768년까지 호그와트의 교장직을 맡았다. 이후 그녀의 초상화가 교장실에 걸렸다.

더웬트의 두 번째 초상화는 세인트 멍고 병원에 있다. 1995년 아서 위즐리가 볼드모트의 뱀 내기니에게 공격을 당했을 때, 이러한 부분이 편리하게 작용했다. 아서가 다쳤다는 소리를 듣고 교장인 알버트 덤블도어가 더웬트에게 교장실과 병원에 있는 초상화 사이를 오가며 아서의 상태를 계속 알려 달라고 부탁한 것이다.

제2차 마법 전쟁에서 볼드모트가 패하자 교장실에 있던 더웬트의 초상화는 해리에게 박수를 보내며 흐느꼈다(기쁘면서도 동시에 안심해서 그랬던 듯하다).

### 에버라드 (생몰년 미상)

덤블도어가 호그와트 교장 중에서 "가장 유명한 분"이라고 불렀던 에버라드에 대해서는 상당 부분 추측으로 남아 있다. 에버라드는 마법 정부에도 초상화가 걸려 있어서 아서 위즐리가 부상을 당했을 때 덤블도어는 그에게 가 달라고 요청했다. 에버라드는 자신의 여러 초상화를 이용해 덤블도어가 죽은 뒤에 미네르바 맥고나걸에게 루퍼스 스크림저가 마법 정부에서 호그와트로 오고 있다고 알려 주었다.

### 유프락시아 몰 (19세기에 활동)

몰은 1870년대에 호그와트의 교장직을 맡았다. 1876년 호그와트에 상주하는 폴터가이스트인 피브스와 거래를 맺은 것으로 유명하다. 그해 관리인인 랜코러스 카프는 "정교한 덫"으로 피브스를 없애려다가 실패했는데, 이는 처참한 결과를 불러왔다. 피브스가 날뛰면서 학생들을 위협하는 통에 사흘간 성을 비워야 했던 것이다. 이 일을 해결하기 위해 몰은 피브스와 계약을 체결했다. 피브스가 이 사태를 멈춘다면 일주일에 한 번 남학생 욕실에서 수영할 수 있게 해 주고, 던지면서 가지고 놀 상한 빵을 주방으로부터 공급하고, (프랑스 마법사이자 파리에서 활동하는 모자 제작자) 봉하비 부인에게 직접 부탁해 모자를 만들어 주겠다는 내용이었다.

### 덱스터 포테스큐 *(생몰년 미상)*

호그와트 교장으로 있던 포테스큐에 대해서 알려진 내용은 많지 않다. 초상화 속에서 그는 큰 소리로 말하고 생전에 쓰던 보청기를 그대로 끼고 있다. 직계 후손인 플로린 포테스큐가 다이애건 앨리에서 플로린 포테스큐의 아이스크림 가게를 운영했으나 1996년 볼드모트 휘하의 죽음을 먹는 자에 의해 최후를 맞고 말았다.

### 피니어스 나이젤러스 블랙 *(1847년 출생~1925년 사망)*

블랙이 언제 처음 호그와트 교장직을 맡았는지는 알 수 없으나 1925년 사망할 때까지 교장으로서 근무한 것으로 추정된다. 고손자인 시리우스 블랙은 그를 가리켜 "역대 교장 중에서 가장 인기가 없었"다고 설명했다. 초상화에서 블랙은 검은 머리에 짙은 눈동자, 뾰족한 턱수염과 얇은 눈썹을 가진 영리해 보이는 마법사로 묘사돼 있으며, 자기 기숙사인 슬리데린 색상의 옷을 걸치고 있다.

알려진 그의 초상화는 두 개다. 하나는 교장실에, 다른 하나는 블랙 가문의 고택인 그리몰드가 12번지에 걸려 있다. 제2차 마법 전쟁 때 해리와 론과 함께 호크룩스를 찾아 나섰던 헤르미온느 그레인저는 그리몰드가에 있던 그의 초상화를 떼어 내 호크룩스를 찾아다니는 동안 가지고 다녔다. 그로 인해 블랙은 세베루스 스네이프를 세 친구에게 보내 주는 등 은밀히 그들을 도울 수 있었다.

### 아만도 디핏 *(20세기에 활동)*

디핏은 1940년대부터 1960년대까지 호그와트에서 교장으로 근무했다. 호그와트 설립자인 살라자르 슬리데린이 만든 비밀의 방을 톰 리들이 열어 그 안에 있던 바실리스크가 밖으로 나왔을 당시의 교장이었다.

얼마 지나지 않아 이 괴물은 호그와트 학생인 머틀 워렌을 화장실에서 죽였다. 자신의 재임 중에 학생이 죽고 사람을 죽이는 괴물이 잡히지 않자 디핏은 남은 학생과 직원들의 안전을 위해 학교를 닫을까 생각했다. 그때 리들이 교묘하게 디핏을 움직여 바실리스크의 공격을 루비우스 해그리드의 탓으로 돌린 후에 그를 퇴학시켰다.

톰 리들은 디핏에게 교사 자리를 달라고 요청했으나 교장은 몇 년 뒤에 다시 지원하라면서 거절했다.

### 알버스 덤블도어 *(1881년 출생~1997년 사망)*

친절하고 침착하고 분명 괴짜인 알버스 덤블도어는 아만도 디핏이 떠난 뒤에 호그와트 교장이 되었고, 1997년에 사망할 때까지 교장직을 역임했다. 이 전설적인 마법사는 교장직을 맡기 전까지 호그와트에서 오랫동안 변환 마법을 가르쳤다(197쪽 참조).

교장이 된 직후 덤블도어는 일명 볼드모트 경으로 불리기 시작한 톰 리들을 교사로 채용하는 일을 맞닥뜨렸다. 덤블도어는 볼드모트가 이 자리를 원하는 이유가 어린 학생들을 가르치기 위해서가 아니라 새로운 죽음을 먹는 자를 선발하기 위한 것임을 알고 거절했고, 볼드모트는 어둠의 마법 방어법 교수 자리를 한 사람이 1년 이상 맡지 못하도록 저주를 걸었다.

세월이 흐른 뒤 제1차 마법 전쟁이 벌어지고 덤블도어는 점술 교수가 되고 싶어 하는 시빌 트릴로니가 어둠의 제왕을 물리칠 아이의 탄생을 예언하는 장면을 목격했다. 죽음을 먹는 자인 세베루스 스네이프가 이 예언을 엿들었음을 알고 덤블도어는 교장으로 있는 동안 아주 신경을 많이 썼다. 덤블도어는 자신이 믿는 뛰어난 마법사들을 모아 커지는 볼드모트의 힘에 대항하기 위해 불사조 기사단을 조직했다. 죽음의 성물 세 가지를 모두 모으겠다는 욕망은 진작에 버렸지만, 덤블도어는 제임스 포터가 죽자 그중 하나인 투명 망토를 소유하게 되었다. 망토는 그가 이미 가지고 있던 다른 성물인 딱총나무 지팡이에 추가할 수 있는 물품이었다.

제임스의 어린 아들 해리를 안전하게 지키기 위해 덤블도어는 아이를 외가 쪽 친척인 피튜니아와 버넌 더즐리의 집으로 보내 호그와트에 입학할 정도로 자랄 때까지 숨겨 두었다. 스네이프는 이중 스파이로서 덤블도어와 함께 일하며 해리를 보호하려고 애썼다.

10년 뒤 해리가 마법 교육을 받기 시작했을 때 덤블도어와 여러 믿을 만한 교사들은 볼드모트에게서 마법사의 돌을 숨기기 위해 여러 층으로 보안을 강화했다. 마법사의 돌을 훔치려던 볼드모트의 계획에 해리가 곧바로 끼어들었지만, 덤블도어는 해리가 자신의 운명에 관한 진실을 알기에는 너무 어리다고 생각했다. 다음 해에 톰 리들의 일기장의 지시에 따라 지니 위즐리가 비밀의 방을 열자, 덤블도어에 대한 해리의 충성심이 덤블도어가 키우는 불사조 폭스를 해리가 있던 비밀의 방 안으로 소환했다. 덤블도어는 볼드모트가 얼마나 큰 계획을 세웠는지 깨달았다. 볼드모트는 여러 개의 호크룩스를 만들어 두었고, 그것들을 모조리 없애야 어둠의 제왕을 완전히 물리칠 수 있었다. 1995년, 해리가 볼드모트의 몸이 부활하는 모습을 목격하자 덤블도어는 불사조 기사단을 다시 조직했다. 마법 세계에 위협이 커 간다는 사실을 받아들이고 싶지 않았던 마법 정부는 덤블도어의 주장을 모함이라고 치부하면서 그의 여러 직함을 없애고 교장직에서 사퇴시켰다.

1996년 6월, 덤블도어는 마법 정부 내에서 볼드모트와 대결을 벌였는데, 이 장면을 목격한 많은 사람이 정부 측에 어둠의 제왕이 돌아온 사실을 인정하라고 촉구했다. 덤블도어는 교장으로 복직한 뒤 마침내 해리에게 예언에 대해 알리고 여름 방학 동안 호크룩스를 찾아 나섰다. 그 과정에서 저주의 피해자가 된 덤블도어는 1년도 채 지나지 않아 목숨을 잃고 말았다. 덤블도어는 스네이프가 볼드모트의 신임을 받는 추종자의 지위를 유지할 수 있도록 그에게 죽임을 당하는 것으로 미리 꾸며 두었다. 학기 중에 교장은 해리에게 더 많은 진실을 들려주고 볼드모트의 과거와 호크룩스의 본질에 대한 부분까지 포함해서 어둠의 제왕을 빠른 시일 내에 없애는 데 도움이 될 만한 정보들을 알려 주었다. 또 다른 호크룩스의 위치를 찾자, 덤블도어는 해리에게 그것을 찾아서 파괴하러 가자고 제안했다. 그들이 떠나 있는 동안 죽음을 먹는 자들이 호그와트를 침략하는 데 성공했고, 얼마 뒤 덤블도어와 해리가 호그와트로 돌아오면서 천문탑에서 전투가 벌어졌다. 그곳에서 스네이프는 덤블도어에게 살해 저주를 날렸고, 그는 바닥으로 추락했다.

1997년 7월 초, 덤블도어의 장례식(187쪽 참조)이 열렸을 때 그를 사랑하고 존경했던 많은 이들이 참석했다. 이후 그의 초상화가 교장실 책상 뒤 벽에 걸렸다.

### 덜로리스 엄브리지 *(1961년 출생~)*

엄브리지는 덤블도어의 군대의 존재가 드러난 이후 마법 정부의 교육 법령 제28조에 따라 1996년에 잠시 호그와트의 교장직을 맡았다. 그녀는 학생과 교직원 모두에게 널리 미움 받았다. 그녀를 합법적인 교장으로 인정하지 않은 교장실은 문 자체를 열지 않아 엄브리지의 출입을 막았다. 헤르미온느는 곤경에 처하자 꾀를 내 엄브리지를 금지된 숲으로 데려갔는데, 이곳에서 그녀는 켄타우로스 무리와 마주쳤다. 엄브리지는 그 자리에서 켄타우로스들에게 모욕적인 언사를 퍼부었고, 화가 난 켄타우로스들은 그녀를 깊숙한 숲속으로 끌고 갔다. 마법 정부가 덤블도어를 복귀시키면서 엄브리지는 학교에서 물러났다.

### 세베루스 스네이프 *(1960년 출생~1998년 사망)*

스네이프는 1997년~1998년 학기에 호그와트 교장직을 맡았다. 당시 교감은 죽음을 먹는 자인 알렉토와 아미쿠스 캐로 남매였다. 이중 첩자였던 스네이프의 위치가 그때까지는 들키지 않은 관계로 그는 교장으로서 자신의 권력을 활용해 최대한 은밀하게 남은 학생들을 지켰다. 덤블도어의 초상화가 계속해서 스네이프에게 지침을 알려 주었다. 해리에게 그리핀도르의 검을 주라고 지시한 것도 그였다. 세 친구가 여정을 마무리하려고 호그와트로 돌아왔을 때 스네이프는 떠날 수밖에 없었는데, 이때 그가 빗자루 없이도 날 수 있다는 점이 드러났다. 이는 볼드모트의 명성을 드높이기도 한 진귀한 기술이다. 스네이프는 호그와트 전투 중에 볼드모트가 보낸 내기니의 공격을 받아 목숨을 잃었다. 그는 죽기 직전 해리에게 자신의 복잡한 과거를 이해할 수 있도록 기억을 전달했고, 이후 해리는 스승의 초상화를 교장실에 걸어 두었다.

### 미네르바 맥고나걸 *(1935년 출생~)*

맥고나걸은 제2차 마법 전쟁이 끝난 뒤부터 아마도 현재까지 호그와트 교장직을 맡고 있는 것으로 여겨진다. 그녀는 학교를 다시 세우고 죽음을 먹는 자들이 출입을 막았던 모든 학생이 다시 돌아와 공부할 수 있도록 앞장섰다. 맥고나걸은 네빌 롱보텀을 약초학 교수로 임명하고 해리, 론, 헤르미온느와 드레이코가 공부를 시작하던 어린 시절처럼 차세대 마법사들을 바르게 인도하고 있다. 부모님과 마찬가지로 포터, 그레인저위즐리, 말포이가의 아이들은 아주 별나고 위험한 행동을 벌였기에 맥고나걸은 그들이 행동을 바로잡을 수 있게 도왔다.

# 교수진

호그와트에 몇 명의 교수가 있는지는 알려지지 않았으나, 수백 명 학생의 교육을 담당하는 인물은 최소 열두 명으로 추정된다. 학교는 인간과 더불어 인간이 아닌 교수도 고용하는데, 유령 교수 빈스와 켄타우로스 피렌지가 대표적이다. 일부 교수는 교감직이나 네 기숙사의 담임과 같은 여러 책임을 맡는다.

호그와트의 교수는 각 기숙사에 점수를 주거나 뺄 수 있고, 학생에게 방과 후 징계를 주거나 퇴학을 시킬 수 있다(물론 교장과 먼저 상의해야 한다). 덤블도어가 교장으로 재직할 때 교수들은 어떤 형태로든 마법이나 물리적 힘을 이용해 학생을 처벌할 수 없었다. (시간이 흐르고 어느 순간 교수들에게 체벌이 허용되었다.) 교수는 또한 여러 이유로 학생을 교실에서 나가게 하거나 도서관 제한 구역처럼 금지 구역에 들어갈 수 있게 허락할 수도 있다. 헤르미온느가 1992년 폴리주스 마법약을 찾으러 도서관 제한 구역에 들어갈 수 있었던 이유이기도 하다.

학생들은 교사를 부를 때 성 뒤에 "교수"라고 붙이거나, 아니면 성별에 따라 경이나 부인을 붙인다. 루비우스 해그리드는 특별히 예외인데, 학생들은 항상 그저 해그리드라고 부른다.

## 이름이 알려진 교수들

### 베스셰다 배블링
1993년 고대 룬문자를 가르쳤다는 점 말고는 알려진 부분이 거의 없다. 그녀의 이름은 작가의 웹사이트 속 호그와트 교수 명단에만 올라와 있을 뿐이다. 성인 배블링은 모호하게 말하는 행동을 지칭하는 의미로 쓰이기에 과목에 딱 어울리는 이름이기는 하다.

### 허버트 비어리
비어리 교수는 아만도 디핏이 교장으로 있던 시절에 약초학을 가르쳤다가 드라마 예술 마법사 아카데미에서 강의하기 위해 학교를 떠났다. 비어리 교수가 호그와트에 머물면서 벌인 가장 기억에 남는 사건은 「엄청난 행운의 샘」을 직접 감독해서 무대에 올렸던 일인데, 이 재앙에 가까운 연극으로 인해 대연회장이 홀라당 타 버릴 뻔했다.

### 커스버트 빈스
작가의 대학 시절 교수 이름에서 따온 빈스는 호그와트에서 유일한 유령 교수로 죽기 전부터 마법의 역사를 가르쳤다. 그는 교무실에서 낮잠을 자다가 사망했는데, 다시 일어나서 지금의 유령 모습으로 곧바로 수업하러 갔다.

### 채러티 버비지
버비지 교수는 호그와트에서 1990년경에 머글학을 가르치기 시작했는데, 공식적으로는 1997년에 "사임"한 것으로 되어 있다. 버비지가 『예언자일보』에 머글 출신 마법사를 옹호하는 원고를 기고한 뒤로 죽음을 먹는 자들은 그녀를 목표로 삼았고, 결국 버비지 교수는 말포이 대저택에서 내기니에게 목숨을 잃었다.

### 알렉토 캐로
죽음을 먹는 자인 알렉토는 1996년~1997년 학기 말에 호그와트를 침략해 채러티 버비지 대신 머글학 교수가 되어 학생들에게 반머글 사상을 가르쳤다. 그녀와 동생 아미쿠스는 교감이 되어 세베루스 스네이프를 도왔다. 알렉토는 호그와트 전투 초반에 래번클로의 탑에서 붙잡혔다. 루나 러브굿이 그녀를 기절시켰고, 나중에 맥고나걸 교수가 알렉토를 공중에 대롱대롱 매달아 두었다.

### 아미쿠스 캐로
한쪽 입꼬리를 내린 음흉한 미소를 짓는 땅딸막한 마법사 아미쿠스는 누나와 마찬가지로 1997년 6월 호그와트로 쳐들어왔다. 그는 드레이코 말포이에게 덤블도어를 죽이라고 강력히 요구했다. 아미쿠스는 어둠의 마법 방어법 교수가 되어 교수진에 합류했고, 이듬해에는 알렉토와 함께 교감이 되어 스네이프 교장을 도왔다. 남매는 학생들을 고문하고 동급생에게 크루시아투스 저주를 연습하도록 강요했다. 알렉토와 함께 호그와트 전투 중에 붙잡혀 래번클로 탑에 갇혔다.

### 바티 크라우치 주니어

1994년 퀴디치 월드컵 도중 집요정 윙키에게서 도망친 바티는 앨러스터 무디를 붙잡고 폴리주스 마법약의 도움을 받아 그로 가장해 호그와트에 잠입했다. 그는 트라이위저드 대회를 조작해서 해리의 피로 볼드모트를 부활시킬 계획을 세웠으나, 세 번째 과제 이후 붙잡혀 마법 정부의 코닐리어스 퍼지가 정당하다고 내린 판결에 따라 디멘터의 입맞춤을 받았다.

### 알버스 덤블도어

재능이 넘치고 자애로우며 확실히 괴짜 마법사인 덤블도어는 적어도 1910년대부터 1927년까지 어둠의 마법 방어법을 가르쳤다. 그러나 그가 어둠의 마법사인 겔러트 그린델왈드와 맞서 싸우기를 거부했다는 이유로 마법 정부가 그의 교사직을 빼앗았다. 이후 1940년대에 변환 마법 교수로 복직했고, 이후 교장에 오른 것으로 추정된다. 덤블도어에 대한 더 자세한 내용은 192쪽에서 알 수 있다.

### 피렌지

피렌지가 호그와트의 점술 교수가 되기 전 이 자리는 1996년 덜로리스 엄브리지가 시빌 트릴로니를 해고하면서 공석이 되었다. 금발에 푸른 눈을 지녔으며, 갈기와 꼬리는 흰색이고 털은 황금색인 피렌지는 금지된 숲에 사는 켄타우로스 무리의 일원이었다. 피렌지가 학교의 점술 교수직을 받아들이자 다른 켄타우로스들은 피렌지를 반역자라고 여겨 무리에서 추방했다. 이듬해 피렌지는 시빌 트릴로니와 점술 수업을 나누어 맡았다. 피렌지는 그리스 신화 속 켄타우로스인 케이론을 모델로 했을 가능성이 있다. 둘 다 다른 켄타우로스보다 인간에게 친절하고 그들을 가르칠 의지가 있으며 한층 사회적이라는 이유로 무리에서 따돌림을 당했다.

### 필리어스 플리트윅

필리어스 플리트윅은 일반 마법 교수이자 래번클로 기숙사 담임이다. 고블린의 피가 살짝 섞인 인간이라 키가 크지 않아서 가르칠 때 학생들을 보기 위해 책을 잔뜩 쌓아 그 위에 올라서야 한다. 호그와트 전투가 벌어지기 전에 플리트윅은 호그와트 전역에 마법 방어벽을 치고 싸움에 참여하는 이들을 호그와트에서 가장 높은 세 탑으로 모이게 해 학교 방어를 도왔다. 플리트윅이 젊은 시절에 결투 챔피언이었다는 소문이 있다. 플리트윅은 체리 시럽과 얼음이 들어가고 우산 장식을 꽂아 주는 탄산음료를 무척 좋아하며, 살아 있는 요정들로 장식하기를 즐긴다. 1학년 학생들에게 윙가르디움 레비오사를 가르쳤던 수업이 무척 인상적인 교수다.

### 윌헬미나 그러블리플랭크
백발에 턱이 툭 튀어나온 나이 많은 마법사인 그러블리플랭크는 파이프 담배를 피우고 외알 안경을 쓴다. 1994년 크리스마스 방학 이후부터 마법 생명체 돌보기 수업의 대체 교수가 되었다. 리타 스키터의 기사로 인해 해그리드가 그 자리를 그만두었기 때문이다. 1995년 학기가 시작되었을 때 해그리드는 다시금 거인들과 협상하러 멀리 떠났다. 그러블리플랭크 교수는 해리에게 우편물을 배달하러 갔던 헤드위그가 공격을 당했을 때 건강을 찾을 수 있도록 치료해 주었다.

### 루비우스 해그리드
거인의 피가 절반 흐르고 수염이 덥수룩한 해그리드는 친절한 사람이다. 1943년 호그와트에서 공부하던 당시 학생을 돌로 변하게 한 괴물을 뒤에서 조종했다는 누명을 쓰고 퇴학당했지만, 이후 호그와트의 숲지기로서 각종 열쇠와 호그와트 부지를 지키는 일을 담당했고 1993년 실바누스 케틀번 교수가 은퇴하면서 마법 생명체 돌보기 수업을 맡게 되었다. 해그리드는 첫 수업에서 학생들에게 히포그리프(벅빅)를 소개했는데, 히포그리프에게 접근하는 방법을 주의 깊게 듣지 않은 드레이코 말포이가 부상을 입는 사건이 벌어진다. 그 사태로 인해 히포그리프는 사형을 선고받았다. 해그리드는 또한 폭발 꼬리 스크루트와 플로버웜에 대해서도 가르쳤다. 1996년 덜로리스 엄브리지가 그를 기량이 모자라는 교수라고 여겨 잠시 학교를 떠나 있었다.

### 실바누스 케틀번
팔다리가 거의 없는 상태인 실바누스는 무신경한 행동과 위험한 동물을 좋아하는 취향으로 유명하다. 호그와트 교수로 재직하면서 그가 벌인 가장 악명 높은 사건은 애시윈더를 "거대한 벌레"라며 비어리 교수가 연출한 연극 「엄청난 행운의 샘」 무대에 세운 일이었다. 이 사태에 관한 더 자세한 정보는 57쪽에서 알아볼 수 있다.

### 길더로이 록하트

마법 세계의 유명 인사인 록하트는 마법 동물을 연구하고 물리친 내용을 담은 상당히 많은 저서를 남겼다. 1992년 록하트는 호그와트에서 어둠의 마법 방어법 교수직을 맡았다. 학년 내내 그는 학생을 가르치는 일에 서투른 모습을 보였고, 끝내는 론과 해리에게 걸려던 망각 마법을 실수로 자신에게 걸고 말았다. 지금은 영구적인 손상을 입은 상태로 세인트 멍고 병원의 제이너스 티키 병동에 입원해 있다.

### 네빌 롱보텀

호그와트에서 수학하는 동안 네빌은 약초학에서 두드러지는 재능을 보였다. 그가 학교를 마친 뒤에 호그와트로 돌아와 약초학 교수가 된 것도 놀랄 일은 아니다.

### 리머스 루핀

해리의 아버지 제임스와 가까운 친구였던 호그와트 졸업생 리머스 루핀은 길더로이 록하트의 뒤를 이어 1993년 어둠의 마법 방어법 수업을 맡았다. 호그와트 급행열차를 타고 학교로 향하는 길에 아즈카반의 디멘터를 쫓아내고 학생들에게 초콜릿을 주며 회복할 수 있도록 도와 폼프리 선생의 호감을 샀다. 루핀은 학생들이 어둠의 생명체와 마주쳤을 때를 잘 대비할 수 있도록 보살피고 자신 있게 주문을 걸 수 있도록 도왔다. 해리가 디멘터에게 두 번째 공격을 받은 뒤로 루핀은 그에게 패트로누스 마법을 가르쳐 주었다. 학년 말에 스네이프 교수는 루핀이 사실은 늑대인간이라는 사실을 누설했다. 이 소식과 더불어 루핀이 투구꽃 마법약을 먹는 것을 잊고 학교 부지에서 변신했다는 점 때문에, 루핀은 그다음 날 아침 학생들이 호그스미드에 가고 없을 때 학교를 떠났다.

### 미네르바 맥고나걸

엄격하지만 공정한 미네르바 맥고나걸은 그리핀도르 기숙사 담임으로, 1956년부터 1998년까지 호그와트에서 변환 마법을 가르치다가 교장이 되었다. 재능이 뛰어난 애니마구스인 그녀는 열성적이면서도 엄격한 교사로서의 자질을 입증했다. 호그와트 전투 때는 성을 지키는 일에 앞섰고 직접 볼드모트와 대결을 벌였다. 맥고나걸에 대한 더 많은 정보는 194쪽에서 확인할 수 있다.

### 갈라티아 메리소트

갈라티아 메리소트는 1895년부터 1945년까지 호그와트에서 교수로 일했고, 대부분 어둠의 마법 방어법을 가르친 것으로 보인다. 메리소트가 은퇴하기 전에 톰 리들은 그녀의 과목 자리를 자신에게 넘겨 달라고 부탁했지만 거절당했고, 그는 그 교수직에 저주를 걸었다.

### 퀴리누스 퀴럴

퀴리누스 퀴럴은 에드워드 모데이크에게서 영감을 받았을지도 모른다. 모데이크는 19세기 후반 인물로, 도시 전설에 따르면 뒤통수에 위협적인 악마의 얼굴을 가지고 있었다고 한다. 퀴럴은 원래 호그와트에서 머글학을 가르쳤으나 1991년~1992년 학기에 어둠의 마법 방어법 과목을 맡았다. 이 수업을 맡기 전 그는 1년을 쉬며 세상을 여행하고 어둠의 마법과 관련한 경험을 쌓았는데, 그 과정에서 볼드모트를 만났다. 학교로 돌아온 즉시 퀴럴은 소심하고 허약해졌다. 그의 머리 뒤편에는 볼드모트가 자리를 잡고 있었는데, 교수는 보라색 터번을 써서 그 모습을 감췄다. 1991년~1992년 학기에 퀴럴 교수는 마법사의 돌을 훔쳐서 볼드모트에게 생명을 되돌려 주려고 했다. 마지막 관문에서 해리는 소망의 거울과 소통하며 돌을 얻으려는 퀴럴을 막았고, 거울이 자기 학생에게 돌을 준 것을 안 퀴럴은 해리를 공격했다. 그러나 해리의 피부에 손이 닿자 몸 전체에 끔찍한 물집이 생기면서 퀴럴은 곧 죽고 말았다.

### 오로라 시니스트라

『해리 포터와 아즈카반의 죄수』의 초기 원고에서는 오렐리아 시니스트라로 불렸던 그녀는 1990년대에 호그와트에서 천문학을 가르쳤다. 그녀의 1학년 수업은 수요일 밤 12시 천문탑에서 이루어졌다. 1992년 시니스트라는 저스틴 핀치플레츨리의 돌로 변한 몸을 병동으로 옮기는 일을 도왔고, 1994년 크리스마스 무도회에서는 앨러스터 무디와 투스텝을 췄다. 그녀의 성은 호그와트에서의 역할을 반영하고 있는데, 시니스트라는 뱀주인자리에 있는 광도 3.5의 별 이름으로 일명 '서펀트 핸들러(Serpent Handler)'로 불린다.

### 호러스 슬러그혼

매력적이고 아주 쾌활한 남성인 슬러그혼은 우아하고 고풍스러운 옷을 즐겨 입는다. 대표적인 옷차림은 황금색 단추가 달린 조끼와 벨벳 재킷이다. 그는 1981년까지 마법약 교수이자 슬리데린 기숙사 담임을 맡았다가 은퇴했으나, 1996년 알버스 덤블도어의 요청으로 은퇴를 번복하고 호그와트로 돌아와 마법약을 가르쳤다. 1997년~1998년 학기에는 슬리데린 기숙사 담임이 되어 세베루스 스네이프의 역할을 맡았다. 마법 세계에서 두각을 보일 학생을 가르치는 일에 자부심을 느끼는 교수로, 민달팽이 클럽으로 알려진 사모임을 조직해서 엘리트 학생들을 초청한 후 이따금 특별한 모임을 개최하고는 한다.

### 세베루스 스네이프

강렬하고, 암울하고 (특히 대놓고 혐오를 드러내는 해리에게) 냉소적인 스네이프는 기름진 머리에 박쥐 같은 인상을 지닌 슬리데린 기숙사 담임으로, 1981년부터 1996년까지 호그와트의 마법약 교수로 근무했다. 자기 기숙사 학생들을 대놓고 편애하는 스네이프는 1996년~1997년 학기에 어둠의 마법 방어법 수업을 맡았다. 그가 수년간 원했던 자리였으며, 학교 교장이 될 때까지 이 과목을 담당했다. 스네이프에 대한 보다 자세한 정보는 194쪽에서 살펴볼 수 있다.

### 포모나 스프라우트

땅딸막한 몸집에 누덕누덕 기운 모자를 쓴 백발의 스프라우트는 해리가 호그와트에 재학하던 시절에 약초학을 담당했다. 학교 온실에서 일하는 까닭에 그녀의 손톱과 옷에는 자주 흙이 묻어 있다. 1991년 후플푸프 기숙사 담임으로서 악마의 덫을 설치해 마법사의 돌을 보호하는 일을 도왔고, 1992년~1993년 학기에는 해리와 론이 위즐리 가족의 나는 포드 앵글리아를 타고 후려치는 버드나무에 처박혔을 때 돌봐 주고 바실리스크를 보고 돌로 변한 학생들을 자신이 키운 맨드레이크를 써서 치료해 주었다. 호그와트 전투 때는 네빌과 함께 학생들을 이끌고 성 전역에서 죽음을 먹는 자 무리의 침입에 맞서 잔인한 식물들로 공격하며 대항했다. '포모나'라는 이름은 로마의 과일나무 여신에서 따온 이름이고, '스프라우트'는 어린 식물을 지칭하는 영어다.

### 시빌 트릴로니

고조할머니가 유명한 예언가 카산드라 트릴로니인 시빌은 호그와트에서 점술 수업을 담당한다. '시빌'이라는 이름은 주로 최면 상태에서 그리스와 로마의 신들과 소통할 수 있는 사람에게 붙는 명칭으로, 고대 신탁과 관련이 있다. 비쩍 마른 몸에 커다란 안경을 쓰고 스팽글이 달린 숄을 걸친 그녀는 목에 사슬과 구슬을 걸고 반지와 팔찌도 주렁주렁 찬다. 1995년~1996년 학기에 엄브리지는 그녀에게 근신 처분을 내려 학교에서 쫓아내려고 했으나 실패했다. 트릴로니는 이후에도 계속 수업을 이어 가며 점술 수업을 피렌지와 나누어 가르쳤고, 그녀가 퇴직한 뒤에는 피렌지가 모든 수업을 담당했다. 호그와트 전투 때 트릴로니는 입구 홀 위 발코니에서 수정 구슬을 떨어뜨려 아래에 있던 죽음을 먹는 자들의 머리통을 날렸다.

### 덜로리스 엄브리지

가학적이고 잔인하며 학생들이 방어 마법을 연습하지 못하도록 감시하는 데 열중했던 엄브리지는 1995년~1996년 학기에 호그와트에서 어둠의 마법 방어법을 가르쳤다. 그녀는 호그와트에 간섭하기 위해 마법부에서 선정한 인물로, 이곳에서 장학관 역할도 하고 나중에는 교장 자리에까지 올랐다. 엄브리지에 대한 더 많은 정보는 193쪽에서 찾아볼 수 있다.

### 셉티마 벡터

숫자점을 가르치는 교수인 벡터는 숫자가 지닌 마법의 특성을 이용한다. 그녀의 성은 수학과 관련이 있는데, 벡터는 규모와 방향 모두와 관련된 양을 지칭하는 용어다.

# 학교 이사회

대부분의 교육 기관들처럼 호그와트에도 이사회가 있어서 학교에서 진행되는 일들을 살핀다. 해리는 학교생활을 하며 위험하고 극적인 여러 사건에 휘말렸지만 그 과정에서 이사들에 대한 이야기가 거의 나오지 않는 것으로 봐서, 이들이 엄청나게 느긋한 성격이거나 직무 태만이라고 주장하는 사람도 있다.

1992년~1993년에 루시우스 말포이는 학교 이사회 일원으로서의 지위를 이용해 호그와트에서 덤블도어를 내쫓으려고 했다. 루시우스는 지니 위즐리에게 톰 리들의 일기장을 슬쩍 찔러 넣은 후 그 결과를 주시했고, 학생들을 향한 공격이 다수 발생하자 이를 이용해 이사회를 움직여 덤블도어에게 정직 명령서를 발급하는 투표를 이끌어 냈다. 나중에 루시우스가 가족들에게 저주를 걸겠다고 위협해서 표를 확보한 사실이 드러났다.

루시우스를 포함해 열두 명이 당시 이사회 소속이었으나, 루시우스 말포이 이외에 이름이 드러난 이사는 없다. 지니가 비밀의 방으로 끌려가자 이사회의 다른 구성원들이 덤블도어의 교장 복직을 요구했고, 루시우스는 곧바로 직위가 해제되었다. 루시우스는 이사회에서 물러난 뒤에도 계속해서 영향력을 행사해, 히포그리프 벅빅이 드레이코를 공격한 벌을 받도록 만들었다. 교육 법령 제28조에 따라 덜로리스 엄브리지가 교장이 되기 전까지는 이사회가 호그와트의 교장을 선출하거나 해임할 수 있는 유일한 단체였다.

이사회는 학교를 폐쇄하는 최종 결정을 내릴 수 있다. 그런 고비가 두 번 있었다. 처음은 해리가 2학년 때 바실리스크가 공격을 해 왔을 때고, 그다음은 6학년 때 볼드모트가 두 번째로 부활하고 드레이코가 덤블도어를 죽이려고 하면서 여러 사람이 부상당하고 결국 교장이 죽음을 맞이했을 때였다.

# 교직원들

호그와트에서는 교수들만이 학교 운영에 참여하지는 않는다. 성의 집요정 무리에 관해 설명하기에 앞서 호그와트의 직원으로서 부수적인 역할을 담당하는 중요한 인간(또는 반인간)들에 대해서 먼저 살펴보자.

### 관리인

호그와트의 관리인은 주로 성을 깨끗하게 유지하고 정상적으로 운영되도록 관리하는 책임을 맡는다. 관리인은 학생들이 허락을 받고 호그스미드로 외출하는지 감시하고 학교 통로를 막고 있는 마법에 걸린 늪에 배를 띄워 학생들을 건너게 해 주는 등 다양한 업무를 수행한다. 해리가 호그와트에 다니던 시절의 관리인은 아거스 필치다. 필치는 상당히 비뚤어진 스큅(마법사 부모를 두었으나 마법 능력을 지니지 못한 채로 태어난 사람)으로, 폴터가이스트인 피브스와 사이가 나쁘고 모든 학생들을 싫어한다. 그는 잘못된 행동을 한 사람을 쇠사슬과 채찍으로 처벌할 수 있었던 옛 시절을 늘 갈망하며, 엄브리지 교수와 캐로가 그에게 그렇게 할 수 있도록 기회를 주자 얼른 이를 활용했다. 필치의 전임자 중 한 명인 아폴리언 프링글도 체벌을 좋아했다고 한다. 그는 몰리 프루잇과 만나느라 통금을 어긴 아서 위즐리에게 체벌을 가해 흉터를 남겼다.

### 비행 강사

호그와트에서 교수가 아니면서 유일하게 가르치는 일을 하는 사람이다. 호그와트는 비행 강사를 고용해 1학년 학생에게 빗자루 비행술 기본기를 익히고 학교의 퀴디치 프로그램을 살피게 한다. 해리가 재학하던 시절에는 로렌다 후치 선생이 이 일을 맡았다. 후치 선생은 호그와트에서 열리는 거의 모든 퀴디치 시합에 심판으로 참석했다. 기숙사별 연습 시합에는 관여하지 않았지만 시리우스 블랙 때문에 해리의 목숨이 위태롭다고 여겨진 상황에서는 그리핀도르의 훈련 연습을 참관했다.

### 숲지기

호그와트의 모든 열쇠와 부지 관리인으로도 알려진 숲지기는 호그와트 부지와 그곳에 사는 모든 것을 보살핀다. 그 범위는 핼러윈 연회 장식에 사용하는 호박부터 학교 마차를 이끄는 세스트럴 무리, 금지된 숲에 사는 신비한 동물에 이르기까지 다양하다. 숲지기는 금지된 숲 근처 자신의 오두막에 살면서 커다란 학교 열쇠 꾸러미를 가지고 다닌다. 몰리 위즐리가 학교에 다니던 시절에는 오그라는 남성이 숲지기였다고 한다. 숲지기 루비우스 해그리드는 해리가 처음 만난 학교 직원이다. 해그리드에 관한 보다 자세한 내용은 198쪽에서 찾아볼 수 있다.

### 사서

해리가 호그와트에 다니던 시절 도서관의 사서는 한 명뿐이었다. 바로 여성 마법사 이르마 핀스 선생이다. 관리인 아거스 필치만큼 학생들을 믿지 못하는(두 사람은 이 점에서 유대 관계가 있는 듯하다) 핀스 선생은 광적으로 책에 집착해서 책에 낙서하는 학생, 책 근처에서 뭘 먹거나 허락 없이 제한 구역 내 책에 손을 대거나 가져간 학생을 쫓아낸다. 그녀는 도서관을 돌아다니는 모든 이를 상당히 경계하며, 주로 소중한 책에 쌓인 먼지를 털거나 깨끗이 닦는 모습으로 등장한다.

### 양호 교사

포피 폼프리 선생은 해리가 호그와트에 다니면서 자주 찾아간 양호 교사다. 능력이 뛰어난 이 여성 마법사는 혼자서 학교 병동을 꾸려 나가면서 학생과 직원들의 부상이나 병을 치료했다. 상당히 심각한 부상이나 병은 그녀의 손을 떠나 이송되기도 한다. 영국판에서는 폼프리 선생을 학교의 양호 교사(matron)라고 언급하는데, 이는 영국 기숙학교 내부에서 의료 지원을 담당하는 여성을 지칭하는 전통적인 용어다. 초기 미국판에서는 이해를 돕기 위해 이를 간호사(nurse)로 바꾸었으나, 다른 대체 용어와 마찬가지로 『해리 포터와 불사조 기사단』 이후부터는 원래 명칭 그대로 표기하였다.

# 집요정

집요정은 왕방울 같은 눈, 박쥐 같은 귀를 가진 마법 종족으로, 이들은 마법 지팡이와 주문 없이도 마법을 사용할 줄 안다. 이들은 호그와트처럼 마법사들이 순간이동을 못 하도록 금지된 장소에서도 순간이동을 할 수 있다. 전통적으로 부유하고 유서 깊은 마법 가문에 소속되어 요리와 청소 등 잡일을 하며 "주인"에게 의복류를 선물 받으면 노예 계약에서 풀려난다. 이 때문에 보통은 옷이 아니라 베갯잇 같은 가정용 리넨을 걸치고 있다.

해리가 처음 만난 집요정은 말포이 가문 소속의 도비로, 그는 해리가 학교에 가지 못하도록 막기 위해 온갖 방해 공작을 벌였다. 해리가 학교에 돌아가 비밀의 방을 열지 못하도록 하려는 목적이었다. 1993년 해리는 도비에게 양말을 주도록 루시우스 말포이를 속였고, 도비는 자유를 얻었다.

영국에서 집요정이 가장 많은 곳은 바로 호그와트다. 호그와트의 모든 집요정은 학교 문장이 새겨진 행주를 걸치고 다녔다. 도비와 (1994년 퀴디치 월드컵 때 주인인 바티 크라우치에게 해고되어 쫓겨난) 윙키가 오기 전까지는 말이다. 도비는 색다른 옷 조합을 좋아했는데, 특히 어울리지 않는 양말들을 즐겨 입고 다녔다.

도비와 윙키는 처음에는 자유로운 요정으로서 일거리를 찾는 데 어려움을 겪었으나, 덤블도어가 이들에게 월급과 휴가를 주고 자신을 원하는 대로 불러도 좋다는 조건을 승낙하며 일자리를 제공했다(일반적으로 집요정은 주인에 대해 함부로 이야기해서는 안 된다). 학교에 있는 다른 집요정들은 옷을 받는 것을 수치스럽게 생각하기 때문에 도비를 아주 이상한 별종으로 취급했다. 버터 맥주에 빠져 사는 윙키 역시 마찬가지로 이상하게 여겨졌다.

전통적으로 훌륭한 집요정이라면 주인의 눈에 띄지 않고 소리도 내지 말아야 하기에 해리는 슬러그혼 교수의 크리스마스 파티 때를 제외하면 호그와트에서 도비나 (블랙 가문 집요정으로 시리우스 블랙이 죽은 뒤에 해리에게 상속된) 크리처가 그를 찾아왔을 때만 집요정을 볼 수 있었다. 호그와트 집요정들은 대연회장 바로 아래 자리한 주방(70쪽 참조)에서 일하기 때문에 학생들의 눈에 잘 띄지 않는다. 이들은 식사 시간에 테이블 위로 음식을 올려 보내며, 기숙사 파티나 오후에 간식거리를 찾으러 오는 학생들에게도 기꺼이 음식을 내준다.

성에 사는 거주자들의 눈에 철저하게 띄지 않아야 한다는 낡은 생각은 호그와트 전투(42쪽 참조) 때 무너졌다. 론과 해리가 집요정들에게 같이 싸우자고 할지, 안전을 위해 몸을 피하라고 할지 윤리적인 딜레마에 빠져 고민하고 있을 때 집요정들은 자유의지에 따라 행동하기로 결정했다. 두 친구가 해결책을 찾기 전에 크리처가 호그와트의 집요정들을 이끌고 전투 최후의 순간에 싸움에 뛰어든 것이다. 음식 만들 때 쓰는 크고 작은 칼들로 무장한 집요정들은 죽음을 먹는 자들을 공격하면서 전투의 판세를 뒤집는 데 기여했다.

## 집요정 복지 증진 협회(S.P.E.W.)의 기원과 유산에 관해서

헤르미온느는 4학년 때 집요정들이 마법사들에게 전반적으로 열악한 대우를 받고 있다는 사실을 알게 되면서 집요정 복지 증진 협회를 세웠다. 처음 생각한 단체 명칭은 "동료 마법 생명체에 대한 말도 안 되는 학대를 그만두고 그들의 법적 지위 변화를 위한 캠페인을 벌이자"였으나, 배지에 적기에는 너무 길었기 때문에 대신 이 문장을 성명서 제목으로 사용했다. 헤르미온느는 해리를 서기로, 론을 회계 담당자로 임명했고 다른 학생들에게도 참여하라고 설득했으나 실패했다. 이 단체에서 열정적으로 일하는 구성원은 그녀뿐이었다. 헤르미온느의 활발한 홍보 활동은 제2차 마법 전쟁이 벌어지면서 사그라들었지만, 전쟁 이후 그녀는 집요정 복지 증진 협회의 정신을 자신이 처음 맡은 마법 정부의 마법 생명체 통제 관리부로 계속 이어 가서 집요정의 삶을 크게 향상하는 데 중요한 역할을 했다.

# 유명한 유령들

영국에서 유령이 가장 많이 나오는 장소인 호그와트는 학교를 배회하는 수많은 영혼의 보금자리로, 해리는 기숙사를 배정받기 전 입구 홀에서 약 스무 명 정도의 유령과 마주쳤다. 대개 그들은 특별히 무서운 존재는 아니고 악쓰는 오두막(144쪽 참조)조차 무서워서 가지 못하는 소심한 성품을 가졌다. 정확하지는 않지만 오두막이 영국에서 가장 귀신이 많이 출몰하는 장소고 거친 유령들이 살고 있다는 소문 때문이다. 호그와트의 유령은 학생과 교직원들과 어울리고 핼러윈 연회 때는 행사에도 참여한다. 1993년 핼러윈에는 대형을 이루어 날아다니는 모습을 연출했다. 유령 관련 사항은 유령 위원회에서 담당한다. 1994년 호그와트 유령들은 한자리에 모여 피브스가 최근 벌인 사건에 비춰 볼 때 학기 초 연회에 참석시켜야 하는지 여부를 두고 토론을 벌였다. 목이 달랑달랑한 닉의 말을 빌자면 호그와트 유령들은 각자 기숙사에 충성하지만 일반적으로 서로 잘 지낸다고 한다.

### 빈스 교수

빈스 교수에 대한 자세한 정보는 196쪽을 살펴보자.

### 피투성이 남작

슬리데린 기숙사에 사는 유령인 피투성이 남작은 호그와트에 사는 영혼들 중에서 가장 전형적으로 무섭고 끔찍한 유령 형상을 하고 있다. 수척한 얼굴에 튀어나온 멍한 눈, 은빛 핏자국이 묻은 긴 옷자락과 쇠사슬을 걸친 모습으로 나타나는 그는 언제 어쩌다 핏자국이 생겼는지는 말하지 않는다. 남작은 피브스가 두려워하거나 존중하는 유일한 존재로, 이 말썽꾸러기 폴터가이스트를 제압할 수 있는 유령이기도 하다. 말을 안 들으면 남작에게 일러바치겠다고 위협하는 것이 피브스가 벌이는 말썽을 막는 몇 안 되는 방법 중 하나다. 론은 목이 달랑달랑한 닉도 피투성이 남작을 무서워한다고 생각했지만 닉은 아니라며 부정했다.

살아 있을 때 남작은 욱하는 성미였다. 호그와트의 설립자 중 한 명인 로위너 래번클로는 죽어 가는 상황에서 딸을 집으로 데려와 달라고 남작에게 부탁했으나, 짝사랑

상대이던 헬레나 래번클로가 자신의 마음을 받아 주지 않자 남작은 폭력적으로 변해 헬레나를 죽인 후 자책하면서 스스로 목숨을 끊었다. 유령이 된 그는 속죄의 상징으로 쇠사슬을 감았다. 비참하고 불길한 존재인 그는 천문탑 주변에서 흐느끼며 쇠사슬을 철렁거리면서 돌아다니는 모습으로 자주 목격된다.

### 뚱보 수도사

후플푸프의 유령은 생전에 마법 능력을 잘못 써서 목숨을 잃었다. 살아 있을 때 수도사였던 그는 (아마도 마법 지팡이인 듯한) 막대기로 찌르기만 해도 수두를 낫게 해 주고 종종 성찬 잔에서 토끼를 꺼내서 수도원의 고위 성직자들에게 의심을 받았다. 전형적인 후플푸프인 뚱보 수도사는 꽤 친절하고, 자애롭고, 피브스가 계속 말썽을 일으켜도 쭉 그에게 기회를 주었다. 그러나 생전에 추기경이 되지 못한 점에 대해서는 여전히 원통해한다.

### 회색 숙녀

작가의 초판 원고에서는 속삭이는 숙녀로 불렸던 이 조용한 영혼은 사실 호그와트 설립자 로워너 래번클로의 살해당한 딸인 헬레나 래번클로다. 그녀는 긴 머리에 키가 큰 젊은 여성으로 바닥까지 끌리는 긴 가운으로 가슴에 두드러지게 남은 칼자국을 감춘다. 어머니의 삶을 질투해서 로워너의 보관을 훔쳐 달아나면서 자신이 더 똑똑해지고 중요한 인물이 되기를 바랐으나, 배신당한 어머니는 동료 설립자들에게조차 이 사실을 비밀로 했다. 몸이 많이 아픈 상태에서 죽기 전에 다시 한 번 딸을 보고 싶은 절박함에 로워너는 딸을 사랑하는 남작에게 그녀를 데려와 달라고 부탁했지만, 남작이 알바니아 숲속에 숨어 있던 헬레나를 찾았을 때 그녀는 돌아가기를 거부했다. 그 순간 분노가 치밀어 오른 남작은 헬레나를 칼로 찌르고 말았다. 남작이 오기 전 헬레나는 나무의 움푹 팬 몸통에 보관을 숨겼는데, 수백 년 뒤 볼드모트가 이곳에서 보관을 찾았다. 그가 학생 시절 회색 숙녀에게 숨긴 장소에 대해 알아 둔 덕분이었다.

### 목이 달랑달랑한 닉

니컬러스 드 밈시 포핑턴 경은 위엄 있고 성품이 훌륭한 그리핀도르의 유령으로, 기숙사 신입생들을 환영해 주고 이들과 대화를 나누며 길을 안내하는 일을 정말로 좋아한다. 그러나 자신의 머리가 몸과 완전히 분리되지 않았다는 사실에는 꽤 민감하게 반응한다. 사형을 당할 때 무딘 도끼로 마흔다섯 번이나 목을 찍혔지만 제대로 잘리지 않은 것이다. 『해리 포터와 비밀의 방』 초안에는 닉이 처형당할 당시의 이야기를 하며 노래를 부르는 장면이 담겨 있다. 피부 일부가 머리와 목 사이에 남아서 그는 머리 없는 사냥회에 가입하지 못했다. 이 사냥회는 목이 완전히 잘린 유령들이 자기들의 머리를 가지고 스포츠와 오락을 즐기는 모임이다. 생전에 니컬러스 경은 헨리 7세의 궁정에서 살면서 마법을 사용해 시녀를 더 아름답게 만들려다가 실수로 어금니를 키우는 바람에, 이 끔찍한 실수에 대한 벌로 1492년 10월 31일에 처형을 당했다. 1992년 그의 500번째 사망일 파티가 성대하게 열렸다. 좀 콧대가 높으며, 마법을 부리다가 실수를 저지른 점에서 알 수 있듯 마법사로서 능력이 뛰어나지는 않지만 본인은 스스로가 꽤 훌륭하다고 믿는다.

니컬러스는 긴 곱슬머리에 깃털로 장식한 모자, 타이즈, 꽉 끼는 남성 상의인 더블릿에 목의 상처를 감추는 주름 칼라를 걸치고 있다. 목과 관련된 별명보다는 니컬러스 경이라 불리는 편을 더 좋아한다. 그러나 목이 덜렁거리는 모습을 보였을 때 상대방이 보이는 반응을 즐기며, 다른 유령들에게 무섭게 보인다고 믿고 싶어 한다. 심지어 1993년 핼러윈 연회 때 자신의 처형식을 재연해 보이기도 했다. 닉은 살아서 먹던 음식을 그리워하며 자신이 누리지 못한 삶에 관해 농담하는 것을 좋아하지 않는다. 1992년 바실리스크를 직접 목격했는데 그와 같이 있던 후플푸프 학생 저스틴 핀치플레츨리는 닉을 통해 뱀의 눈을 보았기 때문에 돌로 변했고, 닉은 직접적으로 괴물의 눈을 보았으나 이미 죽은 몸이라 다시 죽을 수가 없어서 평소의 희고 투명한 모습이 검고 희끄무레하게 바뀌고 몸체가 수평으로 떴다. 사람들은 부채로 바람을 일으켜 그를 학교 병동으로 보냈고, 봄에 맨드레이크 물약이 완성되자 회복했다.

이 친절한 유령은 상실의 아픔을 가지고 사람이 어떻게 유령이 되는지 알고 싶어 하는 학생들이 찾아오면 익숙하게 받아 준다. 그는 해리에게 자신이 죽음을 두려워해서 유령이 되었다고 솔직하게 이야기하면서, 때로는 자신이 옳은 결정을 내렸는지 의구심을 갖는다고도 말했다.

## 울보 머틀

머틀 엘리자베스 워렌은 1940년대에 호그와트를 다닌 머글 출신 래번클로 학생이다. 1943년 톰 리들이 비밀의 방에서 풀어 준 바실리스크와 눈이 마주치며 목숨을 잃었다. 올리브 혼비라는 다른 학생이 그녀를 안경잡이라고 놀린 탓에 3층 여학생 화장실에서 울고 있다가 남자아이의 목소리를 듣고서 나가라고 말하려고 나섰다가 커다란 노란 눈 한 쌍을 본 뒤 죽고 만 것이다.

작가가 처음에는 울부짖는 완다라고 이름을 붙였던 울보 머틀은 힘없는 머리카락과 두꺼운 안경으로 슬픈 얼굴 일부를 가린 땅딸막한 유령이다. 유령이 된 뒤에 머틀은 자신을 괴롭힌 말썽꾼 올리브를 쫓아다니며 괴롭혔고, 올리브가 마법 정부에 신고하자 정부는 머틀을 호그와트로 돌려보냈다. 머틀은 자기가 죽었던 화장실 안에 주로 쪼그리고 있으면서 속상할 때는 변기를 넘치게 해 학생 대부분이 이 화장실을 피한다. 그녀는 성의 다른 곳에도 놀러 가는데, 남학생 화장실 같은 다른 화장실에서 나타나는 것으로 알려져 있다. 영원히 10대 소녀인 머틀은 청소년기의 특징을 그대로 가지고 있어서 예민하고 시시덕거리기를 좋아한다. 머틀은 해리에게 호감을 품었고, 드레이코 말포이가 6학년 때 그녀에게 스트레스를 받는 일에 대해 털어놓으면서 말포이에게도 애정을 보였다. 머틀은 반장 욕실에서 소년들을 몰래 살폈고, 해리가 욕실에 나타났을 때는 모습을 드러내 세드릭 디고리가 어떻게 황금 알의 미스터리를 풀었는지 알려 줬다. 그녀는 파이프를 통해 호수로도 갈 수 있다(가끔 누가 변기를 내리면 우연히 빨려 내려가기도 한다). 해리는 트라이위저드 대회 두 번째 과제를 수행하던 중에 그녀와 만나기도 했다. 해리의 아들 알버스가 호그와트에 다니던 시절 머틀은 알버스와 드레이코의 아들 스코피어스에게 두 번째 과제 당시의 시간으로 여행할 수 있도록 호수로 이어지는 텅 빈 세면대를 알려 주었다.

# 피브스

폭력적이고 짓궂은 폴터가이스트 피브스는 호그와트가 처음 생겼을 때부터 이곳에 있었다. 성에 청소년 마법사가 많이 모여 있는 까닭에 피브스는 평범한 폴터가이스트보다 강하고 물리적인 형태로 나타난다. 그의 가장 큰 즐거움 중 하나는 맨 처음 일을 시작한 행커튼 험블부터 아거스 필치에 이르기까지 호그와트에 사는 관리인들을 괴롭히는 것이다.

수백 년간 호그와트 교장들은 피브스를 쫓아내려고 했으나 성공하지 못했다. 1876년 관리인이던 랜코러스 카프가 가장 최근에 이를 시도한 인물이었다. 그는 피브스를 쉽게 없앨 수 있는 마법을 건 종 모양의 유리병까지 이어지는 여러 단계의 함정을 만들었는데, 화가 난 폴터가이스트가 여러 무기를 들고 나와 성 전체가 대피해야 했다. 당시 교장이던 유프락시아 몰이 피브스에게 새로운 모자를 맞춤 제작해 주고, 상한 빵을 제공하고, 2층 남학생 욕실에서 매주 수영할 수 있게 해 준다는 계약서에 서명하면서 사흘간의 대치가 막을 내렸다. 그때 이후로 성에서 피브스를 쫓아내려는 진지한 시도는 없었다(물론 아거스 필치는 그가 없어지기를 계속 바라고 있다).

피브스의 주된 동기는 혼란을 일으키는 것으로, 가끔은 그런 행동이 교수들에게 도움을 주기도 한다. 그는 누가 밤에 침대에서 몰래 빠져나왔는지를 알려 주고, 도망친 범죄자 시리우스 블랙에 관한 정보도 제공했으며, 바실리스크의 공격을 알아차리고 성으로 경고도 해 주었다. 다른 때는 학생들과 한편이 되어 필치를 곤란하게 해 학생들이 도망칠 시간을 벌어 주고, 필치가 벌을 주려고 할 때 정신을 흩트리려고 그의 사무실 위층에서 사라지는 캐비닛을 떨어뜨리기도 했다.

그가 저지르는 파괴적인 장난들은 엄청나게 다양하다. 몇 가지 예를 들어 보자면 사람들에게 지팡이를 던지고, 머리 위에 쓰레기통을 떨어뜨리고, 발아래 러그를 잡아 뽑고, 분필을 던지고, 뒤에서 코를 잡아채고, 칠판에 무례한 말을 쓰고, 벽에 테니스를 치고, 울보 머틀을 놀리고, 씹던 껌으로 열쇠 구멍을 막아 버리고, 자는 사람의 귀에 바람을 불어 깨우고, 물 폭탄을 떨어뜨리고, 주방을 엉망으로 만들고, 지나가는 길에 꽃병을 쓰러뜨리고, 사람들에게 의자를 던지고, 파라셀수스 흉상을 떨어뜨리고, 잉크 방울을 불고, 크리스마스 장식용 줄로 사람 목을 조르고, 테이블을 뒤집고, 노리스 부인을 갑옷 안에 가두고, 손전등을 부수고, 횃불로 저글링을 하고, 양피지를 불 속이나 창밖으로 집어 던지고, 욕실 개수대의 모든 꼭지를 뽑아 버리고, 독거미 타란툴라를 대연회장에 풀어 놓고, 사람이 말할 때 요란하게 침을 튀기며 혀를 날름거리고, 샹들리에를 떨어뜨리고, 학생에 대한 소문을 퍼트리고, 바지에 불을 붙이지 않으면 문을 지나치지 못하게 하는 등 끝도 없다.

피브스는 노래 가사를 쓰는 것을 좋아하고 가끔 안무도 짜는데, 이런 음악적 재능을 해리의 신경을 거스르는 터무니없는 소문을 만드는 데 썼다. 이 폴터가이스트는 마법을 걸어 둔 갑옷에 올라가기를 좋아하며, 크리스마스 시즌에는 자신이 무례한 가사를 붙인 캐럴을 갑옷들이 부르게 한다.

피브스는 본성이 파괴적이지만 원치 않는 침입자로부터 학교를 지키는 일에 도움을 주기도 한다. 엄브리지가 교장으로 있을 때 프레드와 조지는 피브스에게 엄브리지의 인생을 고달프게 만들어 달라고 부탁했는데, 그는 이 과제를 진지하게 받아들여 평소보다 더 호그와트성을 쑥대밭으로 만들면서 간간이 호그와트 교사들의 도움도 받았다. 엄브리지는 필치에게 피브스를 성에서 쫓아내겠다고 장담했지만 다행히도 그러지 못했다.

호그와트 전투 중에 맥고나걸 교수는 피브스를 불러 죽음을 먹는 자들에게 혼란을 일으켜 달라고 부탁했고, 그는 죽음을 먹는 자들 머리 위로 올가미나무 꼬투리를 떨어뜨렸다. 이 일로 미루어 볼 때 피브스에게도 호그와트성 또는 특정 학생이나 교수에 대한 약간의 충성심이 있음을 짐작할 수 있다. 피브스는 교수들과 덤블도어에게 어느 정도 존중심을 보이며, 그들의 수업이나 연구실을 방해하지 않는다. 그는 피투성이 남작을 정말로 무서워해서 남작만이 유일하게 어느 정도 피브스를 다룰 수 있다. 유령들은 자주 모여 학기 초 연회에 참석하려는 피브스를 어떻게 할지를 두고 이야기를 나눈다. 보통은 뚱보 수도사가 피브스의 편을 들더라도 피투성이 남작이 늘 그 제안을 거절해서 참석한 모두가 상당히 안심하고는 한다.

> 비공식 해리포터 가이드북

## 해리포터 팬이라면 꼭 알아야 할
# 해리포터 마법 주문 대백과

머글넷 지음 | 공민희 옮김 | 164쪽 | 13,800원

**오직 해리포터 팬을 위한
해리포터 마법 주문의 모든 것!**

전 세계에서 가장 큰 해리 포터 팬들의 모임인 머글넷이 직접 쓴 비공식 『해리포터 마법 주문 대백과』는 총 240개 이상의 주문, 부적, 저주, 헥스, 징크스와 마법에 걸린 용품들이 가득 담겨 있다. 각 주문에는 주문 이름, 발음 및 어원, 주문 효과에 대한 설명, 해당되는 경우 지팡이의 움직임 및 발음하는 법, 설명 메모 및 각 주문과 관련된 재미있는 사실(예를 들어, 누구에게 사용되었는지, 무엇을 사용했는지) 등 다른 책이나 인터넷에서는 볼 수 없는 내용들이 차곡차곡 담겨 있다. 마법 주문의 결과가 어떻게 되는지 또는 주문의 특이한 이력이 무엇인지도 알 수 있으며, 눈썰미가 있는 독자라면 곳곳에 손으로 쓰여 진 코멘트를 발견하고 가벼운 탄성을 지를 수도 있을 것이다.

### ★ 주문 Spells
유명한 반대 주문, 치료 주문, 변신 주문뿐 아니라 마법사와 마녀 세계에서 따로 분류하지 못한 주문까지 전부 담았다.

### ★ 마법 Charms
해리포터 세계에 등장하는 모든 알려진 마법을 소개한다.
정확한 지팡이 움직임과 제대로 된 발음, 완전히 집중해야 성공할 수 있다.

### ★ 저주, 헥스, 징크스 Curses, Hexes & Jinxes
해리포터 세계에 알려진 모든 저주, 헥스, 징크스와 어둠의 마법을 소개한다.

### ★ 마법 용품 Enchanted Objects
해리포터 세계에 등장하는 근사한 마법의 물건들을 자세하게 소개한다.

비공식
해리포터
가이드북

해리포터 팬이라면 꼭 알아야 할

# 해리포터 마법 인물 대백과 1, 2

머글넷 지음 | 공민희 옮김 | 1권 172쪽, 2권 180쪽 | 각 권 13,800원

**오직 해리포터 팬을 위한
해리포터 마법 세계에 나오는 모든 인물의 이야기!**

전 세계에서 가장 큰 해리 포터 팬들의 모임인 머글넷이 직접 쓴 비공식『해리포터 마법 인물 대백과 1, 2』는 총 720명이 넘는 인물들을 소개한다(A부터 K까지는 1권에서, L

부터 Z까지는 2권에서). J.K. 롤링이 창조한 신비로운 인물들의 컬렉션은 마법의 세계를 매혹적으로 만들면서, 독자들을 마법사의 역사, 문화, 지식으로 가득한 마법 세계의 풍요로운 이야기 속으로 빠져들게 한다. 이 놀라운 책에는 마법 세계의 모든 캐릭터가 소개되며, 각 캐릭터가 처음 언급된 시기, 외모, 마법사 학교, 집, 패트로누스, 지팡이, 관련 가족 구성원, 기술 및 업적, 개인 이력 등에 대한 모든 세부 정보까지 자세하게 수록되어 있다. 또, 주요 캐릭터의 계보와 가계도, 중요한 위치와 학교를 자세히 설명하는 세계 지도, 캐릭터 간의 동맹을 자세히 설명하는 알아두기 코너도 포함되어 있다.

## 다시 한번 마법의 세계로!

열한 번째 생일을 맞기 전까지 해리 포터의 세상에는 비쩍 마른 숙모, 따분한 영업사원, 버릇없는 사촌, 말 많은 브라질 보아 뱀, 고양이를 키우는 정신 나간 할머니와 프리빗가 4번지 계단 아래 좁은 수납장에서 같이 사는 거미들뿐이었다. 베스트셀러 소설 일곱 작품(과 관련 도서들), 줄줄이 개봉하는 블록버스터 영화들, 테마파크, 심지어 브로드웨이 연극으로도 등장한 뒤, 우리들은 J.K. 롤링의 거대한 마법 세계를 겉핥기 식으로만 살펴 왔다는 점을 뼈저리게 느꼈다. 이 책을 통해 해리의 이야기 속으로 들어가 역사, 문화, 전설로 가득한 마법 세계의 다채로움을 직접 느껴 보자. 롤링의 마법 세계를 아주 매력적으로 만들어 주는 신비로운 인물들이 한곳에 모두 모였다. 그들이 없었다면 해리는 결코 계단 아래 수납장에서 나오지 못했을 것이고, 책이 나온 지 20년이 지난 지금까지 더 많은 걸 알고 싶어 찾아보는 우리도 없었을 것이다.

> 비공식 해리포터 가이드북

### 해리포터 팬이라면 꼭 알아야 할
# 해리포터 마법 동물 대백과

머글넷 지음 | 공민희 옮김 | 208쪽 | 16,800원

**오직 해리포터 팬을 위한 해리포터 마법 동물들의 위험천만하지만 신비로운 세계!**

150종 이상의 괴물, 생명체뿐 아니라 그 중간 어딘가에 속하는 동물들을 소개하는 『해리포터 마법 동물 대백과』는 해리 포터 세계의 주요 자료 속에 나오는 온갖 동물과 인류, 또는 그 중간의 모든 생명체를 다룬다. 책, 영화, 연극을 비롯해 「신비한 동물 사전」 영화 시리즈까지 포함해 점점 커 가는 마법 세계의 즐거움과 흥미진진함을 이 책을 통해 한껏 맛보도록 하자.

또, 각 동물에 관한 전문적인 지식을 더 잘 이해할 수 있도록 적절한 정보를 표기해 두었다. 이를테면 해당 동물이 어떤 작품에 등장했는지, 얼마나 크거나 작은지, 수명이 있는지, 영원히 사는지 등을 알 수 있다. 종에 따라 달라지는 색상과 기질, 특별한 습성, 마법계나 머글 설화 속, 또는 J.K.

롤링의 설명을 통해 들을 수 있는 놀라운 소식들까지 시시콜콜하게 알 수 있다. 경우에 따라서 종의 숫자, 뉴트나 해리의 이야기 속 특정 부분에 등장하는 유명하거나 알려지지 않은 사례도 수록했다.

## 마법 세계의 크고 작은 모든 동물들

『신비한 동물 사전』이라는 근사한 작품이 나온지 90년이 지난 지금까지도, 저명한 마법동물학자인 뉴트 스캐맨더는 마법사와 머글 모두에게 마법 생명체에 관한 세계 최고 권위자로 명성을 날리고 있다. 실제로 그의 대표작은 호그와트의 마법 생명체 돌보기 수업 커리큘럼의 발판이 되었다. 그러나 뉴트처럼 경험 많은 교수조차도 모든 동물과 만나 살아남을 수는 없다. 스우핑 이블이 옆에서 도와준다고 해도 말이다. 우리가 알고 있는 비늘, 지느러미, 깃털로 이루어진 동물을 전부 떠올려 보아도, 마법 세계에는 여전히 신기하고 놀라운 동물들이 끝도 없이 남아 있다. 이 책이 세상으로 나오게 된 이유이기도 하다.

+ 모든 용어는 20주년 개정판에 맞춰 표기했습니다.
+ 책은 겹낫표, 영화, 게임 등은 홑낫표를 사용해 구분했습니다.
+ 이 책은 J. K. Rowling, Warner Bros. Entertainment, Inc., Scholastic Corporation, Raincoast Books, Bloomsbury Publishing Plc 또는 해리 포터 책, 영화 또는 관련 상품에 대한 소유권을 주장하는 기타 개인이나 단체에 의해 승인, 보증 또는 라이센스가 부여되지 않았습니다.
+ 이 책은 J. K. Rowling이 집필하고 저작권을 갖고 있는 해리 포터 소설과 공식적으로 연관되어 있지 않습니다. 또한 Warner Bros. Entertainment, Inc.가 제작하고 저작권을 보유한 해리 포터 영화와 공식적으로 연관되어 있지 않습니다.
+ 해리 포터와 해리 포터 소설에 나오는 가상의 인물과 장소의 이름은 Warner Bros. Entertainment, Inc.의 상표입니다.

# 해리포터 마법 학교 대백과

**1판 1쇄 인쇄** 2025년 2월 1일
**1판 1쇄 발행** 2025년 2월 10일

**지은이** 머글넷
**옮긴이** 공민희
**펴낸이** 최태선
**펴낸곳** (주)솜씨컴퍼니
**브랜드** 폴더
**등록** 제2015-000025호
**주소** 14056 경기도 안양시 동안구 벌말로 123 A-2106
**전화** 070-8633-1268
**팩스** 02-6442-4364
**이메일** love@somssi.me
**제작** 타라티피에스
**용지**
**표지** 아르떼 190g
**본문** 백상지 100g

ⓒ솜씨컴퍼니, 2024
ISBN 979-11-86745-80-9  73800

• 값은 뒤표지에 있습니다.
• 잘못된 책은 구입하신 서점에서 교환해 드립니다.